KB084075

에이콘출판의 기틀을 마련하신 故 정완재 선생님 (1935-2004)

위르헌의 책은 실용적이면서 재미도 있지만 무엇보다 기존의 상식을 뒤집어 놀라게 만든다. 일단 읽어보면 이 도구들이 조직의 모든 것을 바꿔놓으리라는 것을 알게 될 것이다.

세스 고딘 Seth Godin
『이카루스 이야기(The Icarus Deception)』 저자

성공적이면서도 고정관념을 깨뜨리는 창의적인 관리 방식이다. 동시에 매우 통찰력 있고 인본주의적이다. 강력히 추천한다!

데릭 시버스 Derek Sivers
CD Baby 창업자, TED 연사, 『Anything You Want』 저자

끊임없이 진화하는 경영 환경에서 최고의 간접 경험을 전해준다.

토마스 뤼빙 Tomas Rybing
Aptilo Networks 프로젝트 관리 책임자

실시간으로 인터넷에 연결된 이 세상에서 일의 본질이 바뀌고 있다. 사람들이 좀 더 자율적이고 생산적으로 일할 수도 있지만 쉽게 자포자기 해버릴 수도 있다. 위르헌은 이 책을 통해 재미있고 흥미로운 방식으로 이러한 중요한 변화를 다룬다.

데이비드 미어먼 스코트 David Meerman Scott
베스트셀러 『온라인에서 팔아라(The New Rules of Marketing and PR)』 저자

관리자가 주변의 관리 문제를 해결해 줄 때까지 기다리지 말자. 자기 운명의 관리자가 되어 행동하자! 통찰력 있는 이 책은 올바른 길을 찾도록 돕고, 어떻게 하면 주변 사람들이 더 좋은 업무 환경을 만들 수 있게 할지도 가르쳐 줄 것이다.

카밀 포시아다우아 Kamil Posiada
애자일 소프트웨어 개발자

직원 몰입, 업무 개선, 고객 만족. 이 세 가지는 위르헌이 주는 가르침이다. 어떻게 하면 조직의 관리 계층 전부를 창의성, 생산성, 몰입의 원천으로 바꿀 수 있는지를 보여준다. 탁월하다!

마셜 골드스미스 Marshall Goldsmith
Thinker 선정 50대 전문가, 10대 글로벌 비즈니스 사상가, 최고위 경영자 코치

요즘은 모든 관리자가 마케터다. 자신의 아이디어, 계획, 해결책을 다른 이에게 설득해야 한다. 이 책은 각자가 자신의 경력과 세상에 기여하는 방법을 책임져야 하는 이 세상에서 성공의 길로 인도한다.

페넬로페 트렁크 Penelope Trunk
『뻔뻔한 출세주의자 되기(Brazen Careerist: The New Rules for Success)』 저자

어떻게 하면 세계 최고의 관리자가 될 수 있을까? 프로 운동 선수라면 좋은 코치와 함께 매일 연습할 것이다. 현대 관리자에게 이 책은 다양한 훈련과 실용적인 조언을 전해주는 개인 코치나 다름없다. 이제 해야 할 일은 매일 연습하는 것뿐이다.

토비아스 라이스강 Tobias Leisgang
Texas Instruments 시스템 엔지니어링 관리자

세상을 예측할 수 있다고 믿는 뉴턴주의로는 더 이상 관리자 앞에 놓인 과제를 따라잡기에 역부족이다. 이렇게 급변하는 세상에 시기적절하게 이 책이 등장했다. 읽다 보면 놀라울 정도로 쉽게 미래의 관리자를 정의할 수도 있겠다는 생각이 든다.

딘 슬로언 Deane Sloan
Equinox IT 최고 기술 책임자

관리가 다음 시대에는 어떤 모습일지 궁금한가? 이 책을 읽어보자. 유용한 관리 지식뿐만 아니라 다양한 연습과 활동으로 가득 차있으며 어떻게 차세대 구성원의 몰입을 도울 수 있을지 통찰을 준다.

존 발도니 John Baldoni
『MOXIE: The Secret to Bold and Gutsy Leadership』 저자, N2Growth 리더십 개발 위원장

만족스러운 경영서를 원하는가? 이 책을 읽어보자. 모든 챕터가 "아하!"의 순간으로 가득하다. 나는 출근 길에 읽었는데, 미소를 지으며 더 좋은 일터를 만들 수 있는 훌륭한 아이디어가 생긴 채 사무실에 도착 했다.

잔 에스텔 테보 Jeanne Estelle Thebault
몬트리올 IIBA 챕터 의장

700명의 소프트웨어 개발 팀을 운영하면서, 행복한 고객들이 2주에 한 번씩 훌륭한 소프트웨어를 손에 쥘 수 있도록 우리 직원들과 팀이 최선을 다 하게끔 하는 것이 내가 매일 마주하는 도전이다. 이 책은 열정을 갖고 올바른 일을 올바르게 지속할 수 있도록 팀에게 통찰력, 도구, 사례, 게임 등을 제공한다.

요한 리바에르트 Johan Lybaert
Cegeka 애플리케이션 유럽 책임자

복잡한 세상에 어울리게 관리하고 싶은가? 정말 좋은 소식이 있다. 이 책은 협업을 촉진하고 공동의 가치를 중심으로 팀을 구성하며 기술을 발전시키고 동료에게 동기를 부여하는 애자일 정원사를 위한 도구 상자다. 이제 세상을 바꿀 수 있는 열쇠가 생겼다. 영감을 주는 이 책을 읽고 조직의 행복을 키워보자.

루익 레오폴 Loic Leofold
Astrakhan 애자일/경영 컨설턴트

리더십을 바로 세우기란 어려운 일이지만 적절한 도구와 활동이 있다면 훨씬 쉬운 일이 된다. 이 책이 그런 도구, 활동, 그리고 무엇보다 21세기 관리자가 어떻게 행동해야 하는지에 대한 통찰을 전해준다. 10년 전과는 업무와 구성원이 근본적으로 다른 상황에서 이 책은 독자가 더 좋은 관리자가 되어 팀을 성공으로 이끌도록 도와준다.

마이크 피어스 Mike Pearce
MOO.com 개발 관리자

관리가 관리자에게만 맡겨 놓기에는 너무나 중요한 일이라면, 위르헌 아펄로가 이 책에서 설명하는 애자일 관리 실천법은 IT 환경에만 적용하기에는 너무나 가치 있다. 오늘날 금융 서비스 세상에서는 민첩하고 다재다능하며 의욕적인 팀이 성공의 중추다. 이 책에서 그런 팀을 만드는 법을 찾을 수 있을 것이다!

토마시 시트코프스키 Tomasz Sitkowski
체코/슬로바키아 mBank CRO 대행

지금 세대가 일과 삶의 통합을 중요시하면서 사람들이 "린 지향(lean forward)" 관리에 주목하고 있다. 이 책은 사무실에서 벗어나 즐거움의 여정과 성공의 문화에 기여하는 완전한 가이드를 제공해줄 것이다.

세바스티안 디에게스 Sebastián Diéguez
애자일 코치/에반젤리스트

많은 전문가가 말만 늘어놓지만 위르헌 아펄로는 자신의 주장을 실현한다. 그는 쉽고 재미있게 읽을 수 있는 생생하고 또렷한 생각을 전해준다. 리더로서 더 훌륭하고 더 강력하고 더 생산적인 관계를 쌓는 데 도움이 될 수 있는 실용적인 조언을 찾고 있다면, 이 책을 읽어보라고 강력히 권하고 싶다.

마이크 미야트 Mike Myatt
『Hacking Leadership』 저자, Forbes 리더십 컬럼니스트, N2Growth 창업자

관리의 미래를 상상하는 또 다른 방법이 있다. 이 책에서 위르헌 아펄로는 여러분이 자신의 환경을 바꾸기 위해 쉽게 시도해볼 수 있는 실천법과 활동을 제공한다. 관리 역량을 키워가는 동안 나처럼 이렇게 말하게 될 것이다. 고마워요, 위르헌!

알렉시 몽빌 Alexis Monville
eNovance 최고 기민성 책임자, Ayeba 공동 창업자

매니지먼트 3.0 - 모두가 행복한 애자일 매니지먼트

어떤 팀이라도 동기를 부여하는 게임, 도구, 실천법

위르헌 아펄로 지음   조승빈 옮김

i!i
에이콘

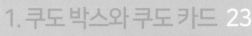

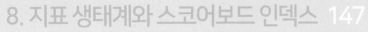 

들어가며: 모두를 위한 더 좋은 관리

예전에 어떤 직원에게

동료보다 연봉 인상을 적게 하는 방식으로

그의 성과와 생산성을 높이려고

시도한 적이 있었지만, 효과는 없었다.

실제로는 상황이 더 나빠졌고

온 우주가 나의 선한 의도를

몽땅 거부하는 듯 했으며,

결국에는 팀 전체의 사기가 떨어지고

분노가 하늘을 찔렀다.

> 좋은 아이디어라고 해서
> 저절로 받아들여지는 것은 아니다.
> 용기와 인내심을 갖고
> 실천에 옮겨야 한다.
>
> 하이먼 리코버 Hyman Rickover,
> 미국 해군 제독
> (1900-1986)

변명을 하자면 이 직원의 일솜씨는 진짜 형편없었다. 나는 관리자로서 우리 서비스 품질(부족)에 대한 고객의 불만, 위협, 비방에 대처해야 했고 상황은 절박했다. 뭐라도 해야만 했다! 하지만 내 방식은 잘못된 것이었다. 나는 정말로 관리자가 되고 싶지 않았다. 백약이 무효였기 때문이다.

벌써 20년 전 이야기다.

여러분은 관리자로서 선택을 해야만 한다. 팀원 사기가 점점 떨어지는 상황을 그저 내버려 둘 수는 없다. 뭐라도 해야만 한다! 이 책이 그런 상황에 도움이 될 것이다. 이 책은 21세기 팀과 관리자를 위한 많은 훌륭한 실천법과 활동을 담고 있다. 그 중 대부분은 나보다 동기부여를 훨씬 잘하고 훌륭한 팀 관리자였던 다른 사람들에게서 빌려온 것이다. 운 좋게도 나는 과감하게 직접 몇 가지를 실험했고 그 중 일부에서는 작은 성공을 거두기도 했다. 그러니까 여기에 있는 아이디어 중 몇 가지는 내가 만든 것이다.

동료에게 해를 끼치는 나쁜 관리 방식을 버리기로 결심한 이후 관리가 좋아지기 시작했다. 나는 전 세계 해피멜리Happy Melly 비즈니스 네트워크, 글로벌 매니지먼트 3.0 인증 프로그램, 강연 계약, 내가 쓴 기사, 책, 강의 자료와 관련이 있는 모든 사람을 관리한다. 이들 중 누구에게도 연간 보너스를 지급하지 않는다. 휴가 정책, 유연근무 정책, 오픈도어open-door 정책 따위도 없다. 나와 함께 일하는 사람 중 어느 누구도 내가 연간 성과를 평가해 달라고 하지는 않을지 걱정할 필요는 없다. 진짜 신기하게도 매니지먼트 3.0 퍼실리테이터, 해피멜리 구성원 등 나와 함께 일하는 많은 이가 적극적으로 참여하고, 자기 업무를 개선하기를 좋아하며, 고객을 행복하게 하는 방법을 배우는 데 열심이다. 내 사무실에서 그들 모두와 정기적으로 일대일 대화를 하지 않고도 어떻게 이런 일이 가능할까?

작년에 지금 팀원 중 한 명이 내게 이렇게 말했다. "엿같지 않은 관리자는 당신이 처음이에요." 칭찬의 뜻이었다. 팀 의욕을 완전히 엉망으로 만들어버린 지 20년이 지난 다음이었다. 이제 나는 지금의 팀원들이 행복하고, 의욕이 넘치며, 꽤나 생산적으로 일하고 있다고 말할 수 있어서 뿌듯하다. 나는 팀원들에게 엿같지 않은 관리자다. 안심이다.

이 책은 개발자, 예술가, 작가, 팀 리더, 중간 관리자, 디자이너, 프로젝트 관리자, 제품 관리자, HR 관리자, 마케터, 테스터, 코치, 멘토, 컨설턴트, 강사, 퍼실리테이터, 창업가, 프리랜서 등 모두를 위한 경영서다. 누구에게나 일정 부분 관리 활동에 책임이 있다. 이 책은 전 세계 다양한 회사의 사례를 살펴보고, (아마도 더 적은 관리자로) 더 좋은 관리를 실현할 수 있는 방법을 알려준다. 그 회사들은 우리가 가야 할 길을 앞서 걸어왔다!

이 책을 읽으면 꾹꾹 눌러 담은 나의 20년 간 고군분투한 결과물을 얻을 수 있다. 훌륭한 실천법과 풍부한 관리 활동으로 더 행복한 조직을 만드는 방법을 보여줄 것이다. 심지어 대부분의 경우 관리자를 필요로 하지 않는 방법이다.

실제로 정말 좋아지려면 앞으로 관리에 대한 실험을 20년은 더 해야 할 지도 모르겠다. 여러분이 그 여정에 나와 함께 하기를 바란다.

위르헌 아펄로Jurgen Appelo, 2015년 12월
jurgen@noop.nl

이 책을 쓰는 동안 어떤 관리자에게도 해를 끼치지 않았다.

도입

매니지먼트 3.0이란 무엇인가?

상사가 된다는 것은
어릴 적 상상과는 전혀 다르다.
팔을 힘차게 흔들며 행진하면서
"나는 상사다! 나는 상사다!"라고
외치는 모습과는
완전히 거리가 먼 일이다.

티나 페이Tina Fey,
미국 코미디언
(1970-)

조직 문화가 마음에 들지 않는다고
관리자만 탓하지 말자.
조직의 행복은 모든 이의 책임이다.
더 좋은 관리의 의미는
사람들의 몰입을 돕고,
시스템 전체를 개선하고,
클라이언트의 가치를 높이는 것이다.
하지만 대부분 이런 원칙만으로는 충분하지 않다.
사람들에게는 구체적인 실천법,
다시 말해 일상에서 할 수 있는 활동이 필요하다.

관리는 관리자에게만 맡겨 놓기에는 너무나 중요한 일이다. 20년 동안 관리자 역할을 하면서 2권의 경영서를 쓰고, 30개국에서 80회가량 관리 교육 과정을 열고, 전 세계 콘퍼런스에서 (전부 관리에 대한 발표는 아니었지만) 100회 가까운 강연을 한 후 그런 결론을 얻었다. 대부분의 리더가 관리 문제를 어떻게 해결해야 할지 모르며, 엔지니어, 교사, 컨설턴트, 디자이너 같은 지식 노동자들이 관리 문제에 자신도 (어느 정도) 책임이 있다는 사실을 인식하지 못하고 있음을 깨달았다. 집중해서 일할 수 있는 분위기를 유지하고, 서류를 정리하고, 회의실을 치우고, 고객을 행복하게 하는 일에 우리 모두가 책임이 있는 것처럼, 관리도 모든 이가 해야 할 일이라고 굳게 믿는다. 누구나 한 번쯤은 관리자가 할 법한 일을 맡아 해본 경험이 있을 것이다.[1]

내 공개 워크숍 참여자 중 스스로를 관리자라고 생각하는 사람이 20% 미만이라 다행이다. 나머지 80%는 대개 개발자, 코치, 컨설턴트, 창업가, 팀 리더 등 **창의 노동자**creative worker(사이드바 참조)였다. 이렇게 다양한 사람이 워크숍에 참여한다는 것은 둘 중 하나라는 소리다. 관리가 관리자 뿐만 아니라 더 많은 사람과 관련 있는 활동이거나, 아니면 내가 적합한 교육 대상을 찾는데 극히 서툴거나. 나는 첫 번째 해석이 더 좋다!

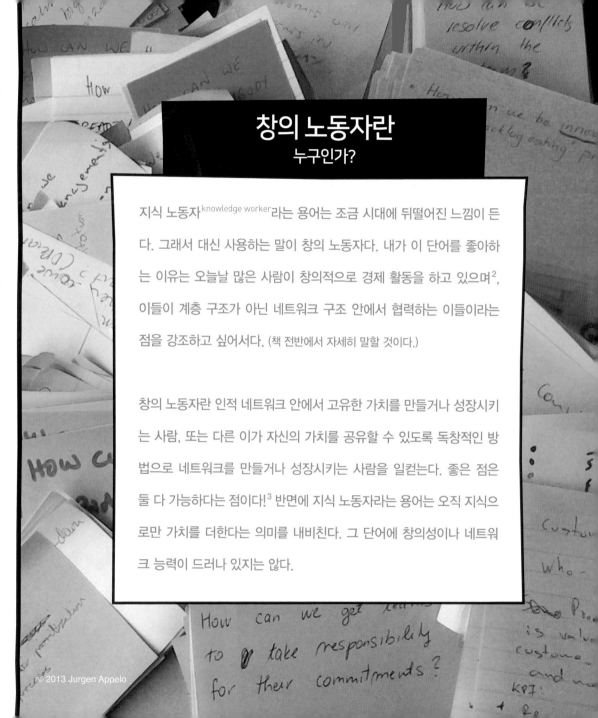

창의 노동자란
누구인가?

지식 노동자knowledge worker라는 용어는 조금 시대에 뒤떨어진 느낌이 든다. 그래서 대신 사용하는 말이 창의 노동자다. 내가 이 단어를 좋아하는 이유는 오늘날 많은 사람이 창의적으로 경제 활동을 하고 있으며[2], 이들이 계층 구조가 아닌 네트워크 구조 안에서 협력하는 이들이라는 점을 강조하고 싶어서다. (책 전반에서 자세히 말할 것이다.)

창의 노동자란 인적 네트워크 안에서 고유한 가치를 만들거나 성장시키는 사람, 또는 다른 이가 자신의 가치를 공유할 수 있도록 독창적인 방법으로 네트워크를 만들거나 성장시키는 사람을 일컫는다. 좋은 점은 둘 다 가능하다는 점이다![3] 반면에 지식 노동자라는 용어는 오직 지식으로만 가치를 더한다는 의미를 내비친다. 그 단어에 창의성이나 네트워크 능력이 드러나 있지는 않다.

나의 매니지먼트 워크숍에 참여했던 전 세계 사람들의 질문을 2년 동안 전부 모았다. 거의 2,000개의 다채로운 포스트잇을 담아 둔 상자가 있는데, 거의 2,000개의 다채롭고 골치 아픈 문제가 그 상자 안에 들어있다는 뜻이기도 하다. 많은 문제가 거의 같거나 비슷했고 내가 어디를 가든 반복해서 나타났다. 다음이 가장 자주 듣는 질문이다.

- 어떻게 하면 구성원들에게 동기를 부여해줄 수 있을까요?
- 어떻게 하면 조직 문화를 바꿀 수 있을까요?
- 어떻게 하면 관리자들의 사고방식을 바꿀 수 있을까요?
- 어떻게 하면 팀이 책임 의식을 느끼도록 할 수 있을까요?
- 어떻게 하면 팀워크와 협업을 개선할 수 있을까요?
- 어떻게 하면 관리자들이 팀을 신뢰하도록 할 수 있을까요?
- 어떻게 하면 사람들의 역량을 개발할 수 있을까요?
- 어떻게 하면 애자일하지 않은 조직을 애자일하게 만들 수 있을까요?

마지막 질문을 제외한 모든 질문이 "어떻게 하면 다른 사람을 바꿀 수 있을까요?"라고 묻고 있다는 점에 주목하자. 이런 태도는 다른 사람의 행동을 자기 뜻대로 조종하려는 전통적인 관리 방식이 투영된 것이다. 그러나 이 모든 관리 문제가 단지 관리를 오해해서 생긴 결과였다면 어떨까? 모든 사람이 다른 모두를 마음대로 조종하려는 방식을 버리지 않는 한, 문제가 사라지지 않고 계속 생겨나는 것이 과연 놀랄만한 일일까? 자신을 개선하는 데 집중하지 않는다면 매번 서로를 비난하는 것이 당연하지 않을까?

사람들에게 세계적으로 유명한 조직적인 운동, 개선 방법, 혁신 경영 기법을 들어본 적이 있는지 물어보곤 하는데, 손을 드는 사람은 보통 몇 명밖에 없다. 그러나 자기 조직 문화가 바뀌어야 하는지 물어보면 거의 모두가 그렇다고 말한다! 공부하는 사람은 거의 없으면서 동료들이 일하는 방식에는

이 책의 초점

이 책은 개인의 관리 방식을 개선하는 데 초점을 맞추고 있다. 나는 디자이너, 중간 관리자, 프로젝트 관리자, 멘토, 강사, 프리랜서 등을 포함한 모든 창의 노동자에게 업무 관리 방식을 바꾸려면 무엇을 해야 하는지 보여주고 싶다. 앞에서 말한 문제를 모두 해결할 필요는 없다. 관리를 다른 관점에서 바라보겠다고 결심한다면 저절로 해결될 수 있는 문제들이다. 그리고 관리자의 허락을 기다리지 않아도 된다. 나 자신을 바꾸고, 다른 이에게 영감을 불어넣고, 이 책을 즐기자!

불평을 한다. 이 사람들이 다른 곳에서 이미 성공을 거둔 시도들을 배우기 시작한다면, 아마도 다함께 문화를 바꿀 수 있을 것이다. 서로를 자기 뜻대로 조종하려는 짓을 멈추고 자신을 개선하기 시작한다면 더 이상 무엇이 문제인지 토로하지 않아도 될 것이다.

인생 최고의 경험이 전부
휴가에서 있었던 일 뿐이라면,
내일은 일터로
돌아가지 않는 것이
좋을지도 모르겠다.

25년 넘게 자기 직업을 혐오하던 가상의 인물인 멜리 섬Melly Shum은 전 세계 노동자(관리자 포함)의 비극을 단적으로 보여준다. 내 고향인 네덜란드 로테르담에 가면 거대한 광고판에 있는 멜리를 만날 수 있다. 사무실에 앉아 옅은 미소로 카메라를 바라보며 1990년부터 (2013년에 사무실 공사로 잠시 휴가를 갔다가 다른 층으로 돌아왔을 때를 빼면) 쉬지 않고 일하는 중이다. 예술가이자 사진작가인 켄 럼Ken Lum이 구상하고 만들어 낸 멜리 섬은 조직에 애정이 없고 불행하지만 퇴사할 준비가 돼있지 않다고 느끼는 모든 노동자를 상징한다. 여러 연구에 따르면 전 세계 노동자의 약 3분의 2가 이런 처지다. [4, 5, 6]

관리자와 그 외 구성원의 행복은 매우 중요하다. 행복한 사람의 생산성이 더 높기 때문이다.[7] 나는 모든 이들이 관리에 책임 의식을 느끼고, 서로를 관리하는 것이 아니라 시스템을 관리하는 방법을 배울 때 비로소 더 행복해질 수 있다고 확신한다. 사람들이 나쁜 조직에서 고통받는 단 한 가지 이유는 벌떡 일어나서 "더 이상 참지 않겠어. 당신이 알아서 해!"라고 말하지 않기 때문이다. 사람들에게 인생 최고의 순간이 언제였는지 물어보면 대개 업무 외 시간에 일어났던 일만 이야기한다는 사실이 안타깝다. 인생 최고의 경험이 전부 휴가에서 있었던 일 뿐이라면, 내일은 일터로 돌아가지 않는 것이 좋을지도 모르겠다.

잘못된 일을 하는 것

내가 여행을 많이 다니는 이유는 거의 모든 대륙에서 21세기의 현대적 관리를 주제로 발표 및 워크숍을 하기 때문이다. 내가 전하는 조언과 실천법이 단순한 상식일 뿐이라고 말하는 사람들이 있는데, 나도 그렇게 생각한다. 앞서 많은 이가 깨달았던 사실이지만, 안타깝게도 상식과 습관은 다르다. 나는 영화를 보면서 대용량 엠앤엠즈 초콜릿을 먹는 습관이 있다. 건강을 지키고 싶다면 녹색 음식만 먹는 것이 상식일 것이다. 조직은 습관적으로 직원을 기어나 레버 같은 기계처럼 관리한다. 나는 이를 **매니지먼트 1.0**이라고 부른다. 이런 관리 스타일에서는 조직이 부품으로 이뤄져 있으며 전체를 개선하려면 부품을 모니터링하고 수리하고 교체해야 한다고 가정한다. 주변 어디에서나 매니지먼트 1.0을 찾아볼 수 있다.

예를 들어, 개인 성과를 측정하고 순위를 매겨서 "최고 성과자"에게 더 많은 일을 주고 저성과자를 내보내는 "승자독식" 조직이 바람직하다고 주장하는 이도 있다.[8] 이들은 협업과 공동의 목적보다는 경쟁과 정치가 직원 공동체에 이바지한다고 생각하는 듯하다.

상사가 휴가를 가면 직원들이 쉽게 "게으름"을 부린다고 말하는 이도 있다. 그러니까 "고양이가 없으면 쥐가 활개 친다"는 것이다! 그러므로 상사는 정기적으로 사무실로 돌아와 어떤 쥐가 쳇바퀴에서 힘겹게 땀을 흘리고 있는지, 어떤 쥐가 치즈 파티를 벌이고 있는지 모퉁이에 숨어 몰래 확인해야 한다.[9] 일과 삶의 균형은 나쁜 것이며, 고양이의 "업무"는 아무도 확인할 필요가 없다고 가정하는 것 같다.

이런 아이디어를 더 확장해서 업무 도구를 정말로 업무에 사용하는지 아니면 친구들이랑 스카이프를 하고, 페이스북에 일기를 쓰고, 포토샵으로 아기 사진을 편집하지는 않는지 상사가 지속적으로 감시해야 한다는 주장도 있다. 이 방법에서 중요하면서도 윤리적인 부분은, 모두에게 감시 받고 있음을 알리는 것이라고 말한다.[10] 이 경우의 가정은 관리자가 모두와의 신뢰를 지키려면 그 누구도 믿지 말아야 한다는 것이다.

어휴~

흥미롭게도 이 사례들이 전부 같은 날에 내 온라인 뉴스 리더로 들어왔다. 일년 아니, 평생 동안 사람들에게 홍수처럼 쏟아지는 헛소리가 얼마나 많을지 상상해보자! 내가 볼 때 이런 글은 직원을 다 큰 어른으로 대하는 것이 상식이라고 생각할지는 몰라도 습관으로 자리 잡지는 못했다는 명백한 신호다. 한편으로는 일터를 더 좋은 곳으로 만들고자 노력하는 사람에게는 절호의 기회다. 해야 할 일이 많다!

> 직원을 다 큰
> 어른으로 대하는 것이
> 상식이라고 생각할지는 몰라도
> 습관으로 자리 잡지는 못했다.

올바른 일을 잘못된 방식으로 하는 것

다행히 더 좋은 방법을 알아낸 사람들이 있다. **매니지먼트 2.0** 조직에서는 "좋은 기업을 넘어 위대한 기업으로^{good to great}" 가려면, 모든 이가 "사람이 가장 중요한 자산"이며 관리자는 "서번트 리더^{servant leader}"가 되는 것이 옳다고 여긴다. 분명히 흥미로운 아이디어지만 안타깝게도 관리자가 잘못된 방식을 사용하는 경우가 많다. 단순히 부분만 개선해서는 조직 전체를 개선할 수 없다는 사실을 알고 있다. 하지만 이와 동시에 계층 구조를 굳게 지키고 싶어하며 인간은 하향식 통제와 억지로 시켜서 하는 "개선"을 좋아하지 않는다는 사실을 쉽게 잊는다.

이와 같은 아이디어 중 하나가 관리자와 직원 사이의 정기 **일대일 대화**^{one-on-ones}다.[11] 나는 이 아이디어를 긍정적으로 생각하는데, 관리란 사람을 다루는 일이며 관리자라면 반드시 그들이 자신의 소명을 찾고 훌륭한 결실을 함께 맺는 방법을 찾아주어야 하기 때문이다. 안타깝게도 많은 관리자가 사람을 직접 관리하는 대신 주변의 시스템을 관리해야 하고 마이크로 매니지먼트는 팀에게 맡겨야 한다는 사실을 모른다. 대신 개인의 목표를 설정하고 그 이후 현황을 보고 받는 데 일대일 대화를 활용하는데, 명령과 통제 조직에서는 이 두 가지 활동 모두 상급자와 하급자 관계를 강화할 뿐이다.

360도 피드백^{360-degree feedback}을 실시하는 것도 상당히 괜찮은 생각이다.[12] 문제는 관리자가 중립적인 관찰자가 아니라는 점이다. 관리자가 개인 성과를 객관적으로 평가할 수는 없으므로 다양한 관점에서 평가가 이뤄져야 한다. 안타깝게도 자신의 성과 평가 방법 자체가 그 성과에 영향을 미칠 것이라고 생각하지 못하는 사람이 많다. 그래서 HR 부서가 서로에게 익명으로 피드백을 전달하는 온라인 성과 평가 도구를 도입하는 것이다. 그렇게 하면 신뢰는 완전히 무너진다. 직원들이 서로를 더 잘 알 수 있도록 해주는 것이 아니라, 관리자가 직원에 대해 더 많이 알 수 있게 되어 있기 때문이다. 이 방법은 비 관리자보다 관리자가 더 중요한 존재임을 강조한다.

균형성과표^{BSC, balanced scorecards} 역시 기본 개념에는 큰 문제가 없다.[13] 측정이 지닌 문제는 한 지표가 부분 최적화(업무의 한 부분을 개선하면서 다른 부분은 악화되는 것)로 이어지기 쉽다는 점이다. 따라서 조직 성과를 좀 더 전체적으로 보려면 여러 가지 관점이 필요하다.

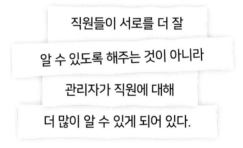

직원들이 서로를 더 잘 알 수 있도록 해주는 것이 아니라 관리자가 직원에 대해 더 많이 알 수 있게 되어 있다.

안타까운 일이지만 관리자가 조직을 계층 구조로 바라보는 한, 보통은 시스템의 모든 부분에 목표와 지표를 부여하고자 한다. 그러나 복잡계의 성과는 대개 부분 간의 관계에서 나오며, 적절한 목표와 지표는 하향식 목표 설정 체계의 일부가 아니라 지능적인 지역 상호작용에서만 창발될 수 있다.

서번트 리더십, 전사적 품질 관리, 제약 이론 등 수많은 경영 모델의 기본 개념이 얼마나 긍정적인지는 끝도 없이 이야기할 수 있다. 이들 모두 의심의 여지 없이 조직이 매니지먼트 1.0에서 벗어날 수 있도록 도움을 줬으며 이는 바람직한 일이다. 매니지먼트 2.0 조직은 적어도 올바른 일을 하려고 애쓰고 있다. 하지만 조직을 여전히 계층 구조로 바라보는 관점의 한계 때문에 올바른 일을 잘못된 방식으로 하기도 한다. 다시 말해, 좋은 아이디어를 채택해서 나쁜 구조에 억지로 끼워 맞추는 것이다. 이것이 바로 좋은 아이디어가 좀처럼 자리를 잡지 못하고 약속한 바를 실현시켜주지 못하는 한때의 유행이 되는 주된 이유이며, 계속해서 다른 최신 유행을 찾아 헤메게 된다.[14] 상사가 실행하는 모든 아이디어가 지속적으로 달성하는 유일한 효과는 상사의 지위를 강화시킨다는 것이다.

> TQM[전사적 품질 관리]의 근본적인 결함은, 그것이 실행될 때 대부분의 관리자가 지닌 인식 체계에 따라 기계적이고 계층적인 모델을 강화하는 경향이 있다는 점이다.

크리스 아지리스Chris Argyris, 『Flawed Advice and the Management Trap』

통제는 불가능하다

관리자는 관리자가 아닌 사람보다 더 똑똑해야 할까? 최근 나는 관리 업무를 하려면 더 똑똑해야 하는지 묻는 흥미로운 이메일 토론에 참여한 일이 있다. (이 주제는 단골이다.) 일반적으로 관리자는 조직에서 다른 구성원보다 더 큰 부분을 감독하는 더 높은 역할을 맡게 되며, 따라서 관리자 업무는 더 복잡하기 마련이다. 책임이 커진다는 것은 이들이 관리자가 아닌 사람보다 더 똑똑할 필요가 있다는 뜻이다.

그럴싸하게 들리지만 허튼소리다.

과학자들은 인간의 두뇌가 우주에서 가장 복잡한 시스템 중 하나라는 사실에 대체로 동의한다. 인체 다른 부분의 복잡성과 더불어, 인간의 두뇌는 각각의 인간을 아주 아주 복잡한 존재로 만든다. 다음은 복잡성 사고를 하는 사람들(사이드바 참조) 사이에서 아마도 가장 유명한 법칙인 필수 다양성의 법칙The Law of Requisite Variety이다.

> 시스템이 안정적이려면 통제하는 시스템의 상태 수가 통제 받는 시스템의 상태 수보다 크거나 같아야 한다.
>
> 위키백과, "Variety (Cybernetics)"

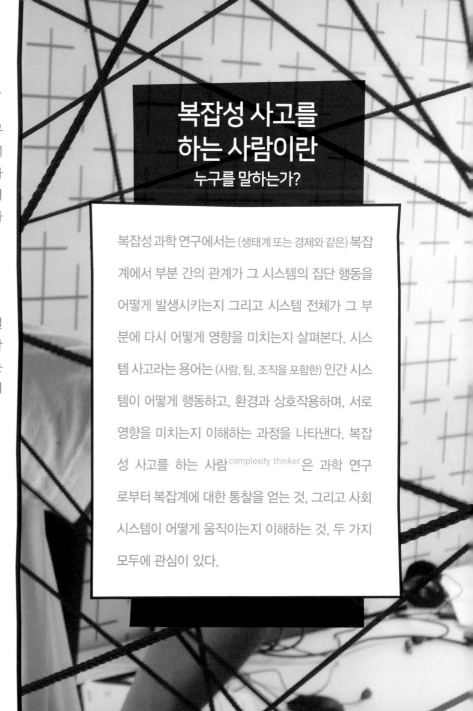

복잡성 사고를 하는 사람이란
누구를 말하는가?

복잡성 과학 연구에서는 (생태계 또는 경제와 같은) 복잡계에서 부분 간의 관계가 그 시스템의 집단 행동을 어떻게 발생시키는지 그리고 시스템 전체가 그 부분에 다시 어떻게 영향을 미치는지 살펴본다. 시스템 사고라는 용어는 (사람, 팀, 조직을 포함한) 인간 시스템이 어떻게 행동하고, 환경과 상호작용하며, 서로 영향을 미치는지 이해하는 과정을 나타낸다. 복잡성 사고를 하는 사람complexity thinker은 과학 연구로부터 복잡계에 대한 통찰을 얻는 것, 그리고 사회 시스템이 어떻게 움직이는지 이해하는 것, 두 가지 모두에 관심이 있다.

물리학자에게 상대성의 법칙이 중요한 만큼 관리자에게는 필수 다양성의 법칙이 중요하다고 주장하는 사람도 있다.[15] 어떤 시스템을 통제하려면 최소한 통제하려는 시스템 만큼은 복잡할 필요가 있다는 것이 필수 다양성의 법칙이다. 이 법칙을 관리 분야로 옮겨오면, 시스템 관리자가 시스템을 완벽하게 통제하고 싶다면 그 시스템과 비슷하거나 더 높은 수준의 복잡성을 지녀야 한다는 뜻이다.

일리 있는 생각이지만 주의할 점이 있다. 내가 어떤 집단의 관리자라면, 인간으로 이뤄진 (그리고 그들의 복잡한 상호작용을 전부 포함한) 이 복잡계보다 내가 더 복잡할 수는 없다. 그건 불가능한 일이다!

여기서 문제는 '통제하다^{control}'라는 단어다. 이 단어를 사회적 맥락에 사용해서는 안된다. 사람은 온도 조절기가 아니다! 사람에게는 '이끌다^{lead}', '코칭하다^{coach}', '영감을 불어넣다^{inspire}', '동기를 부여하다^{motivate}', '강요하다^{constrain}', '지배하다^{govern}', '돕다^{help}'와 같은 용어를 사용해야 한다. 이런 단어를 사용하면 필수 다양성의 법칙을 우회하게 된다. 시스템 복잡성의 일부를 무시하기로 한 것이기 때문이다.

예를 들어, 심장 전문의는 인체 복잡성의 상당 부분을 무시하고 심장에만 집중한다. 손도 아니고 뇌도 아니고 편도선도 아니고 치질도 아니다. 오로지 심장이다. 심장만이 그가 집중해야 할 일이다. 사실, 심장 전문의는 수술하는 동안 많은 인체 복잡성을 무시할 수 있기 때문에, 해야 할 일이 어렵다고는 할 수 있어도 복잡하지는 않다. 하지만 수술 전후에 환자를 보살피는 간호사는 환자의 건강에 집중하는데, 이는 분명히 복잡한 문제다. 그러나 간호사는 심장이라는 세부 사항은 무시한다. 그 일은 심장 전문의가 할 일이다.

그렇다면 병원장은 어떨까? 병원장이 "더 높은 역할"일까? 많은 의사, 간호사, 환자를 포함한 병원 전체가 관심 범위이기 때문에 "더 복잡"할까? 병원장 역할을 하려면 더 똑똑해야 할까?

전혀 그렇지 않다!

병원에는 수백 명의 환자와 직원이 있어서 그 복잡성은 놀라울 정도다. 아무도 병원을 "통제"한다고 주장할 수는 없다. 필수 다양성의 법칙에 따르면 병원장의 두뇌는 최소한 모든 이의 복잡성을 합친 것만큼 복잡해야 하기 때문이다! 합리적인 요건은 분명히 아니다. 복잡계에는 중앙 통제 같은 것이 없다. 병원장은 엄청난 복잡성을 무시하고 오직 자신이 중요하다고 생각하는 것에만 초점을 맞춘다. 나머지는 똑똑한 창의 노동자들에게 위임하는 것이다. 사실, 병원장의 업무가 간호사의 업무보다 덜 복잡할 수도 있다!

복잡계에는 중앙 통제 같은 것이 없다.

복잡계를 관리하는 유일한 방법은 통제권을 위임하는 것이다. 다른 선택의 여지는 없다. 만약 위임이 없었다면 미국 대통령은 전국에서 지적 능력이 가장 뛰어난 사람이어야 할 것이다! 분명히 미국은 백악관에 그런 사람을 두지 않고도 꽤 좋은 성과를 거둬왔다.

관리 업무가 "더 복잡"하고 관리자 역할에 "더 높은 정신력"이 필요하다는 생각은 솔직히 말도 안된다. 하지만 시스템 이론을 잘 이해하지 못한다면 그렇게 생각하는 실수를 저지르기 쉽다. 많은 관리자가 이런 생각을 좋아한다는 것이 놀랍지는 않다! 다른 사람보다 똑똑하다는 말을 듣고 싶지 않은 사람이 있을까? 남들보다 힘든 일을 하고 있고 훨씬 높은 보수를 받아야 한다고 인정받고 싶지 않은 사람이 있을까? "상사"로 자리매김하고 싶어하지 않는 사람이 있을까? 조직을 위대하게 이끌 운명인 "리더"가 바로 상사임을 단언하는 책은 분명히 아이들 파티의 케이크 마냥 날개 돋친 듯 팔려나갈 것이다. 사실 매니지먼트 1.0과 매니지먼트 2.0 책은 고위 경영진에게 상당히 잘 팔리는 것이 논리적으로 당연하다!

"상사boss"에 대한 고전적인 이미지는 완전히 시대착오적인 것이다. "범죄 조직 두목organized crime boss", "노동 조합 위원장union boss", "카지노 핏 보스pit boss"처럼 특정 의미에서는 아직 유효할지도 모르겠지만, 우두머리 행세 그 자체는 관리자 또는 그와 비슷한 역할을 하는 이에게 바람직한 특성이 아니다.

리처드 브랜슨Richard Branson, 「Like a Virgin」

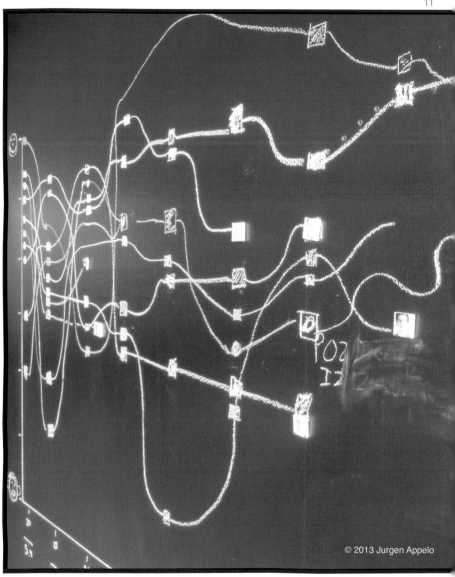

관리는 왜 필요할까?

지난 10~20년 동안 우리는 애자일^{agile}, 린^{lean}, 스크럼^{scrum}, 칸반^{Kanban}, 비욘드 버지팅^{beyond budgeting}, 린 스타트업^{lean startup}, 딜리버링 해피니스 ^{delivering happiness}, 디자인 씽킹^{design thinking}, 리얼 옵션^{real options}, 시나리오 플래닝^{scenario planning}, 깨어있는 자본주의^{conscious capitalism} 등 수많은 훌륭한 아이디어가 출현하는 모습을 봐왔다. 이 모든 선언, 방법, 운동의 공통점은 과학에서 한 두 가지를 빌려와 더 좋은 일하는 방법을 촉진한다는 점이다. 나는 종종 이들이 가족 같다고 말한다. 전부 **시스템 사고**^{systems thinking}와 **복잡성 이론**^{complexity theory}이라는 부모로부터 같은 DNA를 물려받았다. 그리고 다른 평범한 가족처럼 때로는 서로 다투고 싸우기도 한다.

안타깝게도, 많은 창의 노동자가 이렇게 훌륭한 아이디어를 실행하기 어려워한다. 조직 안에서 항상 장애물에 부딪치기 때문이다. 가장 자주 언급되는 장벽은 조직 문화, 조직 구조, 변화 관리, 사람 관리, 명령-통제의 계층 등 대개 관리와 직결되는 주제들이다.[16] 사실 매니지먼트 1.0과 매니지먼트 2.0 문화와 관행이 전 세계 모든 곳에서 주요 장애물이다. 이것들이 업무 프로세스를 보다 현대적이고 합리적인 방식으로 업그레이드하지 못하게 방해한다.

경영 전문가인 피터 F. 드러커^{Peter F. Drucker}의 저서를 읽어 본 사람이라면 당연한 이야기라고 생각할 것이다. 드러커는 이미 수십 년 전에 분명히 "관리는 인간에 관한 것이며, 대단히 중요한 결정적 요소"라고 주장했기 때문이다.[17] 개발, 디자인, 테스트, 회계, 마케팅, 인사, 그 밖의 무엇이든 원하는 모든 것을 최적화할 수 있다. 궁극적으로 관리 역시 항상 변화해야 한다. 그렇지 않으면 개선 노력은 벽에 부딪힐 것이다.

> 관리 역시
> 항상 변화해야 한다.

흥미롭게도 드러커가 대단히 중요하다고 말한 것은 관리자 업무가 아니라 관리 업무다. 나는 보통 이것을 테스터 업무와 테스트 업무의 관계에 빗대어 말한다. 제품을 테스트하는 것은 분명히 중요한 일이지만 풀타임 테스터가 있는지 없는지는 중요하지 않을 수도 있다. 전담 테스터의 유무는 조직 규모, 전문화 필요성, 그 밖의 다양한 요인에 따라 달라진다. 그러나 테스터가 있든 없든 모든 이들이 자신이 만들고 있는 제품을 테스트하는 데 책임을 느껴야 한다. 그리고 제품이 나쁘다고 테스터만 탓하지 않길 바란다.

마찬가지로 업무를 관리한다는 것은 대단히 중요한 활동이지만 풀타임 관리자가 있는지 없는지는 중요하지 않다. 다시 강조하지만, 전담 관리자의 유무는 조직 규모, 마호가니 책상 보유 여부, 그 밖의 다양한 요인에 따라 달라진다. 그러나 관리자가 있든 없든 모든 이들이 관리에 책임을 느껴야 한다. 조직이 형편없다고 관리자만 탓하지는 말자!

처음 말했던 것처럼, 나는 관리가 관리자에게만 맡겨 놓기에는 너무나 중요한 일이라고 굳게 믿는다. 관리는 모두가 해야 할 일이다.

> **관리자가 있든 없든**
> **모든 이들이**
> **관리에**
> **책임을 느껴야 한다.**

관리자가
정말로 필요할까?

같은 논의가 계속 거듭된다. "관리자 없이도 비즈니스를 할 수 있을까?", "관리 계층을 전부 없애버릴 수 있을까?"[18,19,20]

관리를 테스트나 마케팅으로 바꿔보면 그런 논의가 얼마나 어리석은지 알 수 있다. "테스터 없이도 제품을 만들 수 있을까?", "마케터를 전부 없애버릴 수 있을까?" 마치 디자인과 개발만이 비즈니스를 가능케 하는 것처럼 말이다. 꿈 깨라! 여러분의 비즈니스에는 우리가 흔히 테스트, 마케팅, 관리 활동으로 분류하는 업무가 필요할 것이다. 이런 활동을 전문적으로 하는 사람이 있는지 없는지는 핵심이 아니

다. 그 일은 대단히 중요하며 어떻게든 이뤄져야 한다. 물론 관리자를 전부 없애버릴 수는 있다. 그러나 누군가는 비즈니스의 목적이 무엇인지, 어떤 사람을 채용할지, 급여는 어떤 방식으로 지급할지, 커피에 비용을 얼마나 쓸지 결정해야 한다. 이 책은 명함에 관리자 직함이 적혀있는 사람들이 아니라, 조직에 관심이 있는 사람들을 위한 책이다.

매니지먼트 3.0의 원칙

나는 매니지먼트 1.0이 잘못된 일을 하는 것이고 매니지먼트 2.0은 올바른 일을 잘못된 방식으로 하는 것이라고 주장했다. 이제 아마 매니지먼트 3.0은 올바른 일을 하는 것(아니면 잘못된 일을 올바른 방식으로 하는 것)이라고 말하리라 예상할 것이다. 그런데 관리에서 "올바른 일을 하는 것"이란 무엇일까? 그 질문에 대답하려면 먼저 다른 질문에 답을 해야 한다.

많은 나라를 여행하고 다양한 회사와 콘퍼런스에서 사람들을 만나면서 얻는 가장 큰 장점은 최근에 스웨덴 예테보리에서 그랬던 것처럼, 매우 흥미로운 질문을 듣게 된다는 점이다.

> 〈어떤 방법〉 전문가가 하라는 대로 모든 실천법을 포함해서 다 했는데, 제품은 여전히 형편없고 조직은 아직도 엉망진창이라면요? 그럴 땐 어떻게 하죠? 〈어떤 방법〉으로 충분하지 않을 때는 뭘 할 수 있을까요?

음, 쉬운 문제다. 원칙은 거의 바뀌지 않지만 실천법은 늘 상황에 따라 달라진다. 따라서 〈어떤 방법〉을 어떻게 해석하느냐에 따라 달라진다. 그 방법이 어떤 원칙이라면 그 원칙을 지키는 한 언제나 새로운 실천법을 계속 만들어낼 수 있다. 그러나 〈어떤 방법〉이 구체적인 실천법이라면 망한 거다. 아주 금세 새로운 유행어가 필요하게 된다.

내 친구들 중 몇몇은 가공 식품보다 유기농 식품을 더 좋아한다. 나는 유기농 식품을 섭취하는 것이 스스로에게 옳은 일이라는 그들의 의견을 존중한다. 대량 생산 식품보다 더 좋은 식품을 선택하는 것은 방법도 아니고, 프레임워크도 아니며, 종교도 아니다. 그건 삶의 방식이다. 내 친구들이 옳다고 믿는 바다. "옳은 일"을 한다는 것은 핵심 신념과 일치하는 방식으로 행동한다는 뜻이다.

관리에 대한 나의 핵심 신념은 조직은 복잡적응계이며 좋은 관리란 사람을 마음대로 조종하는 대신 시스템을 관리하는 것이다. 나는 구성원이 계속해서 몰입하고 행복할 수 있도록 환경을 개선하는 것이 관리자의 주요 책임 중 하나라고 믿는다. 그렇지 않으면 그 조직은 가치를 만들어내지 못한다. 나는 관리자가 시스템 전체를 지속적으로 최적화해야 한다고 생각한다. 그렇지 않으면 언젠가는 반드시 조직이 쇠퇴하게 될 것이다. 그리고 나는 관리자가 모든 클라이언트("클라이언트와 이해관계자(또는 피관련자)" 사이드바 참조)의 가치를 극대화하는 데 관심을 기울여야 한다고 믿는다. 그렇게 하지 않으면 조직은 제 역할을 하지 못하게 된다. 정리하자면 다음의 관리 실천법이 좋은 실천법이다.

1. 사람들의 몰입과 상호작용을 촉진한다.
2. 사람들이 시스템을 개선할 수 있도록 한다.
3. 모든 클라이언트가 행복할 수 있도록 한다.

예를 들어, 나는 이리저리 돌아다니는 관리(2장. "퍼스널 맵" 참조)가 좋은 실천법이라고 생각한다. 관리자는 생산 업무를 실제로 하는 팀과 상호작용할 필요가 있기 때문이다. 업무 시스템을 개선하려면 어떻게 도와줘야 하는지 알아내는 것이 그 목표다. 그리고 고객과 그 밖의 이해관계자에게 가치가 어떻게 전달되는지 이해하기 위해서다.

클라이언트와 이해관계자
(또는 피관련자)

나는 이 책에서 클라이언트client와 이해관계자stakeholder라는 용어를 번갈아 사용한다. 이해관계자란 조직이 하는 일에 이해관계가 있는 사람을 말한다. 클라이언트란 어떤 형태로든 조직이 제공하는 가치를 받게 되는 모든 이를 말한다. 대체로 같은 말이며 고객, 주주, 직원, 공급자, 지역 사회 등을 포함한다.

안타깝게도 이해관계자를 주주shareholder와 혼동하고 클라이언트를 고객customer으로 오해하는 경우가 많다. 더 좋은 단어가 없어서 이 책에서는 클라이언트와 이해관계자라는 단어를 섞어 쓰기로 결정했다. 오직 고객이나 주주만을 가리키는 것은 아니라는 점을 기억하자. 어떻게든 비즈니스에 관련이 있고 관심 있는 모든 사람을 의미한다. (그래서 나는 영어사전에 피관련자involvee라는 단어를 추가할 것을 제안하고 싶다.)

누구나 세 가지 원칙을 만족시키는 유용한 실천법을 새로 만들어낼 수 있다. 매니지먼트 3.0은 (나중에 소개할) 델리게이션 보드, 쿠도 박스, 무빙 모티베이터, 피드백 랩과 같은 구체적인 활동으로 정의하지는 않는다. 이러한 실천법과 활동은 관리자가 조직의 건강을 높일 때 할 수 있는 일을 예로 든 것에 불과하다. 친환경 커피를 마신다고 그 사람의 마인드가 "유기농"으로 바뀌는 것은 아니며, 유기농 식품을 좋아하는 모든 사람이 커피를 마실 것이라고 기대하지도 않는다. 친환경 커피는 프레임워크나 방법론의 일부가 아니라 유기농 식품 사고방식과 잘 어울리는 간단한 실천법이다.

마찬가지로 매니지먼트 3.0은 프레임워크도 아니고 방법론도 아니다. 매니지먼트 3.0은 업무 시스템을 바라보는 방식이며 여기에는 시대를 초월하는 몇 가지 원칙이 있다. 메리트 머니 제도, 탐험의 날, 샐러리 포뮬러, 해피니스 도어는 매니지먼트 3.0 사고방식과 잘 어울린다. 이 실천법 중 어느 것도 필수는 아니지만 분명히 고려해 볼 수는 있을 것이다. 더 좋은 점은 여러분이 매니지먼트 3.0 실천법을 직접 만들 수도 있다는 것이다.

그리고 맞다. 나는 매니지먼트 3.0이 "올바른 일을 하는 것"이라고 믿는다.

매니지먼트 3.0 실천법

전문가들이 특정 집단의 일하는 방식을 언급하면서, "최고의 실천법best practice"을 소개하는 경우가 많다. 좋은 실천법이 있을지는 몰라도 최고의 실천법 따위는 없다는 의견에 동의하지만, 아무런 실천법도 내놓지 않는 쪽이 더 나쁘다고 생각한다. 이론적으로 봤을 때 원칙과 실천법을 둘 다 제시하는 것이 좋은 실천법이다. 프로젝트 관리자, 소프트웨어 개발자, 그 밖의 다른 분야의 창의 노동자에게는 일상 업무에 가져다 쓸 수 있는 수많은 실천법을 찾아볼 수 있다. 하지만 좋은 관리 실천법에는 어떤 것이 있을까?

> 이론적으로 봤을 때
> 원칙과 실천법을 둘 다 제시하는 것이
> 좋은 실천법이다.

직원들에게 좋은 관리 실천법의 예를 들어보라 하면 이상하게도 "고객을 행복하게 한다", "공동의 목적을 만든다", "팀을 신뢰한다" 같은 원칙만 내놓는 듯하다. 이런 의견도 건전하고 의미 있다고 생각하지만 구체적이지는 못한 것이 흠이다. 내가 말하는 구체적인 실천법이란 초보자에게도 설명할 수 있고, 그 초보자가 월요일 아침에 무슨 일을 해야 하는지 정확히 알 수 있게 하는 방법을 말한다. "서번트 리더가 된다"는 추상적이지만 "팀에게 커피를 가져다 준다"는 구체적이다. "스스로를 불필요하게 만든다"는 추상적이지만 "6개월 짜리 휴가를 간다"는 구체적이다.

관리에 관한 한 대부분이 초보자다. 그들의 "어떻게"라는 질문에 대답하려면 구체적인 조언과 단계별 지침이 필요하다.

- 성과는 어떻게 측정해야 할까?
- 성과 평가를 어떻게 바꿔야 할까?
- 급여와 보너스는 어떻게 결정해야 할까?
- 진로와 승진은 어떻게 제시해야 할까?
- 직원들을 어떻게 동기부여 해야 할까?

운전하는 방법을 배울 때 사람들에게 "아무도 해치거나 죽이지 않고 특정 장소에 도착하는 것이 일반적인 원칙입니다. 행운을 빌어요!"라고 말해주는 것으로는 충분하지 않다. 초보 운전자에게는 그보다 더 많은 안내가 필요하다. (나는 그랬다!) 좌석에 앉는 방법, 핸들을 잡는 방법, 도로를 보는 방법, 전조등과 방향 지시등을 사용하는 방법을 구체적으로 알려줘야 한다. 유럽 초보 운전자는 기어 사용법을 배우고 미국 초보 운전자는 컵 홀더 사용법을 배운다. 초보 운전자들은 금세 원칙을 이해할 테지만, 그건 무사히 살아남아 규칙을 실천할 수 있는 경우에만 그렇다. 강사가 해야 할 일은 모든 규칙은 안전을 지키기 위한 좋은 실천법에 불과하다고 설명하는 것이다.

사람들에게 구체적인 실천법을 알려주자마자, 애석하게도 그들 중 일부는 원칙을 이해하기보다 조언을 문자 그대로 따라 하려고 할 것이다. 예를 들어, 팀은 스탠드업 회의의 목적이 간단하고 효과적인 소통을 유지하는 것임을 이해해야 한다. 하지만 그 실천법의 이름이 "15분 일일 스탠드업"이어서 15분이 넘으면 팀원들의 말을 잘라버리는 어떤 팀 이야기를 들은 적이 있다. 휠체어에 탄 사람은 일어설 수 없다는 이유로 스탠드업 회의를 받아들이기 곤란해하는 팀도 있었다! 아무 생각 없이 규칙을 지키면서 서서히 원칙을 잊어가는 것은 언제나 관료주의의 전주곡이다.

내가 좋은 매니지먼트 3.0 실천법을 알려줄 때마다 교조주의적이고 관료주의적인 경향성의 위험도 함께 생겨난다. 예를 들어 사람들에게 서로에게 감사 표시로 쿠도 카드를 사용하라고 알려주면, 가끔 다음 같은 질문을 받는다. "익명으로 해야 하나요, 실명으로 해야 하나요?", "개인적으로 건네야 할까요, 박스 안에 넣어야 할까요?", "종이에 쓰는 게 좋을까요, 온라인으로 보내는 게 좋을까요?" 이건 내가 아침에 팀원들에게 커피를 가져다주라고 조언했는데, 팀에게 우유와 설탕이 필요한지, 쿠키를 곁들여도 좋을지, 초콜릿 쿠키여야 하는지 건강 쿠키여야 하는지, 차만 마시는 사람은 어떻게 해야 하는지 내게 묻는 것과 마찬가지다. 사람들이 체크리스트를 만들어 내가 말한 그대로 할까봐 너무 구체적인 설명은 거절하겠다! 🗒 팀원에게 커피를 가져다주는 실천법은 서번트 리더가 되기 위해 노력하자는 원칙을 따르기 위해 그렇게 하는 것이다.

위대한 관리

이번 챕터는 잘못된 관리에 대한 우울한 이야기로 시작했다. 그래서 희망을 주는 몇 가지 사례를 전하면서 이번 챕터를 마치려 한다. 다행히도 들려줄 수 있는 좋은 이야기가 꽤 많다. 다음은 직원들이 직접 업무 공간을 활용한 이야기다.

네덜란드 로테르담의 소프트웨어 회사 VI컴퍼니^{VI Company}의 경영진은 사무실 벽 일부를 커다란 흑칠판으로 만들었고, 직원들이 다양한 색상 마커로 직접 사무실을 꾸밀 수 있게 했다. 어떤 팀은 자신들의 해피니스 인덱스 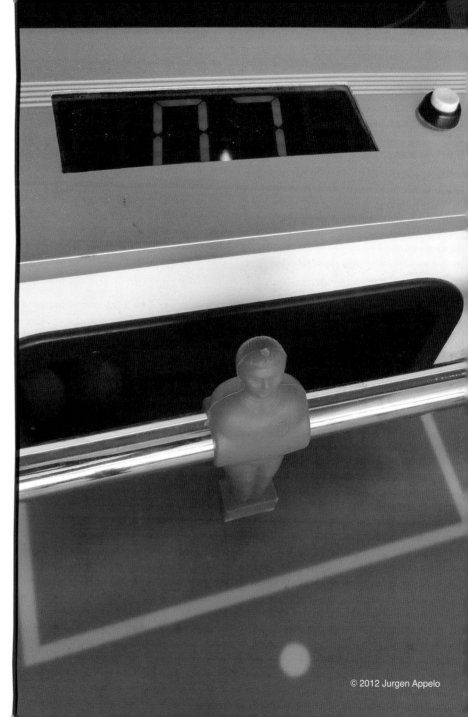를 공개적으로 표시하기로 결정하고 팀원들이 벽 전체에 색색의 선을 그렸다. 칠판으로 된 벽은 사무실을 보다 화려해 보이게 했을 뿐만 아니라 실험, 학습, 개선에 대한 팀의 요구를 뒷받침해줬다.

오슬로의 시스코 시스템즈 노르웨이^{Cisco Systems Norway}에서는 직원들이 식당에서 테이블 축구를 즐겨 한다. 하지만 평범하지 않은 특별한 테이블 축구다! 기술 담당 직원들이 직접 테이블에 몇 가지 업그레이드를 해놓았다. 예를 들어, 두 골문에는 레이저 빔이 설치돼 있고 테이블에는 디지털 점수판이 달려 있어서 현재 점수가 몇 대 몇인지 알 수 있다. 또한 테이블에 보안 카드 리더기도 부착돼 있어 플레이어를 식별할 수도 있다. 직원들이 이런 업그레이드를 한 이유는 기술적인 실험이 혁신에 도움이 되고 경영진은 원하는 만큼 테이블 축구를 할 수 있도록 해줬기 때문이다.

폴란드 글리비체에 있는 퓨처 프로세싱Future Processing에는 전 직원의 사진과 이름으로 가득한 벽이 있다. 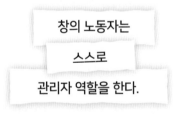 모든 신입사원의 사진을 찍어 식당에 걸어 놓는 것이 이 회사의 전통이다. 또한 사람들의 이름으로 만든 그래프로 수년 간 회사의 빠른 성장세를 그려 놓기도 했다. 이 모든 것이 여기에서 일하는 사람들 덕분임을 회사가 인정하고 구성원에게 긍지를 심어주는 방식이다.

"가장 일하기 좋은 곳"으로 인정받고 있는 스페인 바로셀로나의 인포잡스InfoJobs는 직원들이 직접 회의실마다 회사 가치에 어울리는 이름을 붙이고, 각 회의실을 그 이름에 맞게 사용하고 꾸미기로 했다. 예를 들어, 알레그리아("행복") 방에는 멋진 베게, 담요, 꽃, 책, 요가 매트가 있다. 이 방은 자신을 표현하고 작은 행복을 느낄 수 있는 곳이다. 참, 인사 부서가 이름을 인재 개발 지원팀으로 바꾼 것은 새로운 이름이 자신들이 하는 일을 더 잘 반영한다고 생각했기 때문이다.

아이슬란드 레이카비크의 온라인 게임 회사 CCP게임즈CCP Games는 우주선과 외계인이 가득한 방대한 가상 세계와 우주를 만든다. 내가 흥미롭게 본 것은 두 팀이 서로 다른 스타일의 작업 현황판을 조화롭게 사용하는 유용한 방법을 발견했다는 점이다. "스크럼" 보드(요구사항과 작업을 나타내는 시각화 보드)는 반복적인 제품 출시 흐름을 관리하는 데 사용하고, "칸반" 보드(또 다른 스타일의 업무 흐름 시각화)는 우주선을 지속해서 개발하는 데 사용한다. 이 팀들은 우주선이 한 작업 현황판에서 다른 현황판으로 날아가는 그림을 내게 자랑스럽게 보여줬다!

스웨덴 스톡홀름의 온라인 음악 회사 스포티파이Spotify의 경영진은 새 사무실 설계를 직원에게 위임했다. 구성원과 코치들은 복도와 열린 업무 공간 사이를 유리나 벽이 아니라 철망으로 분리하는 특별한 해법을 내놓았다.

이 방식은 사람들이 투명성과 프라이버시를 동시에 느낄 수 있도록 해준다.

매우 현대적인 사무 공간을 지닌 또 다른 회사는 독일 베를린의 온라인 게임 사업자 보가Wooga다. 이 회사의 직원들은 최고의 사무 공간 설계를 두고 서로 콘테스트를 한다. 나는 보가 사무실이 내가 방문했던 곳 중 가장 멋진 사무실 중 하나라고 쉽게 꼽을 수 있다.

나는 이 회사들을 전부 직접 방문했다. (내가 여행을 많이 다닌다고 말했었나?) 물론, 사무 공간을 바꾸는 것이 순전히 겉치레일 때도 있다. 그러나 내가 봤던 사례들이 많은 돈이나 노력이 필요 없었던 좋은 관리 지표였다고 믿는다. 여기에서 언급했던 사례들은 사실 단순하고 저렴하며 그다지 화려하지 않다. 그러나 효과가 있다! 나는 구성원의 행복과 자부심을 목격했다. 또한 관리자가 업무를 개선하기를 기다리지 않고 사람들이 자기 손으로 관리에 책임을 지는 모습을 봤다. 창의 노동자는 스스로 관리자 역할을 한다.

창의 노동자는 스스로 관리자 역할을 한다.

직원들에게 동기를 부여하고 시스템을 개선하면서도 이해관계자의 가치를 높이는 방법을 아는 사람들의 모습을 보는 건 좋은 일이다. 그리고 똑똑한 지식 노동자와 창의 노동자가 상사의 허락을 기다리지 않고 변화를 시작하는 모습을 보는 것도 좋다. 앞으로도 이런 이야기가 더 많이 나왔으면 좋겠다.

나는 좀 더 구체적인 관리 실천법이 필요하다는 것은 이해하면서도, "어떤 관리 방법"을 정의하는 데에는 항상 반대해왔다. 어떤 관리 방법 콘퍼런스, 어떤 관리 방법 강사 인증, 어떤 관리 방법 공식 도구, 어떤 관리 방법 성숙도 평가, 사람들이 어떤 관리 방법을 올바르게 이해하고 적용하는지 검증하는 온라인 테스트라는 결과를 피할 수가 없을 테니까. 학습은 멈출 것이고, 그 방법은 복잡성 과학과 상충하고 시스템 사고와 양립할 수 없을 것이다. 과학에서 영감을 얻은 프레임워크 또는 방법을 제공한다는 것은 용어의 모순이다.

나는 가끔 운동에 비유하기를 좋아한다. 요가와 필라테스는 고통스럽고도 유용한 실천법의 끝없는 모음에 단지 이름을 붙인 것일 뿐이라는 사실을 모두가 알고 있다. 요가나 필라테스는 방법도 아니고 프레임워크도 아니다. 팔굽혀펴기를 하루에 20번씩 하면 건강에 좋다고 모두 알고 있지만 그걸 반드시 해야 할 필요는 없다. 다른 운동으로 바꿔도 아무런 문제가 없다. 사실 여러분의 개인 트레이너는 잘 알겠지만, 때로는 그렇게 바꿔야 한다! 마찬가지로, 완전히 지칠 때까지 무빙 모티베이터(10장, "무빙 모티베이터" 참조)를 할 수 있다. 사람들이 지겨워할 때까지 앗싸! 질문을 해볼 수 있다. 그 가치를 다할 때까지 퍼스널 맵 실천법을 시도할 수 있다. 그리고 더 필요 없을 때까지 델리게이션 보드를 만드는 것도 괜찮다.

여러분이 예술가, 개발자, 테스터, 의사, 관리자, 리더, 코치, 퍼실리테이터, 공무원, 창업가인가? 건강하고 행복한 조직을 만들고 싶은가?

© 2013 Jurgen Appelo

이 책은 구체적인 관리 실천법을 담고 있다. 사람이 아니라 시스템을 관리하는 방법을 모두가 배워야 하기 때문이다. 이 실천법들은 모든 사람을 위한 것이다. 더 적은 관리자로 더 좋은 관리를 시작할 수 있기 때문이다. 이 진지한 게임과 현대적인 도구는 내일부터 여러분의 조직 문화를 하나씩 바꿔 줄 것이다.

운동을 시작하자. 시스템을 건강하게 만들고 재미있게 즐기자!

더 적은 관리자로

더 좋은 관리를 시작하자.

1

쿠도 박스와 쿠도 카드

더 좋은 보상으로 하는 동기부여

진정하고 지속적인 가치를
지닌 것은 언제나
안으로부터 온 것이다.

프란츠 카프카Franz Kafka,
오스트리아-헝가리 작가
(1883-1924)

직원에게 보장을 잘못하는 방법에는 여러 가지가 있다.

단순하지만 효과적인 방법으로

서로에게 작은 보상을 줄 수 있도록 쿠도 박스를 놓아보자.

쿠도 박스^{kudo box}는 보상의 6가지 규칙을 충족시키며

보너스나 그 밖의 금전적 동기부여보다

훨씬 효과적이다.

> 많은 경우에 성과에 대한 보상이 실제로는 성과를 더 나쁘게 할 수 있으며, 더 많은 보상을 할수록 성과는 더 나빠진다. 이를 뒷받침하는 증거가 점점 늘어나고 있다는 사실을 알면 많은 이가 충격을 받을지도 모른다.
>
> 닉 플레밍Nic Fleming, "The Bonus Myth"[3]

2001년 미국의 에너지 및 서비스 회사인 엔론Enron은 진실보다 보너스를 더 사랑했던 관리자들 덕분에 파산하고 말았다. 그들은 스스로에게 인센티브를 지급함으로써 조직의 성공이 아니라 자신의 수입을 극대화했다. 파말랏Parmalat, 월드컴WorldCom, 버나드 L. 메이도프Bernard L. Madoff, 에이아이지AIG, 베어링스Barings 등 많은 곳에서도 이와 비슷한 창의적인 금융 관행을 저질렀다. 기업의 역사를 살펴보면 개인의 탐욕과 이기심이 회사의 지불 능력을 능가했던 흔적이 어지럽게 널려있음을 알 수 있다. 그리고 보너스와 성과 사이에는 아무런 상관관계가 없다는 사실을 전문가들은 수십 년 전부터 알고 있었음에도 불구하고, 전 세계는 여전히 "성과 보상" 보너스 제도를 시행하고 있다.[1]

사실, 지나친 탐욕이 자유 시장의 가장 큰 문제일지도 모르겠다. 미국과 유럽의 은행가들은 자기 개인의 이익에 너무 집중한 나머지 세상을 지금까지 겪어보지 못했던 깊은 불황으로 몰아넣었다.[2]

지나친 탐욕이 자유 시장의 가장 큰 문제일지도 모르겠다.

외재적 동기

외재적 동기extrinsic motivation란 돈, 지위, 칭찬처럼 (다른 사람이 주는) 외부의 보상에 의한 행동을 말한다. 보상은 가장 까다롭고 이해하기 어려운 경영 도구 중 하나다. 올바른 방법으로 사용하면 의미 있는 결과를 얻을 수 있지만, 안타깝게도 관리자들은 사람들을 더 열심히, 더 오래, 더 효과적으로 일하게 만드는 데 돈 만한 것이 없다고 가정하는 경우가 흔하다. 또한 외재적으로 동기부여 하는 데 금전적 보너스가 꽤 효과적이라고 가정하는 경우가 많다. 둘 다 잘못된 가정이다.

> 다른 사람과 마찬가지로 지식 노동자에게도 돈이 중요하긴 하지만, 그들은 돈을 궁극적인 척도로 여기지 않으며 돈이 직업적 성과와 성취를 대신한다고 생각하지도 않는다. 직업이 생계 수단이었던 과거 노동자와는 뚜렷하게 대조적으로, 대부분의 지식 노동자는 자신의 직업을 삶으로 본다.

피터 F. 드러커Peter F. Drucker, 『매니지먼트(Management)』[4]

과학 연구에 의하면 성과 인센티브가 실제로는 거꾸로 작용한다는 사실이 밝혀졌다.[5] 보상(돈이나 그 밖의 것)에 대한 기대가 내재적 동기를 없애버려서 오히려 생산성을 떨어뜨리는 것이다. 인센티브는 사람들이 더 이상 일하는 즐거움을 위해 일하지 않을 것임을 보장해 준다. 이것을 **과잉정당화 효과**overjustification effect라고 부른다.[6] 즐거움을 기대하고 느끼는 대신에 보상을 기대하는 것이다.

> 인센티브는 사람들이 더 이상 일하는 즐거움을 위해 일하지 않을 것임을 보장해 준다.

사람들이 일을 잘 해내는 것보다 보상에 초점을 맞추기 때문에, 결과 기반의 보상은 부정행위의 위험을 높인다는 점 또한 문제다. 결과를 기반으로 보상하면 그 결과를 얻을 수 있는 가장 짧은 지름길을 선택하게 된다.[7] 조직은 부작용이 생기는 나쁜 행동으로 성과가 나빠지고, 직원들은 보너스나 동료의 연금을 손쉽게 차지해버릴 것이다.

거액의 결과 기반 인센티브에 의한 외재적 동기부여는 마치 황금 바구니가 달린 열기구와 같다. 돈은 많이 들지만 하늘로 띄우기는 어렵다.

내재적 동기

다행히 좋은 소식도 있다. 내재적 동기intrinsic motivation를 불러일으키는 보상이 더 효과적이고 지속 가능하며 대개는 비용도 더 적게 든다.  내재적 동기란 사람의 내면에서 일어나는 행동을 말한다. 즉, 스스로에게 보상하는 것이다.

> 영향력의 장인들은 우선 중요한 행동이 내재적 만족과 연결돼 있는지 확인한다. 그 다음에 사회적 지지를 얻는다. 그들은 행동에 동기를 부여하고자 최종적으로 외재적 보상을 선택하기에 앞서, 이 두 가지 영역 모두를 다시 한 번 확인한다.

케리 패터슨Kerry Patterson 8

다음 6가지 규칙을 고려하면
보상이 조직에 해를 끼치는 것이 아니라
도움을 줄 수 있게 된다.

보상을 미리 약속하지 않는다.

사람들이 의도를 바꿔서 보상에 초점을 맞추지 못하도록 예상하지 못한 때에 보상한다. 연구에 의하면 일을 잘했다는 인정은 갑작스러워야 내재적 동기가 약해지지 않는다.[9]

보상에 대한 기대는 작게 유지한다.

보상에 대한 기대를 항상 막을 수는 없을 것이다. 연구에 따르면 그런 경우에 큰 보상을 하면 성과를 떨어뜨릴 가능성이 높다. 그러나 작은 보상이라면 해롭지 않다.[10]

한 번이 아니라 지속적으로 보상한다.

축하할 만한 일을 한 달에 한 번 또는 일년에 한 번 찾지 말자. 매일 매일이 무언가를 축하하는 날이 될 수 있다. 매일 매일이 보상할 수 있는 기회다.[11]

이 6가지 보상 규칙은 내재적 동기를 파괴하는 것이 아니라 촉진해주고, 성과와 일하는 즐거움을 높일 수 있는 최고의 기회를 선사한다. 회의에서 수고한 동료에게 건넨 우연한 칭찬이 이 6가지 기준을 거의 모두 충족한다는 점에 주목하자. 나는 회의실 테이블 건너편으로 잘 날려보낸 키스로도 놀라운 일을 해낼 수 있다는 사실을 깨달았다. (물론 농담이다!) 보상을 잘 실행하는 것이 그렇게 어려운 일은 아니다.

몰래 하는 것이 아니라 공개적으로 보상한다.

어떤 일을 해야 보상을 받는지 그리고 그 이유는 무엇인지 모두가 알아야 한다. 좋은 실천에 감사를 표시하고 사람들도 그 일을 즐거워할 수 있게 만드는 것이 보상의 목표다. 그렇게 하려면 공개적으로 알리는 것이 몰래 하는 것보다 효과적이다.[12]

결과가 아니라 행동에 보상한다.

결과는 종종 손쉽게 나올 때도 있지만 행동에는 고생과 노력이 따른다. 좋은 행동에 초점을 맞추면 사람들은 행동하는 법을 배운다. 바람직한 결과에 초점을 맞추면 사람들이 속임수를 배우게 될 수도 있다.[13]

부하 직원이 아니라 동료에게 보상한다.

보상은 관리자만 주는 것이 아니다. 서로에게 보상하는 환경을 만들자. 어떤 동료가 칭찬받을 자격이 있는지는 관리자보다 주변 동료가 더 잘 아는 경우가 많기 때문이다.

4

5

6

쿠도스

금전적인 보상은 흥미롭지 않은 일이나 반복적인 일을 하도록 동기부여 할 때만 활용하는 것이 좋다.[14] 그리고 창의적 업무에도 지나치지만 않다면 약간의 돈으로 보상하는 것은 괜찮다.

내 워크숍에 참여했던 폴란드의 루나 로직 폴스카Lunar Logic Polska 전임 대표였던 파울 클리프Paul Klipp는 자기가 보상 제도를 어떻게 설계했는지 말해줬다.[15] 모든 직원이 누구에게든 20유로 상당의 선물을 줄 수 있는 제도였다. 이 제도를 **쿠도스**kudos라고 불렀는데, 공용 편지함에 이메일로 보낼 수도 있고 종이 박스에 쪽지를 넣어 보낼 수도 있었다.  경영진은 누가 왜 보상을 받는지에는 전혀 관여하지 않았다. 회사의 누구나 어떤 사람이 마땅히 보상 받을 자격이 있다고 느끼게 되면 그 사람에게 보상을 줬다. 손으로 쓴 쿠도kudo(칭찬) 쪽지와 선물 하나를 고를 수 있는 쟁반을 들고 파울이 보상을 받는 사람에게 직접 가져갔다. 그리고 모두가 페이스북과 사내 채팅 시스템으로 그 소식을 듣게 된다. 파울은 내게 이 선물이 엄청난 효과가 있었다고 말하면서 모든 직원이 참여해서 바람직한 일을 한 사람에게 상을 준다는 사실을 자랑스러워했다. 비용이 적게 드는 보상 제도였고 믿음을 악용하는 일은 생기지 않았다.

하지만 **쿠도는** 잘못된 단어라고!

몇몇 독자가 kudos는 원래 단수형이므로 kudo는 잘못된 단어라는 의견을 줬다. 그러나 kudo는 그 뜻이 "영광" 또는 "명성"인 그리스어 kydos에서 유래한 단어인데, 이 그리스어 단어가 복수형이라고 오해를 받은 것이다. kudo와 kudos 둘 다 20세기에 영어로 유입되었다. 오해로 인해 두 개의 단어가 별도로 탄생했지만, 현재는 당연하게 여기는 단어 중에도 이와 같은 방식으로 생겨난 것이 많다.

가상 현실 플랫폼 세컨드 라이프Second Life를 만든 린든랩Linden Lab의 전 CEO 필립 로즈데일Philip Rosedale도 비슷한 제도를 실행했다. 로즈데일은 이 제도를 러브머신LoveMachine이라고 불렀다.[16] 직원들이 동료에게 감사 쪽지를 보내는 도구였다. 로즈데일은 수고에 대한 서로의 인정이 모두를 기쁘게 할 것이라고 생각했다. 모든 것이 투명하기 때문에 관리자는 누가 자주 칭찬을 받고 누가 전혀 칭찬을 받지 못하는지를 보고 유용한 통찰을 얻었다.

다양한 이름의 비슷한 제도가 많다. 예를 들어, 자포스Zappos에서는 히어로 어워즈HERO awards라는 제도가 있다.[17] 뭐라고 부르든 간에, 사람들이 서로에게 작고 기대하지 않았던 감사 표시를 줄 수 있는 공개 제도는 좋은 보상의 6가지 기본 원칙을 모두 충족시킨다. 물론 칭찬에 따라가는 선물은 선택 사항이며 중요한 것은 그 의도다. 하지만 경험에 따르면, 실체가 있는 선물이 받는 이에게 더 큰 영향을 준다. 그런 선물은 칭찬을 만지고 소유하고 간직할 수 있게 해준다. 그리고 거기에는 값어치도 있다.

쿠도는 익명이거나 비공개여야 할까?

누군가에게 익명으로 멋진 메시지를 받은 적이 있다. 누가 그 칭찬을 했는지 모른다는 사실 때문에 20년이 지난 지금도 괴롭다.

여러분은 다를지도 모르겠다. 어쩌면 익명으로 보상을 주고받는 미스터리를 좋아할 수도 있다. 칭찬을 주고받는 사람들에게 그 결정을 맡기라는 것이 내 조언이다. 그냥 맡겨두면 상황과 조직 문화를 고려해서 칭찬을 하는 사람의 정체를 드러낼지 말지 최선의 결정을 내릴 것이다.

쿠도를 공개적으로 줄지 아니면 몰래 줄지 또한 논의 대상이다. 대개는 공개적인 보상이 조직 문화 개선에 더 효과적이지만 공개적인 칭찬을 부끄러워하는 사람도 있다. 다시 말하지만, 조직 문화와 사람들의 선호를 알아보고 모두에게 효과적인 방법이 무엇인지 확인하는 것이 가장 좋다.

하지만 만약에...?

항상 "만약에?"라고 묻는 사람이 있다.

"만약에 구성원들이 공정하게 행동하지 않으면 어떡하죠?"
"만약에 두 사람이 공짜 영화표를 얻겠다고 쿠도 박스 제도를 악용하면 어쩌죠?"
"만약에 누군가가 쿠도 카드로 상사의 환심을 사려고만 한다면 어떻게 할까요?"

이런 질문을 받으면 내 대답은 딱 한 가지다. "만약에 서로에 대한 신뢰가 낮아서 그런 위험을 걱정하는 거라면 어떡하죠? 만약에 그런 낮은 신뢰도가 회사 문화로 인한 결과라면 어쩌죠? 만약에 쿠도 박스가 이런 불신의 문화를 비교적 무해하게 바꿀 수 있는 꼭 필요한 실천법이라면 어떻게 할까요? 맞다. 예기치 않은 행동이 일어날 위험은 항상 존재한다. 콘퍼런스에서 무료로 책을 나눠줬는데 어떤 사람은 그 책을 라면 받침으로 사용할지도 모른다. 그렇다고 내가 좋은 일을 실천하기를 망설여야 할까?

부정행위가 일어났을 때는, 사람들이 거기에 대응할 수 있도록 투명하게 드러내서 자연스럽게 더 좋은 방법을 찾을 수 있도록 두는 것이 아마 최선일 것이다. 부정행위를 어떻게 다룰 것인지는 공동체가 결정하게끔 한다. 그런 문제를 고위 경영진에게 맡기려고 하지 말자. 경영진은 정부와 비슷하기 때문이다. 좋은 행동은 팀원들이 서로에게 보상해주기를 바라면서 잘못된 행동은 경영진이 처리하기를 바란다면, 관리자와 비 관리자 사이의 간극을 벌리는 꼴이다. 이 간극은 조직 문화를 개선하는 것이 아니라 악화시킨다! 결국 모두가 제도를 두고 게임을 할 것이고, 경영진은 "적절한" 보상 규칙을 제정하고, 보상을 정교하게 만들고, 자신의 이익을 위해 보상 예산을 줄이는 풀타임 담당자를 내세울 것이다. 우리 모두 정부가 일하는 방식을 잘 알고 있다. :-)

> **부정행위를 어떻게 다룰 것인지는
> 공동체가 결정하게끔 한다.**

가끔 이런 질문을 받기도 한다. "사람들이 보상을 기대하면 어떻게 해야 하나요? 어떤 사람이 X를 해서 칭찬을 받으면 다른 사람들도 X를 했을 때 보상 받기를 기대합니다. 결국 같은 일을 한 모두가 보상 받을 자격이 있다고 생각하겠죠."

무슨 말인지 잘 안다. 대부분의 구성원은 공정함에 매우 예민하다. 어떤 동료가 보상을 받았는데 똑같은 일을 한 다른 동료는 보상을 받지 못한다면 그 사실을 불편하게 생각할 수도 있다. 순식간에 X를 한 모두가 자동적으로 보상을 받아야 하는 상황이 된다. 이런 일은 반드시 막아야 한다.

보상의 첫 번째 규칙을 보면 보상은 갑작스러워야 한다고 말한다. 사람들이 보상을 예상한다면 보상 제도가 비정상적인 것이다. 그래서 나는 칭찬할 수밖에 없는 상황에서 하는 칭찬은 효과가 없음을 자주 강조한다. 또한 누군가가 무언가를 처음 했다는 사실, 또는 애초의 기대를 뛰어넘는 기여나 노력과 같은 유일한 특성을 강조하는 방식으로 고마움을 표현한다. 그렇게 하면 다음 사람은 같은 일에 칭찬을 기대할 가능성이 낮아질 수 있다. 어쨌든 처음도 아니고 유일하지도 않고 기대 이상도 아닐 테니까.

마지막으로 내게 이렇게 묻는 독자들도 있다. "개인이 아니라 팀에게 보상해야 하지 않을까요? 우리는 개인이 아니라 협력해서 일하기를 바라잖아요?"

음, 물론 맞는 말이다. 그러나 팀워크는 사람들이 개인적으로 팀에 기여했을 때에만 생겨날 수 있다. 어떤 개인이 팀 전체를 위해 한 일을 보상하는 것이다. 분명히 팀 전체, 부서 전체, 심지어 조직 전체를 칭찬하는 일이 중요한 때가 있다. 하지만 단위 전체가 칭찬 받을만한 상황이 되기 이전에, 전체에 대한 개인의 기여를 먼저 인정해야 하는 경우가 많다.

쿠도 박스는 보상의 6가지 규칙을 충실히 지킬 뿐만 아니라 매니지먼트 3.0 실천법의 3가지 원칙도 충족시킨다. 보상은 업무를 개선하고 클라이언트를 행복하게 했기 때문에 주어지는 것이며, 내재적 동기부여를 통해 사람들의 몰입을 돕는다. 그리고 보너스로 덧붙이자면, 이 실천법은 보너스를 없애는 데에도 도움이 된다!

> 팀워크는 사람들이
> 개인적으로
> 팀에 기여했을 때에만
> 생겨날 수 있다.

우리 회사의
"환호 상자"에 대해

"브라이트사이드 그룹Brightside Grouo에서 '환호 상자shout-out shoebox'를 실행한 이후 상자에는 전부 19장의 카드가 들어왔다. 그 중에는 개인이 아니라 어떤 팀이 다른 팀 전체에게 보내는 감사 카드도 하나 있었다. 보낸 팀 전체가 서명을 한 그 카드는 받은 팀의 업무 공간에 자랑스럽게 붙어 있다. 불과 몇 주 전에 입사했지만 '전력 질주' 능력으로 팀에게 깊은 인상을 줬던 어떤 신입 사원이 받은 카드도 대단했다. 그 신입 사원은 카드를 받고 무척 감동했다.

처음에는 회의적이었던 어떤 관리자 한 명은 이 제도의 긍정적인 반응에 깜짝 놀랐으며, 이제는 이 실천법을 자기 팀에도 확대할 수 있느냐고 물었다. 사실 이미 누군가가 그 팀 중 한 명에게 카드를 보냈기 때문에 벌써 전파된 상태였다."

게리 셰퍼드Gary Shepherd, 영국

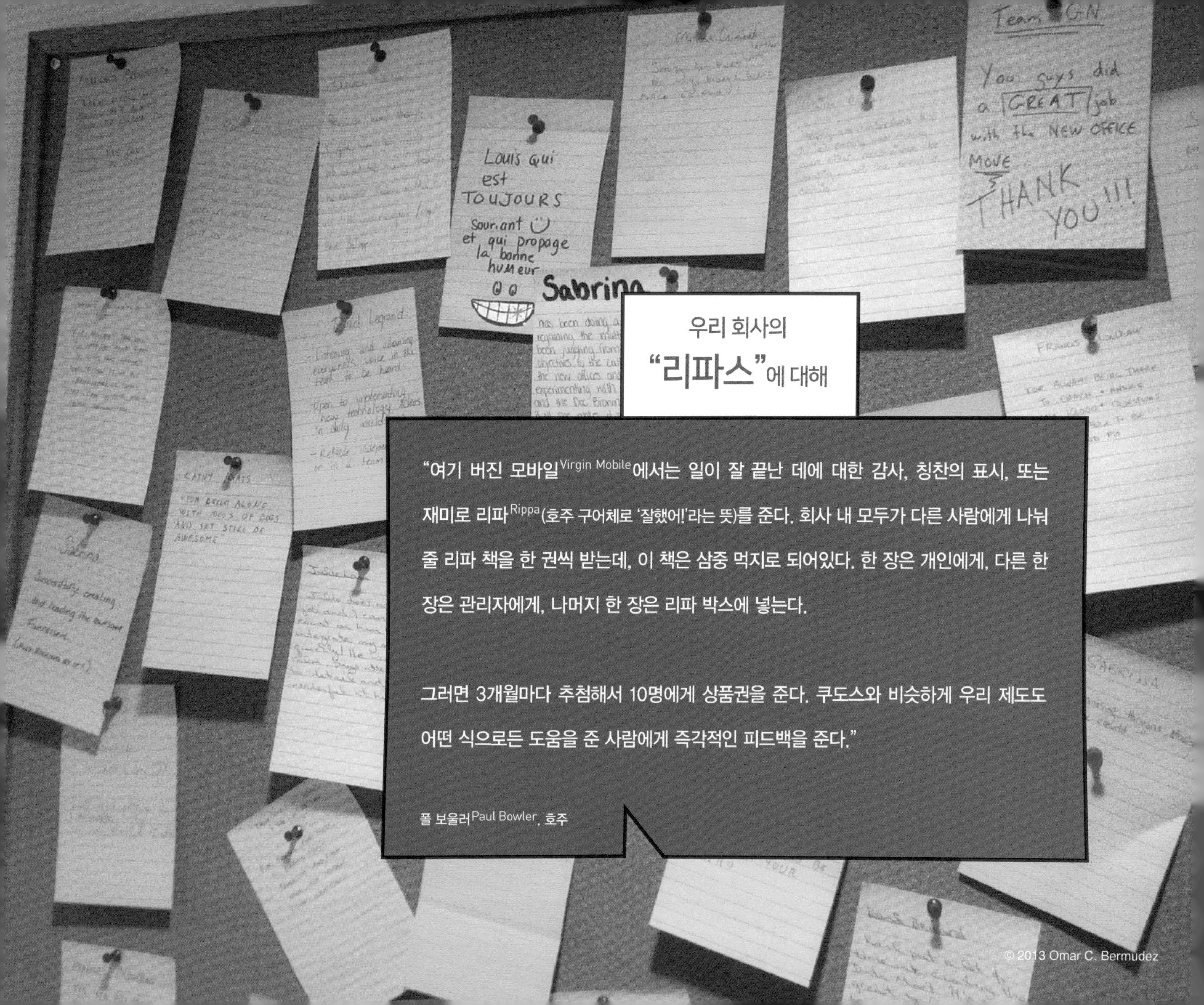

우리 회사의
"리파스"에 대해

"여기 버진 모바일Virgin Mobile에서는 일이 잘 끝난 데에 대한 감사, 칭찬의 표시, 또는 재미로 리파Rippa(호주 구어체로 '잘했어!'라는 뜻)를 준다. 회사 내 모두가 다른 사람에게 나눠 줄 리파 책을 한 권씩 받는데, 이 책은 삼중 먹지로 되어있다. 한 장은 개인에게, 다른 한 장은 관리자에게, 나머지 한 장은 리파 박스에 넣는다.

그러면 3개월마다 추첨해서 10명에게 상품권을 준다. 쿠도스와 비슷하게 우리 제도도 어떤 식으로든 도움을 준 사람에게 즉각적인 피드백을 준다."

폴 보울러Paul Bowler, 호주

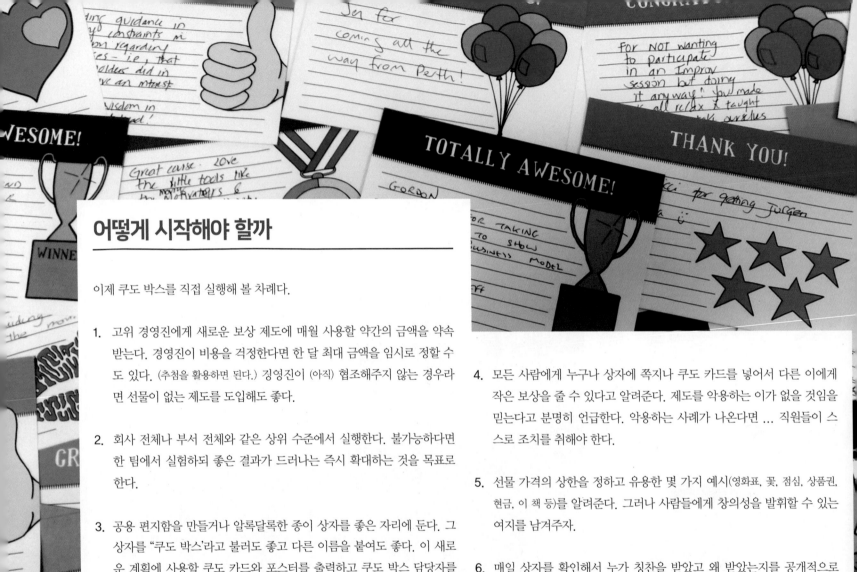

어떻게 시작해야 할까

이제 쿠도 박스를 직접 실행해 볼 차례다.

1. 고위 경영진에게 새로운 보상 제도에 매월 사용할 약간의 금액을 약속 받는다. 경영진이 비용을 걱정한다면 한 달 최대 금액을 임시로 정할 수 도 있다. (추첨을 활용하면 된다.) 경영진이 (아직) 협조해주지 않는 경우라 면 선물이 없는 제도를 도입해도 좋다.

2. 회사 전체나 부서 전체와 같은 상위 수준에서 실행한다. 불가능하다면 한 팀에서 실험하되 좋은 결과가 드러나는 즉시 확대하는 것을 목표로 한다.

3. 공용 편지함을 만들거나 알록달록한 종이 상자를 좋은 자리에 둔다. 그 상자를 "쿠도 박스'라고 불러도 좋고 다른 이름을 붙여도 좋다. 이 새로 운 계획에 사용할 쿠도 카드와 포스터를 출력하고 쿠도 박스 담당자를 선정한다. (원한다면 m30.me/kudo-cards에서 쿠도 카드 디자인을 무료로 다운 로드 받을 수 있다.)

4. 모든 사람에게 누구나 상자에 쪽지나 쿠도 카드를 넣어서 다른 이에게 작은 보상을 줄 수 있다고 알려준다. 제도를 악용하는 이가 없을 것임을 믿는다고 분명히 언급한다. 악용하는 사례가 나온다면 … 직원들이 스 스로 조치를 취해야 한다.

5. 선물 가격의 상한을 정하고 유용한 몇 가지 예시(영화표, 꽃, 점심, 상품권, 현금, 이 책 등)를 알려준다. 그러나 사람들에게 창의성을 발휘할 수 있는 여지를 남겨주자.

6. 매일 상자를 확인해서 누가 칭찬을 받았고 왜 받았는지를 공개적으로 발표한다. 이 실천법이 일찌감치 자리를 잡을 수 있도록 처음에는 많은 쿠도 카드를 여러분이 손수 써야 할 수도 있다.

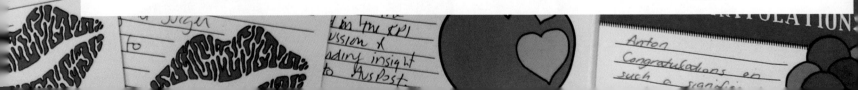

팁과 응용

원격으로 일하는 구성원에게 멋진 감사 표시를 하고 싶을 때, 나는 kudobox.co를 사용한다. 보상과 조직 문화를 연결시키고 싶은 마음에, 회사의 가치를 쿠도 카드에 인쇄해 넣기도 했다.

우리는 이 실천법을 안전하게 한 팀 안에서 시작했고, 성공하고 나서 그 범위를 확대했다.

우리는 카드를 직접 전해준다. 눈을 맞추며 "고맙습니다"라고 말하는 것이 큰 차이를 만든다.

쿠도 디자인이 큰 영향을 줄 수도 있다. 카드 자체가 행복해 보이도록 만들자!

새 쿠도 카드를 쉽게 사용할 수 있어야 한다. 커피 머신이나 정수기 근처에 갖다 놓자.

나는 소통 방식이 가장 나쁜 팀부터 시작했는데, 이 실천법이 누구에게나 효과가 있음을 보여주고 싶어서였다.

사람들이 카드를 감사의 벽 Kudo Wall에 붙일 수 있도록 한다. 가급적이면 사람들이 가장 자주 다니는 곳에 장소를 마련하자.

카드를 쉽게 찾을 수 있도록 모든 장애물을 없앤다. 허리를 굽혀서 서랍을 여는 것조차 귀찮아 하는 사람도 있다!

카드에 회사의 목적을 인쇄해 넣자. 사람들에게 서로 칭찬하는 이유를 일깨워 줄 수 있다.

우리는 매주 새로운 쿠도 카드를 큰 소리로 읽고 축하하는 자리를 갖는다.

m30.me/kudo-cards에서 쿠도 카드 디자인을 무료로 다운로드할 수 있다. m30.me/kudo-box에서 더 많은 아이디어를 찾아보자.

2

퍼스널 맵

소통과 이해의 개선

우리의 본업은
희미하게 멀리 있는 것을
찾는 것이 아니라,
가까이에 있는 것을
분명히 하는 것이다.

토머스 칼라일Thomas Carlyle,
스코틀랜드 작가
(1795-1881)

일이 어떻게 돌아가고 있는지를
제대로 이해하고 싶다면 다른 사람이
하는 일에 더욱 가까이 다가가야 한다.
발걸음을 옮겨서, 자리를 바꿔서,
마이크를 앞으로 당겨서 그렇게 할 수 있다.
자기와 타인 간의 거리를 좁히면 소통과
창의성을 높이는 데 도움이 된다.
사람들을 더 잘 이해할 수 있는 훌륭한
활동 중 하나가 그들에 대해 알고 있는 것을
퍼스널 맵personal map에 담아내는 일이다.

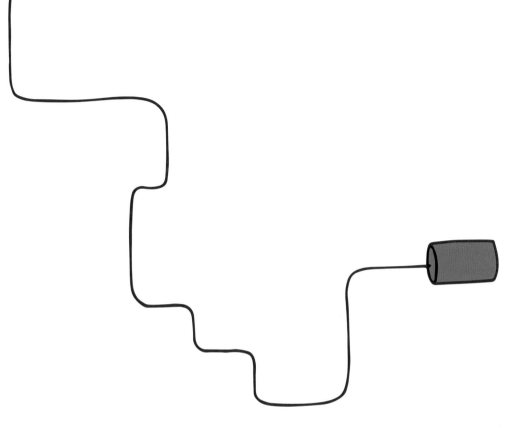

16년 전에 관리자 역할을 막 시작했을 때, 내게는 반짝거리는 책상, 빠른 최신형 컴퓨터, 흔한 독재자의 예복보다 더 많은 단추가 붙어있는 전화기가 놓인 커다란 개인 사무실이 있었다. 10여 명의 소프트웨어 개발자로 이뤄진 작은 팀도 있어서 내 마음대로 이래라 저래라 할 수도 있었다. 내게 부족했던 것은 딱 한 가지였다. 나는 그들이 머릿속으로 무슨 생각을 하는지 전혀 알지 못했다.

나는 소프트웨어 엔지니어로 살아오며 개발자를 두 다리와 긴 머리카락이 달린 믿을 수 없는 컴퓨터라고 생각했다. 그들을 프로그래밍하려는 내 필사적인 시도는 실패였다. 지시를 따르는 일이 거의 없었기 때문이다. 그리고 내가 시도했던 디버깅은 심각한 부작용을 낳았다. 얼마 지나지 않아, 나는 컴퓨터 프로그래밍과 사람 관리 사이에는 큰 차이가 있음을 깨닫기 시작했다. 그리고 공부를 시작했다. 이제는 관리란 5%의 지시(내가 원하는 것)와 95%의 소통(그들이 필요로 하는 것)이라는 것이 내 생각이다.

관리란 5%의 지시와   **95%의 소통이다.**

협업 개선

내 소통 문제를 살펴보며 상식뿐만 아니라 과학 연구로부터도 그 해결책을 자연스럽게 얻을 수 있다는 사실을 깨달았다. 조직에서 소통이 어떻게 이뤄지는지를 이해하는 것이 매우 중요하다.

의도적이든 아니든 사람은 자신의 기분, 업무, 감정, 선호, 그 밖의 다른 많은 특성과 활동에 대한 정보를 계속해서 발산한다. 다른 사람은 그 정보 중 일부를 받아들이게 된다. 예를 들어, 여러분이 스트레스를 받으면 필연적으로 그 사실을 신호로 내보내게 되고, 주변에서 이 신호를 포착해 무슨 문제인지 물어보게 되는 것이다. 또는 동료가 어려운 문제를 해결하려는 모습을 봤을 때 자기도 모르게 도움이 되는 정보를 내보낼 수도 있다. 책상 위 사진은 여러분에게 두 아이가 있음을 주변에 알려준다. 바탕 화면 이미지는 여러분이 고양이를 좋아한다는 사실을 분명히 드러낸다. 그리고 의자 옆 쇼핑백은 저녁 식사를 함께 할 친구들이 있음을 말해주고 있는지도 모른다.

소프트웨어 개발 전문가 앨리스터 코번Alistair Cockburn은 팀 또는 조직 간의 정보 흐름이 열이나 기체의 확산과 비슷하다고 설명한다.[1] 당연한 일이지만 정보가 퍼지려면 같은 공간에 나란히 앉는 것이 붙어있는 두 사무실에 각자 앉는 것보다 더 효과적이다. 그래도 두 사람이 넓은 건물을 절반씩 차지한 채 커피 머신을 따로 쓰는 것보다는 그게 더 낫다. 의사소통의 흐름을 최적화 하려면 다른 이들과 같은 공간에서 일하는 것이 제일 좋다. 그렇게 하면 그들이 (의도적이든 아니든) 내보내는 정보를 받아들일 수 있기 때문이다. 같은 공간이 아니었더라면 알 수 없는 정보들이다. 열이나 기체와 똑같다.

결론적으로 협업 효과성과 사람들 간의 거리에는 커다란 상관 관계가 있음이 분명하다.

벨 연구소에서 진행했던 어떤 연구에서, 연구자들은 두 과학자가 협업을 할 것인지 아닌지를 결정하는 요인을 시험했다. 짐작하는 바처럼, 최고의 예측 변수는 사무실의 거리였다. . . . 협업 가능성은 단 몇 피트 만에 급격히 감소했다.

케리 패터슨Kerry Patterson, 『인플루엔서〈Influencer〉』[2]

슬픈 일이지만 모든 조직에서 오해가 일상이다.[3] 거리가 멀수록 소통이 줄어든다는 사실을 알게 됐다면 다른 사람과의 거리를 최적화해서 소통을 개선해볼 수 있다. 많은 책과 글에서 관리자와 그 밖의 사람 간의 거리를 줄이는 "방법"을 설명하고 있다. 세부 사항에는 차이가 있지만 대부분 같은 결론으로 압축할 수 있다. 자신에게 중요한 일에 더 가까이 가야 한다는 결론이다. 물론 관리자에게만 적용되는 말은 아니다. 다른 사람과 함께 일하면서 좋은 결과를 얻기 위해 노력하는 모든 창의 노동자에게 해당하는 말이다.

자신에게 중요한 일에

더 가까이 가야 한다.

이리저리 돌아다니는 관리

조직 안을 이리저리 돌아다녀 보라는 조언을  겐바現場. げんば라는 일본어로 표현하기도 한다. ("현장"이라는 뜻이다.) 사람들이 얼마나 일을 잘 할 수 있는지 그리고 여러분에게 무엇을 필요로 하는지 알고 싶다면 그들이 일하는 곳으로 가야 한다는 실천법이 겐바다.[4] 자신의 눈으로 직접 보는 것 또한 사람들이 지닌 문제를 해결하는 데 도움이 된다. 개선을 더 잘 하고 싶다면 가정이 아니라 사실을 근거로 해야 한다.[5] 문헌에서 찾을 수 있는 다른 용어로는 "직접 가서 보라go and see"는 뜻인 겐치 겐부츠現地現物. げんちげんぶつ[6], 직접 만나 대화하는 시간을 일컫는 페이스 타임face-time[7], 그리고 이리저리 돌아다니는 관리, 즉 현장 경영MBWA, management by walking around 등이 있다. 원격팀의 경우라면 이 실천법의 이름은 분명히 이리저리 날아다니는 관리MBFA, management by flying around가 될 것이다.[8] 이 실천법에는 네덜란드 국왕, 오라녜나사우 공작, 어쩌고 저쩌고, 기타 등등이신 빌럼 알렉산더르 클라우스 헤오르허 페르디난트 전하보다도 더 많은 이름이 있다. 따라서 이 실천법은 꽤나 중요하다.

이리저리 돌아다니며 중요한 사람들을 만날 때 엄격히 정해진 일정만 따르지 말고 오히려 무작위로 만나보라고 제안하는 전문가도 있다. 만나서 경청하고, 의견을 말하고, 함께 의논하고, 조언을 해준다. 무작위로 팀 기획 회의, 스탠드업 회의, 데모 회의에 참석해 볼 수도 있고, 정수기 근처에서 누군가를 우연히 마주치는 것도 좋다. (원격팀에서는 훨씬 어려운 일일 수 있지만 그 주제도 곧 다룰 것이다.) 팀을 감시하고 있다는 인상을 주지 않는 것이 중요하다. 지시를 더 잘 하는 것이 아니라 소통과 이해를 높이는 것이기 목표이기 때문이다. 여러분이 하고 있는 일은 프로그래밍이 아니라 관리다. 또한 페이스 타임 시간에 업무 이야기만 할 필요는 없다. (점심 시간, 커피 머신 근처, 업무 시간 이후에) 서로 교감하는 시간도 중요하다.

> 서로 교감하는 시간이 팀 성과에 대단히 중요하다는 사실이 밝혀졌는데, 이 시간이 의사소통 패턴의 긍정적 변화 중 50% 이상을 차지한다.
>
> 알렉스 펜틀랜드Alex Pentland, "The New Science of Building Great Teams"[9]

이리저리 돌아다니는 관리가 훌륭한 실천법이라는 사실에도 불구하고, 나는 이 방식이 좀 어렵다는 생각이 든다. 일어나서 이리저리 돌아다니기 시작해야 한다는 점이 여전히 문제다. 나처럼 매일 연습해야 잘 할 수 있는 일이다. (결국 이 책은 훌륭한 연습에 대한 책이다!) 그러나 다른 사람과 협업하고 싶은 마음이 아무리 진심이라고 해도, 팀과 대화하기 위해 책상에서 일어나 사무실 밖으로 나가야 한다면 여전히 인위적이거나 부자연스럽다는 느낌을 줄 수 있다.

함께 앉는 관리

세계 최고의 컴퓨터 시스템이라도 직접 그 자리에서 무슨 일이 일어나고 있는지 이야기를 나누고 미묘한 상황 단서에 즉각 반응하는 것을 대체할 수는 없다.

팀 하포드Tim Harford, 『어댑트〈Adapt〉』[10]

이리저리 돌아다닌다는 아이디어를 곱씹을수록 이 실천법이 최선은 아니라는 느낌이 들었다. 나는 몇 년 전에 "일이 일어나는 곳에 있는다"라는 개념에서 한 걸음 더 나아갈 수 있음을 깨달았다. 그 해결책은 짐을 싸서 팀 옆 자리에 놓인 똑같은 책상으로 자리를 옮기는 것이었다. 내가 관리를 하면서 지금까지 내렸던 결정 중 최고의 결정이 아니었나 싶다. 팀원과 함께 즐길 수 있는 교류 시간이 크게 늘어났다.

자리를 옮긴 후에는 무슨 일이 일어나더라도 나는 항상 그 주변에 있었다. 이를 통해 일이 어떻게 돌아가고 있는지 더 많은 정보를 얻을 수 있었고 다른 사람들이 무엇에 관심이 있는지 훨씬 잘 이해하게 됐다. 팀원들은 꾸준히 내 의견을 물어봤는데 예전에는 내가 이리저리 돌아다녔을 때만 일어 났던 일이다. 내가 거기에 없었더라면 알아차리지 못했을 기쁨과 좌절의 신호를 알게 됐다. 때로는 MBSAmanagement by sitting around (함께 앉는 관리)가 MBWA나 MBFA보다 훨씬 좋을 수도 있다는 확신이 생겼다.

흥미롭게도 모든 사람의 의견이 같지는 않다. 유명한 버진 그룹Virgin Group 창업자이자 회장인 리처드 브랜슨Richard Branson은 항상 정반대로 실천해왔다. 그는 자기가 관리하는 팀과 함께 앉지 않는 편이 좋다고 생각하는데, 같이 앉으면 팀의 창의성과 자립심을 해칠 수도 있다고 보기 때문이다.[11] 대신 그는 대부분의 시간을 팀원들 뜻대로 하도록 내버려 두면서도, 쉴 새 없이 이리저리 날아다니며 모든 이들과 정기적인 페이스 타임을 약속하는 쪽을 선호한다. (물론 항공사를 소유하고 있으니 쉬운 일이다.)

MBSA

"프로젝트 관리자로 일했던 적이 있었는데, 다른 간부와 작은 사무실을 함께 쓴다는 사실에 으쓱한 마음이 들었다. 덕분에 중요한 문제를 다룰 수도 있고 비밀스러운 통화도 할 수 있었다.

어느 순간 나는 의사소통이 원활하지 않음을 느끼고 프로젝트 구성원들을 전부 같은 자리에 함께 앉히기 시작했다. 정확한 이유가 기억나지는 않지만, 나 또한 아늑한 사무실에서 벗어나 프로젝트를 진행하는 곳으로 자리를 옮겼다. 다른 사람의 자리만 옮기는 것이 아니라 나 또한 자리를 옮기는 모습을 보여주고 싶었다.

내게 일어난 효과는 극적이었다. 갑자기 프로젝트의 맥박이 느껴지고 사람들이 겪는 문제를 직접 알게 됐다. 구성원 간의 토론을 중재할 수 있었고, 이제 그들이 훨씬 쉽게 내게 질문할 수 있다는 사실을 알게 됐다. 함께 앉음으로써 우리 모두가 이 죽음의 행진 프로젝트라는 사슬에 한데 묶인 죄수라는 사실을 보여준다는 점도 또 다른 효과였다. 신임 관리자인 내게 신뢰를 쌓는 데 엄청난 도움이 됐다. 애자일 방식의 도입과 같은 그 이후의 변화는 훨씬 쉬웠다. 팀이 어떻게 느끼는지를 내가 더 잘 이해하게 됐기 때문이었다."

페터 루바르트Peter Rubarth, 독일

원격에서 하는 관리

2013년 2월, 야후Yahoo!의 CEO 마리사 메이어Marissa Mayer는 더 이상 재택근무를 허용하지 않으며 야후의 모든 원격근무자는 곧 사무실로 자리를 옮기거나 퇴사하게 될 것이라는 메시지를 보냈다.[12] 이런 결정을 내린 주된 이유는 같은 사무실에서 직접 얼굴을 맞대고 함께 일해야 협업과 소통을 개선할 수 있기 때문이다. 마리사 메이어의 말은 옳다.

하지만 틀린 말이기도 하다. 수많은 연구와 사례를 살펴보면 원격으로 일하는 창의 노동자가 사무실에서 일하는 동료보다 평균적으로 더 생산성이 높다는 사실을 확인할 수 있다.[13] "집에서 일하면 속도와 품질을 희생하는 경우가 많다"는 마리사 메이어의 주장은 자신이나 몇몇 야후 직원에게는 사실이었을지 모르지만, 일반적인 과학 연구 결과와는 맞지 않는다. 마리사 메이어의 결정에 리처드 브랜슨은 이렇게 반응했다. "당신들은 진짜로 사무실 밖에서 일해본 적이 없고, 앞으로도 그럴거요."[14]

"집에서 일하는 것이 좋은가요, 사무실에서 일하는 것이 좋은가요?"라는 질문의 답은 언제나 그렇듯이 "상황에 따라 다릅니다"이다. 원격으로 일할 때 좀 더 쉽게 창의성을 발휘할 수 있지만, 자주 생각을 모으고 아이디어를 섞지 않으면 그 창의성이 결실을 맺지 못한다. 반면에, 한 곳에 모여 대부분의 시간을 함께 보내면 소통은 개선할 수 있지만, 생산성이 좋지 않다면 쓸모가 없으며 많은 사람이 혼자 있을 때 최고의 생산성을 얻는다. 어떻게든 둘 다 최적화해야 한다. 하나만 최적화하는 사람은 그 지점을 놓치고 있는 것이다.

여러분 조직에게 최고의 방식은 우리만의 최적을 찾는 것이다. 사람들에게 그들이 가장 좋다고 생각하는 방식을 사용해서 창의성과 소통을 최적화해 달라고 요청해야 한다는 뜻이다. 그리고 스카이프, 구글 행아웃 등 음성 및 화상 모두를 지원하는 도구로 먼 거리를 극복할 수 있는 대역폭 높은 통신 수단을 제공해야 한다는 뜻이기도 하다.

원격근무가 늘어나는 추세는 좋은 걸까 나쁜 걸까?

많은 회사가 사람들을 한 건물에 모아놓고 개인 사무실이나 자리를 제공하는 방식을 선호한다. (은행, 소프트웨어, 정부가 떠오른다. 아마 야후도 마찬가지가 아니었을까?) 사람들을 서로 떨어뜨려 놓고 일하게 하고, 협력적이고 생산적인 회의 자리를 만들어 자주 만나게 하는 방식을 선호하는 업계도 있다.

(엔터테인먼트, 미디어, 패션업계를 떠올릴수 있다. 버진도 그렇다.) 사무실을 중심으로 일하던 회사들 중에서 더 많은 사람을 원격으로 일하도록 허용하는 추세가 실제로 존재한다. 이와 동시에, 창의적 기업들 중에는 서로 다른 조직이 더 가까이에서 함께 일할 수 있도록 공유 공간을 마련하고 도심 지역

으로 위치를 옮기려는 반대의 추세도 존재한다. 어느 방향도 좋거나 나쁜 것은 아니다. 양극단 사이에서 최적을 찾으려고 노력한다는 것이 좋은 점이다.

관찰자 효과

동료와의 소통은 비즈니스에서 모두에게 중요한 습관이다. 여러분이 관리자인지, 팀원인지, 아니면 프리랜서인지는 중요하지 않다. 스스로 움직여야 하고 다른 이도 똑같이 할 수 있도록 도와야 한다.

그러나 발걸음을 옮기든, 자리를 바꾸든, 마이크를 앞으로 당기든 상관 없이 객관적인 관찰자란 존재하지 않는다는 사실을 명심해야 한다. 누군가에게 더욱 가까이 다가간다는 것은 그들에게 더 많은 영향을 미친다는 뜻이다. 이것을 **관찰자 효과**observer effect 또는 **관찰자의 역설**observer's paradox이라고 한다. 이 사실을 알고 있는 한 문제가 아니다. 심지어 유리하게 활용할 수도 있다!

> 누군가에게 더욱 가까이 다가간다는 것은
>
> 그들에게 더 많은 영향을 미친다는 뜻이다.

다른 사람과의 거리가 가까우면 신뢰를 쌓는 데 도움이 된다. 또한 팀원들이 무엇을 하고 있는지 관심을 갖고 있다는 인식을 심어줄 수도 있다. 가까이 다가가는 것 자체가 정보 방열기information radiator가 되어 사람들의 일에 영향을 미친다. 주위를 돌아다니며 다른 이들이 무엇을 하고 있는지 주의를 기울이면 결과적으로 소통을 개선할 수 있을 뿐만 아니라 행동을 개선하고 더 좋은 성과를 얻게 될 수 있다.

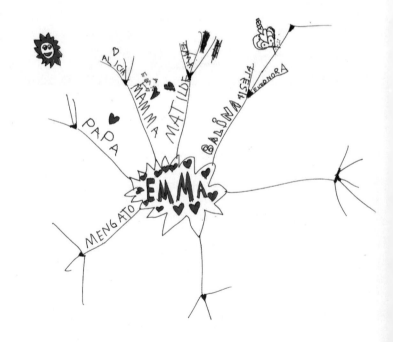

가까이 다가가기

무슨 생각을 하는지 안다. 주위를 돌아다니는 것이 훌륭한 아이디어처럼 보이지만, 만약 여러분이 여러 팀을 관리하고 있다면 어떻게 해야 할까? 만약에 그 팀들이 서로 다른 건물이나 다른 나라에 있다면 어떻게 할 수 있을까? 여러분이 400개 회사의 창업자라면 어떻게 하는 것이 좋을까? 내 대답은 다음과 같다. 첫째, 그 회사 중에 항공사가 있는지 확인해본다. 둘째, 다음과 같은 다가가기 원칙을 적용해서 앞서 언급한 세 가지 방식을 결합할 수 있는 좋은 방법을 찾아낸다.

생산성이 높은 조직을 운영한다는 것은 창의성과 소통 사이의 최적을 찾아야 한다는 뜻이다. 창의적인 사람에게는 혼자만의 시간이 필요하다. 그들을 내버려 두고, 사소한 일로 전화를 걸어 방해하지 말고, 원하는 곳에서 일할 수 있도록 해주면, 생산성이 낮아지기보다 대부분 높아질 것이다. 반면에 조직에는 창의성 만큼이나 협업도 필요하다는 사실을 깨닫지 못한 채 창의적 업무에 조금은 지나치게 집중하는 경향을 지닌 사람도 있다. 둘 사이의 균형은 여러분에게 달렸다.

첫 번째 다가가기 원칙 First Proximity Principle:

• 업무 중요도에 따라 거리를 조정한다.

중요한 프로젝트나 일정이 있는가? 그 팀으로 가서 잠시 함께 앉는다. 다른 팀에 비해 크게 뒤쳐진 팀이 있는가? 그 팀이 있는 곳으로 책상을 옮긴다. 특별히 관심을 기울여야 하는 두 팀과 함께 일하는 중인가? 매일 또는 매주 번갈아 양쪽 모두와 함께 앉는다. 팀 그리고 팀이 하고 있는 일에 관심이 있으며, 함께 있기에 일이 어떻게 돌아가는지 이해하고 있다는 사실을 사람들에게 보여준다.

두 번째 다가가기 원칙 Second Proximity Principle:

• 거리를 다양하고 유연하며 예측하기 어렵게 한다.

중요한 한 팀이 여러분의 모든 관심을 차지하는 동안 다른 사람들을 방치해서는 안 된다. 방문, 출장, 여행, 화상 회의를 이용해 그들과의 소통을 최적화한다. 거리는 다양해야 하며 그 거리는 위치와 업무에 따라 달라질 것이다. 그러나 무슨 일을 하든지 문제가 생길 때까지 기다리지 말자.[15] 이른바 오픈 도어 정책 open door policy 은 거의 효과가 없다. 사람들이 다가오기를 기다려서는 안된다. 여러분이 그들에게 가야 한다.[16]

훌륭한 대화 주제

나는 날씨, 스포츠, 비즈니스, 연예인 이야기에는 흥미가 없다. 가장 즐거웠던 토론 중 하나는 핀란드에서 콘퍼런스를 마치고 동료 연사들과 함께 사우나를 갔을 때였다. 우리는 20분 만에 정치, 철학, 인생의 의미에 대해 토론했다.

처음으로 해피멜리의 동료 경영진을 만났을 때, 아이디어, 프로젝트, 과업뿐만 아니라 개인적인 것에 대해서도 이야기를 나누었으면 좋겠다고 제안했다. 우리 각자가 다른 사람에게 흥미로운 개인적인 질문 하나를 해야 한다는 아이디어를 냈고, 돌아가면서 그 질문에 직접 답을 했다. 첫 번째 질문은 "자신에게서 찾아볼 수 있는 자기 문화의 일부는 무엇인가요?"였다. 다른 팀원이 잇달아 질문을 던졌다. "어떤 영화를 가장 좋아하고 그 이유는 무엇인가요?", "체력 단련은 어떻게 하세요?", "다른 사람에게 이해할 수 없는 것이 있다면 무엇인가요?", "어떤 책이 세상을 바라보는 관점을 바꿨나요?", "이 팀에 합류하는데 과거의 어떤 일이 영향을 미쳤나요?"

조금만 노력하면 이와 비슷한 흥미롭고 도전적인 질문을 여러 가지 생각해낼 수 있다. 그 중 몇 가지는 기억해두면 언제든지 다른 사람에게 물어볼 수 있기 때문에 유용하다. 다음번에 사우나에 가면 동료에게 정말로 깊은 인상을 심어줄 수 있다.

깊은 질문 말고도 동료 팀원과 재미있는 대화를 나눌 수 있도록 시도해볼 수 있는 것이 많다. 일대일 대화에서 갤럽Gallup의 유명한 12가지 질문을 토론할 수도 있고[17], 델리게이션 포커(3장 참조)나 무빙 모티베이터(10장 참조)를 해볼 수도 있다. 페이스북, 링크드인, 트위터 같은 소셜 네트워크 또는 회식이나 커뮤니티 같은 사교 모임에서 어떤 사람을 만났는지 알아볼 수도 있다. 다소 덜 민감한 소통 영역으로 MBTI나 16PF[18], 심지어 별점이나 숫자점 같은 성격 테스트도 있다. 전부 "전형적"인 성격 특성을 이야기하는 데 유용하다. (믿기 힘들겠지만, 숫자점에 따르면 내가 "전형적인 5"라는 사실을 최근에 알게 됐는데 5는 내가 열 살 때부터 가장 좋아하는 숫자였다.)

더 훌륭한 소통을 위해 무엇을 하든, 사람을 이해하는 제일 좋은 방법은 상대방이 무엇을 선호하는지에 따라 달라진다는 사실을 명심하자. 누군가에게는 효과적인 방법이 다른 이에게는 효과가 없을 수도 있다. 예를 들어, 내가 맥주를 마시지 않고 내성적인 사람이기 때문에 혼자만의 시간이 매일 필요하다는 사실을 많은 사람이 알고 있다. 사교 활동으로 바쁜 하루를 보낸 나에게 맥주를 권한다면 우리는 가까운 사이가 아닐 것이다. 내 친구들은 절대로 그러지 않을 테니까. 그렇게 하면 마음을 열고 공유하고 싶다는 나의 의지를 정말로 낮춰버릴 수도 있다.

다음 날 아침에 나한테 카페라테를 사준다면 그 실수를 만회할 수 있다.

수다 떨기

"여러분이 탐색하고 확장하지 않았던 한 가지가 있는데, 일상 활동 중에 잡담하고 수다를 떨 수 있는 공간을 마련하는 일이다. 너무나 명백한 것 중 하나인데 계속 잊어버린다. 나는 직장에서 대화를 할 때마다 사소한 이야기로 대화를 시작하거나 마치는 습관이 있다. 그냥 비공식적인 관계를 함께 확인하고 싶기 때문이다. 그렇게 함으로써 개인적인 관계를 형성할 수 있을 뿐만 아니라 사람들에게 내가 일에만 관심이 있다는 느낌을 주지 않을 수 있다."

리카르도 뷔아Riccardo Bua, 벨기에

항상 마인드 맵 속에 있는 너

이번 장의 초안은 여러분이 어디에 있고, 가장 중요한 사람들은 어디에 있으며, 정기적으로 그들을 만나는 계획을 어떻게 세울 수 있는지를 표현하는 다가가기 지도proximity map를 그리는 내용이었다. 그러나 그 방식이 만족스럽지 못했다. 비행 계획과 구글맵의 장점을 칭찬해야 할 이유를 찾지 못했고 잘못된 길로 가고 있음을 깨달았다.

> 지리적인 거리가 아니라 정신적인 거리에 대한 것이다.

짐 맥카시Jim McCarthy,
애자일 린 유럽 2012 바르셀로나
기조 강연 중

세계화와 기술의 진보 덕분에 지리적 거리의 중요성이 몇 년 동안 꾸준히 줄어들고 있다고 여러 차례 생각했다. 10년 전과는 달리 가장 가까운 사람과의 연결은 거의 문자 그대로 내 손끝에 있다. 동시에 사람 간의 정신적 거리는 꾸준히 멀어지고 있는 것 같다. 기술은 잘 알지 못하던 수천 명과 "친구"가 될 수 있도록 해주기도 했고, 가장 가까운 친구나 친척과의 소중한 시간을 여러 소셜 채널의 상태 업데이트, 사진, 동영상, 좋아요, 리트윗, +1, 개인 메시지라는 고통스러운 소음으로 바꿔버리기도 했다.

암스테르담에서 브뤼셀로 자동차 여행을 하던 중에 어떤 아이디어가 떠올랐다. 장거리 운전을 하면서 몇 달 동안 나를 괴롭혔던 문제를 골똘히 고민했다. 옆에 앉아있던 라울을 제외하고는 전 세계와 단절된 상태였고, 라울은 고맙게도 한동안

아무 말도 하지 않았다. 두말할 필요도 없이 그때야말로 창의적 사고를 할 수 있는 절호의 시간이었다. 한 가지 아이디어가 떠올랐고, 문득 더 이상 지리적인 지도는 필요치 않음을 깨달았다. 우리에게는 정신을 더 잘 보여줄 수 있는 지도가 필요하다.

마인드 맵mind mapping은 필기 도구만 있다면 누구나 개념 간의 관계를 시각화할 수 있는 단순하지만 강력한 기법이다. 동료의 퍼스널 맵personal map을 만들어서 그 사람을 더 잘 이해하려고 노력해보자. 먼저 종이 또는 태블릿 컴퓨터의 빈 화면 가운데에 그 사람의 이름을 적는다. 그런 다음 이름 주변에 집, 교육, 직장, 취미, 가족, 친구, 목표, 가치 등 관심있는 카테고리를 써넣고, 이 사람에 대해 알고 있는 관련 정보를 추가하면서 마인드 맵을 확장한다. 이 사람의 가장 큰 관심사가 반려견인가? 같은 대학에 다녔는가? 다른 나라로 이민을 가고 싶어 하는가? 이 모두 써넣는다.

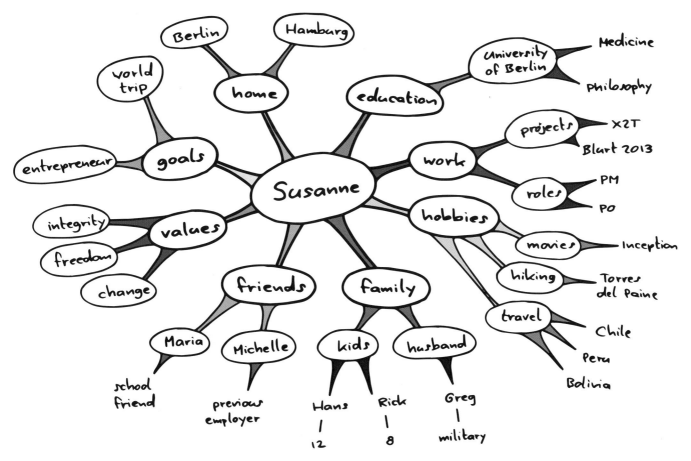

Berlin   Hamburg   home

world trip   goals

entrepreneur

integrity   values   freedom   change

friends   Maria   Michelle

school friend   previous employer

Susanne

education   University of Berlin   Medicine   philosophy

work   projects   X2T   Blurt 2013   roles   PM   PO

hobbies   movies   Inception   hiking   Torres del Paine   travel   Chile   Peru   Bolivia

family   kids   husband

Hans   Rick   Greg
12   8   military

팀원의 퍼스널 맵을 그리기 시작해보면 알고 있는 것이 거의 없다는 사실에 깜짝 놀랄지도 모르겠다. 마치 등산객이 파타고니아 빙하를 바라보듯이 멍하니 텅 빈 종이를 바라보게 된다. 만약 그런 일이 생긴다면 아마 페이스타임을 갖고 몇 가지 흥미로운 질문을 할 필요가 있다는 꽤 좋은 힌트일 것이다. 사람들이 자신의 배경, 필요, 욕구에 여러분의 보여주는 진정한 관심을 얼마나 고마워하는지 놀라게 될 수도 있다.

이거 소름끼쳐!

아직 소련의 KGB나 동독의 슈타지 같은 비밀 기관의 비도덕적인 감시를 기억하는 곳이나, 요즘 미국의 NSA 또는 세계 각지에 있는 비슷한 조직의 활동을 혐오하는 많은 이에게 때때로 "개인 정보를 모으는 건 잘못된 일 아닌가요?"라는 질문을 받는 것은 당연한 일이다. 음, 여러분이 얼마나 비밀스러운지 그리고 그 결과로 무엇을 하려는지에 따라 다르다.

우리 엄마가 생일 카드를 보내려고 달력에 사람들 생일을 적어두는 것이 잘못된 일일까? 책이 출간되면 알려주려고 명함의 이메일 주소를 저장해 두는 것이 잘못된 일일까? 여러분이 함께 일하는 사람들이 더 몰입하도록 돕고, 업무를 개선하고, 클라이언트를 행복하게 하기 위해 그들에 대한 몇 가지를 개인적으로 적어두는 것이 잘못된 일일까?

어떻게 시작해야 할까

1. 종이 한 장을 들고 팀원 중 한 명의 이름을 쓴다. (한 명도 없다면 내 이름을 써도 좋다.)

2. 집, 교육, 업무, 취미, 가족, 친구, 목표, 가치라는 단어를 이름 주변에 쓰고, 가운데 있는 이름과 연결시킨다.

3. 이제 종이 가장자리 쪽으로 가면서 이 사람에 대해 떠올릴 수 있는 단어, 이름, 개념들을 쓰고 이미 써놓은 단어와 연결한다. (내 이름을 썼다면 이 책 여기저기에서 내가 준 힌트를 찾아본다.)

4. 방금 만든 마인드 맵을 평가해보고 어느 영역이 비어 있는지 살펴본다. 이 사람과 소통을 개선하고 맵의 빈 자리를 채우는 데 가장 좋은 방법은 무엇일지 결정한다. (첫 번째 다가가기 원칙을 따른다.)

5. 다른 사람에게도 똑같이 한다. 모든 이들과 최적의 페이스 타임을 갖기 위해, 어떻게 하면 각자에게 다양한 방식을 활용할 수 있을지 생각해 본다. (두 번째 다가가기 원칙을 따른다.)

6. 바퀴 달린 사무 의자를 가져와서 구글 내비게이터를 연결한다. (농담이다.)

팁과 응용

퍼스널 맵 활동은 워크숍에서 훌륭한 아이스 브레이크 역할을 해준다. 사람들이 도착하는 동안 자신만의 퍼스널 맵을 그려달라고 요청하자.

빈 동그라미 몇 개를 미리 그려놓은 종이를 사용하기도 한다. 그렇게 하면 좀 더 쉽게 시작할 수 있다.

나는 동료에 대해 생일이 언제인지, 아이들과 배우자의 이름은 무엇인지, 그들이 어떤 차나 커피를 좋아하는지 등 유용한 메모를 계속 남긴다.

다양한 색깔의 펜, 마커, 연필을 사용할 수 있다. 색깔로 자신을 더 잘 표현할 수 있는 사람도 있다.

모든 사람의 퍼스널 맵을 벽에 붙여놓고 비슷한 점과 다른 점을 찾아보자.

나는 팀 회고 활동으로 퍼스널 맵을 준비했다.

나는 가운데에 이름말고 다른 것으로 시작하는 것을 좋아한다. 예를 들어, 인생의 목적으로 시작해 볼 수도 있다.

사람들에게 서로의 퍼스널 맵을 보여주고 궁금한 점을 질문을 해달라고 요청하자.

마인드 맵을 (허락을 받고) 사진으로 찍어서 회사 소셜 웹에 공유한다.

정수기나 커피 머신 근처에 붙여두면 사람들에게 대화거리가 생겨난다.

참고로 보여줄 만한 예시가 있다면 도움이 된다는 사실을 알게 됐다. 사람들은 다른 이가 어떻게 했는지 볼 수 있을 때 더 큰 창의성을 발휘한다.

사람들이 자기의 퍼스널 맵을 발표하지 못하도록 하자. 어떤 사람은 자신에 대해 끝도 없이 이야기한다!

m30.me/personal-maps에서 더 많은 아이디어를 찾아보자.

3

델리게이션 보드와
델리게이션 포커

경계가 명확한 권한 부여

권력은 부패한다고들 하지만
사실은 권력이 부패한 사람을
끌어당긴다는 말이 더 맞다.
분별 있는 사람은 대개
권력이 아닌 다른 것에 끌린다.

데이비드 브린David Brin,
미국 과학자
(1950-)

위임은 쉽지 않다.
관리자는 팀의 자기조직화 허용을
고민하면서 통제력을 잃을까봐 두려워하고,
창의 노동자는 자기조직화를
어떻게 해야 할지 모르는 경우가 많다.
델리게이션 보드delegation board를 사용하면
명확하게 위임하고 관리자와 구성원 모두의
권한 부여를 촉진하는 관리를 할 수 있다.

예전에 칠레에서 말을 타고 산을 올랐던 적이 있다. 여행은 네 시간 동안 이어졌는데 가이드는 나를 포함해 네 명의 관광객을 안데스의 숲으로 안내했다. 울창한 산을 올라가는 동안, 내가 탄 말이 가끔씩 멈춰 서서 가이드가 설명을 할 때까지 뒤를 힐끗 돌아보곤 했는데 그 이유가 궁금했다. 가이드는 내가 탄 말이 특히 성미가 안 좋아서 다른 말과 떨어져 있어야 했기에 가급적이면 제일 뒤에서 따라오면 좋겠다고 말했다. 다른 네 마리는 모두 흑마였지만 내 말만 유일하게 백마였는데, 가이드는 말도 사람만큼이나 다른 종류를 차별한다고 설명했다. 내 불쌍한 백마는 그 동안 흑마들의 따돌림으로 상처를 입어왔기에, 다른 말들의 머리를 걷어찰 기회가 생기면 주저하지 않을 것이었다.  아니나 다를까, 긴장을 풀고 경치를 즐기던 예기치 못한 그 순간에 난폭한 백마는 내 파트너가 탄 차별 가해자 흑마를 향해 돌진했다. 아마 그 흑마가 내 말한테 놀리는 표정을 지었거나 어떤 모욕적인 울음소리를 냈던 것일 텐데, 내 말이 그 검은 녀석의 눈탱이를 후려치기 직전에 간신히 막을 수 있었다. 내가 마치 영웅처럼 능숙하게 고삐를 잡지 못했더라면 우리는 절대로 결혼에 이르지 못했을지도 모른다. 물론 말이 아니라 내 파트너와의 결혼을 말하는 거다.

조직을 관리한다는 것은 말을 끄는 것과 같다. 어떤 조직은 경마장에서 볼 수 있는 강하고 군살 없는 말에 비유할 수 있다. 또 어떤 조직은 식료품을 가득 실은 수레를 끄는 튼튼한 말과 같다. 어떤 조직은 따분한 관광객과 영웅적인 작가를 태웠던 칠레 말과 비슷하다. 또 어떤 조직은 분홍색 솜털이 보송보송한 유니콘에 비유하는 것이 가장 좋을지도 모르겠다. 여러분의 조직이 어떤 종류의 말인지는 몰라도 분명히 관심, 먹이주기, 사랑, 털 고르기, 빗질, 솔질 그리고 가끔은 강한 고삐질도 필요할 것이다.

조직을 관리한다는 것은
말을 끄는 것과 같다.

분산 제어

말에서 내려 이제 조직을 올라타보자. 나와 가깝게 지내는 사람 중 하나가 대단히 호기심이 많은 상사를 두고 있었다. 그 상사는 모든 사람의 업무를 확인하고, 모든 일에 의견을 제시하고 비판하고 고치느라 항상 바쁘다. 구성원들이 그 상사를 살짝 두려워하는 것은 놀라운 일이 아니다. 특히, 못마땅한 무언가를 찾게 되면 미친 개처럼 반응할지도 몰랐기 때문이다. 온순한 말과 사나운 개는 서로 어울리지 않는다.

그 상사의 입장에서 보면, 자신은 정부 기관의 관리자로서 많은 책임을 지고 있다. 자기 사무실에서 일어나는 모든 일에 책임을 진다. 따라서 모든 것을 지켜보는 일은 대단히 중요하다. 그렇지 않은가? 당연한 말처럼 들린다. 그러나 사람들은 대접받은 대로 행동한다. 상사가 여러분의 결과물을 항상 고친다면 굳이 깔끔한 결과를 만들어 낼 이유가 있을까? 어차피 전부 바뀔 텐데! 따라서 업무의 품질은 떨어지고 상사는 보다 강력하게 통제해야 한다. 참견하는 관리 스타일은 상사의 세계관이 옳음을 지속적으로 확인시켜 준다. 일을 대충 하니까 꾸짖고 야단치는 것이 당연하지! 먹이를 받아먹는 데 익숙한 말은 먹이를 줘야만 앞으로 갈 것이다. 완벽한 자기 충족적 예언의 사례다.[1]

조직의 통제권을 분산시킬 때만이 이와 같은 전형적인 관리의 함정에서 벗어나고 업무의 품질을 높일 수 있다. 우리 주변의 (그리고 우리 내부의) 모든 복잡계가 성공적으로 자기조직화를 할 수 있는 이유는 중앙에서 통제하는 경우가 거의 없기 때문이다. 면역계를 통제하는 마스터 T 세포, 심장 박동을 조절하는 주 페이스메이커 세포, 두뇌에서 의식을 만들어내는 중앙 뉴런 따위는 없다. 복잡계에서는 대개 통제권이 분산되어 있다. 그건 좋은 일이다! 만약 면역계에 통제 센터가 있었다면 바이러스가 무척 쉽게 무너뜨릴 수 있을 것이다. 그리고 소수의 몇몇 세포가 심장 박동을 관리하고 있었다면 이 책을 끝까지 읽을 정도로 오래 살지도 못할 것이다.

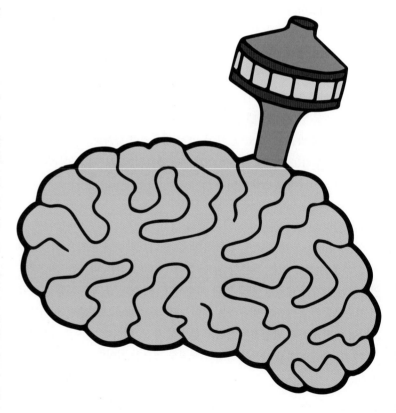

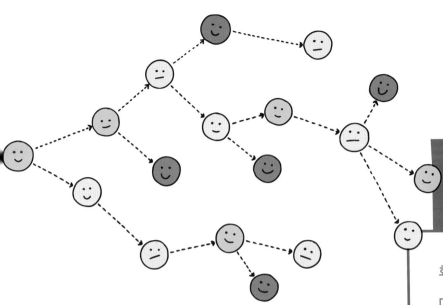

분산 제어의 또 다른 이유는 **무지의 원칙**darkness principle에서 찾을 수 있다. 이 원칙은 시스템의 각 부분이 그 시스템의 다른 곳에서 일어나는 모든 행동을 인식하지는 못한다는 원칙이다. 만약 한 부분이 시스템 전체를 "알고 있다"면, 시스템 전체의 복잡성은 그 한 부분에 있어야 할 것이다. 무지의 원칙은 각 구성원이 모든 업무에 대해 불완전한 멘탈 모델만을 갖고 있을 뿐이라고 설명한다. 그건 관리자도 마찬가지다! 모든 일을 이해하는 것은 조직 전체뿐이다. 그렇기 때문에 모두에게 통제권을 분산하는 것이 최선이다.[2]

복잡계는 통제권을 분산시키기 때문에 살아남고 번성한다. 그것이 바로 인터넷을 파괴할 수 없는 이유다. 테러 단체가 독립적이고 자기조직화된 단위를 만드는 이유이기도 하다. 그리고 조직이 구성원에게 스스로 업무를 높은 수준으로 통제하라고 요구하는 이유다. 하향식 관리 스타일은 조직이 복잡성을 다루는 능력을 억누르기 때문에 바람직하지 않다.[3]

그렇다면, 왜 계층 구조를 **완전히** 없애지 않는 것일까?

회사는 법적 권한 때문에 자연계에 있는 시스템과는 다르다. 조직에 속한 사람이라면 어떤 법도 어겨서는 안된다. 관리자는 사람들을 고용하거나 해고하고, 고객에게 서비스를 제공하고, 공급자와 계약을 맺고 비용을 지불하고, 조직에 드나드는 자금을 관리하고, 다른 이에게 업무를 위임할 수 있는 권리를 사업주로부터 받는다. 이 모든 일이 권한을 명확히 따라갈 수 있도록 계층 방식으로 조직을 통과한다.

내가 아는 한, 이것이 계층 구조의 극히 적은 유용함 중 한 가지다.

직원 권한 부여

과학자들이 분산 제어라고 부르는 것을 경영 컨설턴트들은 보통 **권한 부여** empowerment라고 부른다. 하지만 그 용어를 좋아하지 않는 전문가도 있다.[4,5] 이 단어는 "권한이 부여돼 있지 않은 상태"가 기본적이고 관리자로부터 "권한을 부여 받은 상태"가 되어야 한다고 보는 것이다.[6] 아마도 원래의 의미는 그랬겠지만, 지금은 무례하게 비춰질 수도 있다는 의견에 동의한다.

반면에 나는 네트워크 시스템이 계층 시스템보다 더 강력하다고 믿는다. 왜냐하면 네트워크 시스템이 훨씬 파괴하기 어렵기 때문이다. 조직의 통제권을 분산시키면 구성원에게 권한을 부여할 뿐만 아니라 관리자도 권한을 부여 받게 된다. 사람에게가 아니라 시스템에게 권한을 부여하는 것으로 봐야 할 것이다. 가장 최근에 몸이 아팠던 때가 기억나는가? 한 개인으로서 작고 분산돼 있는 바이러스에 대항하며 분명히 상당한 무력감을 느꼈을 것이다. 분산 면역계가 훨씬 더 강력했으니 망정이지 그렇지 않았더라면 이 책의 독자가 한 명 줄어들었을지도 모른다!

> 사람에게가 아니라
> 시스템에게 권한을 부여하는 것으로
> 봐야 한다.

경영학 문헌을 살펴보면, 구성원 만족도 개선, 수익 증대, 경쟁력 강화 등과 마찬가지로 권한 부여를 옹호하는 주장도 상당히 많이 찾아볼 수 있다.[7] 전부 맞는 말이다. 그러나 권한을 부여하는 진정한 이유는 시스템의 효과성과 생존력을 높이기 위한 것임을 절대로 잊지 말아야 한다. 의사결정을 위임하고 통제권을 분산시키면 조직의 회복탄력성과 민첩성을 높일 수 있다.

불행하게도 권한 부여는 생각보다 어렵다. 어떤 조직은 문화가 전반적으로 바뀌어야 하는데, 그건 하룻밤 사이에 이뤄질 수 없는 일이다. 관련자들이 최선을 다했음에도 불구하고 많은 권한 부여 프로그램에서 즉시 성과가 나오지 않는 이유 중 하나다.[8] 그러나 대안은 없다. 사람들이 스스로 결정을 내릴 수 있도록 조직에 권한을 부여해야 한다. 전 세계 크리에이티브 네트워커creative networker의 교육 수준이 높아지고 문제를 직접 해결하는 역량이 늘어나고 있다. 그리고 교육 수준이 높아질수록 권위주의의 힘은 점점 약해진다.[9] 많은 조직에서 관리자보다 팀이 자신의 업무를 더 잘 이해한다. 대부분의 말은 기수가 자세히 지시하지 않아도 먹고, 달리고, 절벽에서 떨어지지 않는 법을 상당히 잘 알고 있다. 따라서 관리자의 주요 관심사는 감독이 아니라 권한 부여가 돼야 한다.[10] 우리의 목적은 사람들을 더 잘 통제하는 것이 아니라 보다 강력한 시스템을 만드는 것이다. 우리에게 필요한 것은 단지 이 시스템을 더 잘 구현해내는 방법을 배우는 것이다. 이제 관리자들이 흔들 목마에서 내려와 살아있는 말을 다루는 법을 배울 때다.

경계 정의

내가 아는 말에 대한 지식은 전부 판타지 소설에서 주워온 것뿐이다. 말에는 안장, 굴레, 박차, 재갈, 편자, 전사들이 적을 찔러 죽일 때 항상 적절한 방향으로 휘날리는 길고 아름다운 갈기가 있음을 알고 있다. 야생마를 타고 "이-호!"라고 외치는 사람은 대개 50페이지 전에 죽어버린다.

나는 팀과 조직을 (사람은 아니다!) 말에 비유하는데, 말과 말을 돌보는 사람은 서로를 존중하는 관계라고 믿는다. 말을 돌보는 일 중에는 방향을 알려주고 경계를 정하는 일도 있다. 관리자가 팀에 업무를 위임할 때 거의 대부분 통제권의 경계를 명확하게 제시하지 않는다.[11] 팀은 시행착오를 통해 무엇을 할 수 있고 무엇을 할 수 없는지 알아내야 하는데, 그 와중에 대개는 감정의 상처를 입게 된다. 도널드 라이너슨Donald Reinertsen은 이것을 "투명 전기 철조망 찾기"라고 말했다.[12]  전기 철조망에 거듭해서 뛰어들면 시간과 자원이 낭비될 뿐만 아니라 동기가 사라지고 말가죽은 상하게 된다. 투명한 경계가 주변 어디에 있는지 전혀 모른다면, 말은 가만히 서있거나 다른 사람의 머리를 걷어차주고 싶어할 것이다.

라이너슨은 경계를 설정하지 않아서 생기는 문제를 해결하기 위해 **핵심 결정 영역**key decision areas을 목록으로 만들라고 제안한다. 이 목록에는 근무 시간, 핵심 기술, 제품 설계, 팀원 자격 등을 포함할 수 있다. 관리자는 이 목록에 있는 각 핵심 결정 영역에 대해 팀이 어느 단계까지 통제권이 있는지를 지극히 명확하게 해야 한다. 말이 철조망을 실제로 볼 수 있다면 두려움과 고통이 줄어들 것이다. 그리고 철조망이 멀리 있을수록 더 넓은 영역을 누릴 수 있다.

거꾸로도 마찬가지다. 팀은 대개 보상과 급여, 사업 제휴, 마케팅 전략, 주차 공간 배정과 같은 업무를 관리자에게 위임한다. 말이 모든 종류의 경계, 제약 조건, 부당한 대우를 그냥 받아들일 필요는 없다. 바로 그 이유 때문에 자연은 말에게 강한 이빨과 뒷다리를 주었다. 칠레에서 내가 탔던 사나운 백마는 그것들을 잘 사용했다.

위임의 7단계

복잡계의 분산 제어는 네트워크 구석 구석에 권한이 닿을 때 이뤄진다. 하지만 사람들은 "통제권 상실"을 좋아하지 않는다. 따라서 사람들에게 안전함을 느끼도록 하려면, 그들이 상황 통제권을 어느 정도 갖고 있다는 가정에 동의하는 모습을 보여야 한다. 그렇기 때문에 위임을 하고자 한다면 위임의 7단계를 활용해 이익을 얻을 수 있다.[13]

© 2014 Koen van Wijk

1. **통보** tell
   여러분이 직접 결정을 내리며 그 이유를 설명해줄 수도 있다. 결정에 대한 토론을 바라지도 않고 기대하지도 않는다.

2. **설득** sell
   여러분이 직접 결정을 내리지만, 올바른 선택임을 확신시켜서 사람들에게 참여하고 있다고 느끼도록 한다.

3. **상의** consult
   사람들의 의견을 존중해서 결정을 내리기 전에 무엇을 고려해야 할지 먼저 물어본다.

4. **합의** agree
   관련된 모든 이와 논의하고 집단이 함께 그 결정에 대한 합의를 이룬다.

5. **조언** advise
   사람들에게 의견을 제시하고 그들이 조언을 받아들이기를 기대하지만 결정은 여러분이 아닌 그들의 몫이다.

6. **질의** inquire
   다른 이에게 결정을 맡기고 나중에 그 결정을 내린 이유를 설명해달라고 부탁한다.

7. **위임** delegate
   사람들에게 결정을 맡기고 머리를 복잡하게 하는 세부 사항에 대해서는 알려고 하지 않는다.

위임의 7단계는 대칭형 모델이다. 양방향으로 작용한다. 2단계를 정반대편에서 보면 6단계와 비슷하다. 의견을 요청하는 3단계를 거꾸로 뒤집으면 의견을 제시하는 5단계가 된다.

위임의 7단계를 개별 업무나 결과물에 적용해서는 안 된다. 대신 핵심 결정 영역에 적용해야 한다. 핵심 결정 영역을 정의하는 것은 말 주변에 울타리를 세우는 일과 비슷하다. (각 핵심 결정 영역의) 위임 단계를 높이고 낮추는 것은 말 위에 올라타서 고삐를 조이거나 느슨하게 하는 일이라고 볼 수 있다.

위임의 7단계는 관리자가 개인/팀에게, 개인/팀이 관리자에게, 개인/팀이 서로에게 어떻게 의사결정을 위임할지 정의하는 데 사용할 수 있다.

몇 가지 예시를 살펴보자.

- CEO는 인수합병의 위임 단계를 1로 정했기 때문에, 다른 회사를 인수한 소식을 모든 직원에게 이메일로 **통보**한다.

- 프로젝트 관리자는 프로젝트 관리 방법의 위임 단계를 2로 정했기 때문에, 애자일 프로젝트 관리 프레임워크를 프로젝트 팀에 도입하자는 아이디어를 **설득**한다.

- 팀원들은 휴가 정책의 위임 단계를 3으로 정했기 때문에, 팀원 중 한 명이 휴가를 가고 싶을 때는 동료 팀원과 **상의**한다.

- 워크숍 퍼실리테이터는 주제 및 실습의 위임 단계를 4로 정했기 때문에, 가능한 선택지를 참여자와 함께 논의하고 프로그램 세부 사항에 대해 **합의**한다.

- 컨설턴트는 고객사가 핵심 기술의 위임 단계를 5로 정했음을 알고 있기 때문에, 고객사에 어떤 기술을 사용하는 것이 좋을지 **조언**하지만 최종 결정은 고객사가 내릴 수 있도록 한다.

- 어머니는 남자 친구에 대한 위임 단계는 6밖에 없다는 사실을 알기 때문에, 딸에게 최근 남자 친구의 이름과 배경을 점잖게 **질의**한다.

- 작가는 인쇄와 제본을 전문 인쇄소에 7단계로 **위임**하는데, 작가는 죽은 나무를 얇게 편 물체에 자신의 글을 새겨 넣는 방법을 전혀 모르기 때문이다.

올바른 위임 단계란 균형 잡기다. 팀의 성숙도 그리고 결정의 영향력에 따라 그 균형이 달라진다. 조직의 분산 제어는 시스템 구석 구석에 권한 위임이 닿을 때 이뤄진다. 하지만 상황에 따라 통보 또는 설득에서 시작한 다음 점차 팀원의 위임 단계를 높이고 그 영역을 넓혀야 할 수도 있다.

델리게이션 보드

관리자와 팀 사이, 또는 어떤 두 당사자 간의 위임이 어떤 단계인지 이야기를 나눌 때 사용할 수 있는 쉬운 도구가 있다. 이 도구는 쌍방이 서로에게 기대하는 바를 투명하게 알 수 있도록 도움을 준다. 이것을 **델리게이션 보드**delegation board 라고 부른다.

실제로 물리적인 보드이며 (또는 스프레드시트일 수도 있고, 이웃집 부엌 쪽으로 향하는 창문일 수도 있다) 세로축에는 다른 사람에게 위임하고자 하는 핵심 결정 영역을 나열한다. 보드의 가로축에는 위임의 7단계가 있다. 각 핵심 결정 영역마다 7개 열 중 하나에 내용을 적어서, 그 영역에 얼마나 많은 권한이 위임돼 있는지 모든 사람이 명확히 알 수 있도록 한다. 사람들이 의사 결정 과정에 어느 정도 관여하고 있는가? (3단계: 상의) 특정 주제에는 합의가 필요한가? (4단계: 합의) 사람들이 내린 결정을 관리자에게 알려줘야 하는가? (6단계: 질의) 델리게이션 보드는 모두에게 그 사실을 알려준다.

© 2015 Mateusz Gajdzik

스탠드업 회의, 회고, 일대일 대화를 하다 보면 권한(누가 무엇을 결정하는가)에 대한 혼란이 드러나기도 하는데, 델리게이션 보드(또는 임파워먼트 보드)로 그 문제를 해결할 수 있다. 예를 들어, 권한이 분명하지 않은 새로운 핵심 결정 영역을 보드에 추가할 수도 있고, 특정 사람/팀을 찾아서 이름(또는 대략적인 생김새)을 적어둘 수도 있다. 더욱이, 작업 현황판을 쓸 때처럼 적어둔 내용을 왼쪽에서 오른쪽으로 옮길 수도 있다. 이는 점점 더 많은 통제권을 위임한다는 뜻이다. 사실 이렇게 위임을 시각화 해놓으면, 왼쪽에서 오른쪽으로 무언가 꾸준히 흘러가야만 할 것만 같은 충동이 생길지도 모른다!

팀은 관리자가 델리게이션 보드를 만들 때까지 기다리지 않아도 된다. 어떤 팀에서 자기 영역의 통제권을 좀 더 명확하게 하고 싶다면, 팀원들은 자신들이 짐작하는 바를 시각화한 다음 관리자에게 가져가서 살펴봐달라고 요청하면 된다. 물론, 위임 단계는 통제권을 위임하는 사람이 결정해야겠지만, 업무를 위임 받는 사람도 자신의 의무에 합의를 해야 한다! 팀 또한 관리자에게 업무를 위임한다는 사실을 기억하자. 또 다른 핵심 결정 영역을 나열한 또 다른 보드를 만드는 일을 막을 수는 없다.

팀은 관리자가 델리게이션 보드를 만들 때까지 기다리지 않아도 된다.

델리게이션 보드는 여러모로 유용하다. 이 보드는 경계를 생성하고 권한의 균형을 잡아주는데, 둘 다 최고의 자기조직화를 이루는 데 필요한 것이다. 둘째로, 핵심 결정 영역과 위임 단계를 시각화함으로써, 보드가 위임에 관심이 있는 모든 사람에게 영향을 미치고 방향을 제시하는 정보 방열기 역할을 할 수 있다. 마지막으로 중요한 것은 델리게이션 보드가 관리자에게 통제할 대상을 준다는 점이다. 통제권을 잃고 있다는 느낌이 들 때마다 조직 구성원이 아니라 보드를 괴롭혀주자. 그 방법이 훨씬 좋다. 델리게이션 보드로 사람들에게 경계를 명확하게 해주고 영역을 넓힐 수 있는 기회를 주고, 델리게이션 보드로 "자기조직화를 통제할 수 있다"고 당당히 이야기하자.

자기조직화가 지나쳤다

내 워크숍도 위임 문제로 자주 어려움을 겪는다. 최근에 트위터를 보다가 내가 독일에서 이벤트를 진행한다는 발표를 봤다. 깜짝 놀랐다. 전혀 모르는 일이었다! 모임 주최측에서 7단계 위임을 적용하고 그 결정에 나를 참여시키는 것을 깜박 한 것 같다. 여기서는 누가 잘못한 것일까? 당연히 나였다! 나는 워크숍의 핵심 결정 영역과 위임 단계를 제대로 알려주지 않았다. 며칠 후 나는 내 웹사이트에 델리게이션 보드를 추가했다. 이 일은 내가 델리게이션 보드를 내 업무에 적용하도록 해준 훌륭한 사건이었다!

델리게이션 포커

델리게이션 포커 게임은 2010년 암스테르담에서 열렸던 스크럼 모임에서 처음 시작했다. 그 이후로 전 세계 수백 여 이벤트에서 사람들과 함께 델리게이션 포커를 했고, 항상 큰 성공을 거뒀다.

게임의 목적은 위임이 양자택일의 문제가 아니라는 점을 가르쳐주는 것이다. 독재자가 되거나 아나키스트가 되는 것 말고도 더 많은 선택지가 있다. 위임은 단계적 과정이기도 하다. 통제적이고 점진적인 방식으로 다른 사람에게 책임을 넘겨준다. 그리고 위임은 상황 의존적이다. 가능한 한 많이 위임하고 싶겠지만 도를 넘으면 혼란이 생겨날 수도 있다.

게임은 소수의 사람(대개 3명에서 7명)과 함께 한다. 각 참여자는 1부터 7까지 숫자가 적힌 카드를 한 벌씩 받는데, 각 카드는 위임의 7단계를 나타낸다. "공식" 매니지먼트 3.0 카드(m30.me/delegation-poker 참조)를 사용할 수도 있고, 포스트잇, 레이저 프린터 용지, CEO 명함 등으로 직접 카드를 만들 수도 있다.

게임을 시작하면서 어떤 핵심 결정 영역을 논의해보고 싶은지 물어본다. 간단하게 휴가를 예시로 들어보겠다. 관리자가 모두에게 언제 휴가를 가라고 통보하는가? (위임 1단계) 아마 아닐 것이다. 관리자가 누가 근무 중이고 누가 휴가 중인지 당황해서 매일 깜짝 놀라는가? (위임 7단계) 역시 아마 아닐 것이다. "휴가"라는 핵심 결정 영역은 1과 7 사이의 어떤 단계로 위임돼 있을 가능성이 높다. 또 어떤 다른 영역을 탐색해보고 싶은지 사람들이 결정하도록 하자. 도구 선택? 사무실 배치? 프로젝트 기한? 재택 근무? 금전적 보상? 어떤 이들에게는 토론할 수 있도록 미리 정의한 사례를 준비해두는

것도 좋다. 예를 들어, 내 워크숍에서는 종종 다음과 같은 관리 이야기를 10가지 정도 제시하곤 한다. 다음은 그 중 하나다.

신규 직원 채용에 기존 팀원을 참여시킨다면, 다양한 후보 중 누구를 채용할지 결정하는 문제에 어떤 위임 단계를 부여할 것인가?

마지막으로, 참여자들이 게임을 하는 동안 위임의 7단계를 참조할 수 있도록 해주는 것이 중요하다. 나는 보통 7단계를 화면에 띄워 놓거나 인쇄해서 벽에 테이프로 붙여 둔다. 유인물을 나눠주는 것도 꽤나 유용하다.

게임 규칙
참여자는 다음 단계를 (반복적으로) 진행한다.

1. 핵심 결정 영역을 선택하고 모두가 그 의미를 이해하는지 확인한다.
2. 모든 플레이어는 각자 7개 카드 중 하나를 선택하는데, 자기가 관리자였다면 얼마나 결정을 위임할 것인지를 반영해 선택한다.
3. 모든 플레이어가 결정을 내리고 나면 셋을 세고 선택한 카드를 동시에 공개한다.
4. 아마도 사람들이 내린 선택이 다양할 것이다. 가장 높은 카드와 가장 낮은 카드를 낸 사람이 왜 그 단계를 선택했는지 설명하도록 한다.
5. 한 가지 위임 단계(또는 보다 좁은 범위)로 합의를 이뤄 달라고 요청한다.

가장 높은 카드와 가장 낮은 카드의 차이가 크다면 같은 이야기로 다시 게임을 해보라고 제안할 수 있다. 합의를 통해 함께 어떤 결정을 내렸는지 시각화하는 델리게이션 보드를 만들어보라고 할 수도 있다.

자기조직화 팀이 자신에게 위임된 핵심 결정 영역의 "올바른" 위임 단계가 무엇인지 스스로 결정하지 않는다는 점은 분명히 알 수 있다. 그건 어쩔 수 없는 일이다. 어쨌든 말이 스스로 울타리를 치지는 않는다. 그러나 이 게임은 오해와 숨겨진 가정을 드러내는 데 매우 유용할 수 있다. 선을 긋는 것이 아니라 이미 선이 어디에 있는지를 함께 이해하는 것이 게임의 목적이다.

위임이 "내가 할게" 또는 "네가 해" 둘 중 하나로 귀결되는 경우가 많다. 하지만 그건 지나치게 단순한 것이다. 델리게이션 포커를 사용해서 누가 어떤 일에 어느 정도까지 책임이 있는지 명확하게 하자. 이 게임은 통제된 자기조직화와 명확한 의사결정을 통해 직원 몰입을 촉진한다.

자기조직화
학습에 대해

"나는 자기조직화를 하라는 '지시'를 받아 만들어진 팀을 코칭했다. 그러나 그 팀은 자기조직화에 대해 아는 바가 거의 없었고, 명령-통제식 사고방식의 경험만 있었다. 그들을 '자기조직화self-organize'를 어떻게 이루는지에 대한 조언을 받지도 못한 채 방치돼 있었다. 그 결과 팀 내 갈등이 생겨나고 비효과적으로 일을 하고 있었으며 제대로 결정을 내리지도 못했다. 관리자는 항상 도움을 요청하기만 하는 팀에 점점 짜증이 났다. 전통적인 마이크로 매니지먼트라는 결과를 피할 수 없었다.

나는 팀이 핵심 결정 영역을 나열하도록 돕고, 델리게이션 포커를 사용해 위임 단계를 활발히 논의해서 합의를 이뤄냈다. 그 결과가 첫 번째 델리게이션 보드였다. 팀이 훨씬 더 발전하는 데 도움을 줬고 관리자도 훨씬 행복해졌다. 마침내 팀 뒤로 몇 걸음 물러설 수 있게 됐기 때문이다."

잉아-릴 홀름크비스트Inga-Lill Holmqvist, 스웨덴

역량 단계와의
조합에 대해

"VI 컴퍼니^{VI Company}에서 우리는 위임을 역량 단계와 조합해서 사용한다. 다양한 역할과 역량 단계를 정의하고 어떤 권한 단계를 갖고 있는지 사람들에게 명확하게 알려주는데, 이 단계는 그들이 합의한 직무 단계에 따라 달라진다.

예를 들어, 신입 개발자가 기술 문서 작성 영역에서 3단계라면, 그것은 관리자가 의견을 묻겠다는 뜻이다. 중간급 개발자가 4단계에 있다면, 그것은 그와 그의 관리자가 공동으로 문서를 작성해야 함을 의미한다. 고참 개발자는 7단계로 정했는데, 이는 그들이 이

핵심 결정 영역에서 필요하다고 생각하는 일은 무엇이든 할 수 있을 만큼 완전한 신뢰를 얻고 있다는 뜻이다."

이보 판 할런Ivo van Halen, 네덜란드

어떻게 시작해야 할까

이제 말이 뛰어다닐 영역을 정의하고 신뢰와 보살핌으로 다뤄야 할 차례다.

1. 조직에서 위임과 권한 문제를 겪는 듯 보이는 곳을 찾아본다.

2. 이 사람들과 어떤 핵심 결정 영역이 있는지 함께 결정한다. 너무 낮은
   수준("전화 받기")으로 정의하지도 말고, 너무 높은 수준("업무 수행하기")으
   로 하지도 말자.

3. 핵심 결정 영역 별로 가정하는 현재 위임 단계가 무엇인지 찾아본다. 델
   리게이션 포커로 알아보는 것도 좋다.[14]

4. 관련이 있는 모든 이에게 위임을 시각화해주는 델리게이션 보드(또는 임
   파워먼트 보드)를 만든다.

5. 모든 핵심 결정 영역과 위임 단계에 대한 가정을 올바르게 찾았는지 관
   리자에게 확인해달라고 요청한다. 의견을 좁히기 위해 한두 차례 추가
   논의가 이어질 수도 있다.

팁과 응용

델리게이션 보드가 어떤 경계를 명확하게 만드는지 분명하게 해야 한다. 관리자와 팀 전체 사이인가? 팀 리더와 특정 팀원 사이인가?

두 개의 단계(0 – 침묵, 8 – 무시)를 추가했는데 우리 팀에는 도움이 됐다. 자기만의 응용으로 자유롭게 실험해보자.

나는 직무 기술서를 정의하거나 명확히 하는 데 위임 단계를 사용했다.

제품 책임자나 프로젝트 관리자와 같은 다른 이해관계자와 델리게이션 보드를 논의하고 델리게이션 포커를 플레이 할 수도 있다.

나는 신입 직원과 고참 직원 간의 차이가 무엇인지 결정하는 데 위임 단계를 사용한다.

우리 팀원은 내가 만든 델리게이션 보드에 적힌 신뢰 수준을 보고 놀랐다. 이전에는 그 사실에 대해 전혀 의식하지 못했었다.

필요할 때마다 참고할 수 있도록 델리게이션 보드를 벽에 걸어두는 것도 좋다.

정기적으로 핵심 결정 영역과 위임 단계를 검토해보고, 의사 결정이 성장하고 성숙한 듯 보이면 단계를 더 높인다.

우리는 위임 매트릭스라고 부르기를 좋아한다. 어찌된 일인지 그 편이 더 이해하기 쉬웠다.

위임 단계를 세로축에 적어 두고 (핵심 결정 영역은 가로축에 적고) 체크 표시나 포스트잇을 위아래로 옮기는 쪽이 시각적으로 더 흥미로울 수도 있다.

우리는 한 델리게이션 보드를 두 번 만들었다. 하나는 경영진이 만들었고 다른 하나는 팀이 만들었다. 그 후에 함께 모여 결과를 비교했고 훌륭한 토론과 좋은 발전을 이뤘다.

워크숍을 시작할 때 점심 시간, 토론할 주제, 전화 및 컴퓨터 사용 등에 대해 이야기를 하도록 델리게이션 포커를 활용해보자.

m30.me/delegation-boards와 m30.me/delegation-poker에서 더 많은 아이디어를 찾아보자.

4

가치 스토리와 컬처북

스토리 공유로 하는 문화의 정의

CREATIVITY
INTOLERANCE
MASTERY
BALANCE
INTEGRITY
PRAGMATISM
RESPECT
BEAUTY

지속적인 변화는
타협의 연속이다.
당신의 가치를 바꾸지 않는 한
타협도 나쁘지 않다.

제인 구달Jane Goodall,
영국 영장류학자
(1934-)

집단과 개인 양쪽 모두에는 온갖 종류의 가치가 있다.
그 중 어떤 것은 여러분에게서 자연스럽게 우러나온다.
그런 가치가 없다면 여러분은 여러분이 아닐 것이다.
또한 갖고 싶은 가치도 있다.
그런 가치를 내 것으로 만들려면 노력이 필요하다.
최선의 효과를 얻으려면 여러분의 가치를
개인적인 스토리로 바꿔야 한다.

핵분열로 인한 방사능 물질이 격납 용기 안에 있어서 밖으로 유출되지 않듯이, 무분별한 사리사욕을 억제하는 윤리 원칙을 세워야 한다.

게리 해멀Gary Hamel, 『지금 중요한 것은 무엇인가(What Matters Now)』[1]

첫 번째 책이었던 『매니지먼트 3.0』 계약을 맺었을 때, 출판사와 나는 마감일을 2010년 8월 1일로 합의했다. 편집자는 이 마감일이 형식적인 것에 불과하다는 말을 덧붙였다. "저희는 작가들을 잘 압니다." 편집자가 말했다. "아마 마감일을 지키기 어려우실 텐데, 괜찮습니다. 아무 때나 끝나는 대로 보내주세요." 그러나 나는 이렇게 대답했다. "아니에요, 저는 그런 작가들 중 한 명이 아닙니다. 예정대로 보내드릴게요." 그리고 그 약속을 지켰다. 2010년 8월 1일 자정이 되기 4분 전에 이메일로 완성한 원고를 편집자에게 보냈다. 술 한 잔 따라 마실 여유도 남아있었다.

마감일을 지킨다는 것은 나에게 분명히 중요한 일이었다. 그것은 규율의 문제이자 명예의 문제였다. 스스로에게 무언가를 증명하고 싶었다. 초짜 작가로서 약속을 지킬 수 있다면 내게 이익으로 돌아오리라고 생각했다.

명예와 자기 규율은 인간의 가치value, 즉 덕목 중 두 가지를 예로 든 것이다. 모두 중요하다. 기존 가치를 존중하지 않는다면 새로운 가치 창출은 이기심 속으로 눈 녹듯 사라져버린다.

비슷한 이야기가 또 있다. 나는 청구서를 받으면 2주 안에 모든 비용을 지불하고 (공정함), 절대로 내 강연에 계약서를 요구하지 않으며 (일치성), 누군가에게 "고맙습니다"라고 말하려고 일일 알림을 사용하고 (고마움), 어떤 자선단체에 기부할지 알아보려고 몇 주를 쓰기도 한다 (관대함). 내가 이런 일을 하는 이유는 그 가치의 중요함을 알기 때문이다. 전부 내게 중요한 가치들이다. 이 가치들이 나를 더 행복하게 해주기도 하지만, 영감을 불러일으키는 목적과 명확한 비전이 있는 경우라면 일에 집중하고 더 쉽게 결정을 내릴 수 있게 해준다. 목적과 가치는 더 큰 확신을 갖게 해주고, 요청이나 기회를 만나면 "예"나 "아니오"를 말할 수 있게 해준다. 연구 결과에 따르면, 가치와 방향이 명확할수록 직장에서 행동에 큰 차이가 생겨나며, 동기부여, 헌신, 생산성의 원동력이 된다.[2] 전 세계 많은 직원들에게는 이렇게 명확한 경계가 필요하다. 그들 대부분은 선택지가 지나치게 많고 방향성은 거의 없는 인지 과부하에 시달리고 있기 때문이다.[3]

가치 만들기

조직을 (나처럼) 가치를 만들어 내는 사람들의 네트워크라고 볼 때, 그 네트워크에서 가치를 이끌어내려면 모든 클라이언트와 이해관계자가 참여해야 한다는 필연적인 결론에 이르게 된다. 고객, 주주, 직원, 공급자, 은행, 지역사회, 비즈니스 파트너, 정부 등 조직과 경제적으로 관련이 있는 모든 이는 그 조직으로부터 어떤 가치를 얻으려 한다. 그렇지 않으면 우리가 비즈니스라고 부르는 협력 프로젝트에 기여하려 하지 않을 것이다.

가치 있는 기존의 것을 보호할 때에만 새로운 가치를 만들어 낼 수 있다. 공급자에게 피해를 주면서 고객을 행복하게 한다면 가치를 만드는 것이 아니라 어떤 이해관계자에게서 다른 이해관계자로 가치를 옮기는 것일 뿐이다. 품질을 낮추면서 단기 생산성을 높이면 가치를 만드는 것이 아니라 그냥 미래에서 가치를 훔치고 있을 따름이다. 천연자원을 고갈시켜서 주주 가치를 창출하겠다고 생각한다면 가치를 만드는 것이 아니라 단지 생태계의 일부를 경제성으로 바꾸는 것일 뿐이다.

> ### 가치 있는 기존의 것을 보호할 때에만
> ### 새로운 가치를 만들어 낼 수 있다.

클라이언트에게 가치 있는 기존의 것을 존중해야 진정한 가치를 만들어 낼 수 있다. 이것은 조직의 모든 계층과 네트워크의 모든 구석에 있는 사람들의 가치를 고려하라는 뜻이다.

> 위대한 기업은 조직의 프로세스를 더 많은 경제적 가치를 뽑아내는 방법으로 바라보는 것이 아니라, 사회적 가치와 인간적 가치를 의사결정 기준으로 사용하는 틀로 만들어낸다.

모스 캔터 Moss Kanter,
"How Great Companies Think Differently"[4]

무슨 생각을 하는지 안다. "그렇지만, 클라이언트와 이해관계자에게 가치 있는 것이 무엇일까요? 어떤 가치를 존중하고 지켜야 할까요? 진정한 가치를 만들어 내고 싶지만 어떻게 해야 그렇게 할 수 있을까요?" 음, 여러분에게서 호기심, 열의, 결단력의 조짐이 보이는 것 같다. 훌륭하다! 그건 이미 여러분이 답을 알고 있다는 뜻이다.

가치 목록

상하이에서 두바이로 가는 비행기 안에서 검색도 하고 여유를 부릴 시간이 생긴 덕분에, 다양한 출처로부터 자료를 모아 다음 250개의 가치 목록을 만들었다. (여러분의 비즈니스가 종교 또는 유흥업과 관련이 없다고 봤을 때) 독실함이나 섹시함 등 비즈니스와는 그다지 관련이 없어 보이는 단어는 제외했다. 이 목록을 사용해서 선호하는 가치를 찾고 선택할 수 있다. (내 첫 번째 책에서는 같은 목록을 더 작은 버전으로 제공했다.[5]) 단어가 적힌 카드를 마구 뒤섞어 놓고 더미에서 마음에 드는 것을 고를 수도 있고, 여러 사람이 각자가 선호하는 가치에 동그라미 스티커로 투표를 해서 세 개 또는 다섯 개로 목록을 좁힐 수도 있다. 어떤 방식을 사용하든 핵심 가치core value와 소망 가치wish value에 대한 논의는 훌륭한 관리 활동이다.

가용성	경험	균형	단정함	사려 깊음	엉뚱함
가족	고마움	근면성	단호함	상상력	에너지
각오	고상함	기쁨	달성	설득력	역량
감사	고집	기술	대담함	성공	연대감
감수성	공감	깐깐함	대범함	성숙	연민
강함	공유	깔끔함	독립성	성실함	열성
개방성	공정함	꼼꼼함	독창성	성장	열심
건강	공평함	끈기	동기	성찰	열의
걸출함	과감함	낙관적	동정심	성취	열정
격려	과격함	내향성	리더십	세심함	영감
격렬함	관대함	냉정함	만족감	속도	영성
결단력	관용	논리	맹렬함	솔직함	영웅주의
결심	교묘함	놀라움	명랑함	수용	예의
결정권	교육	능력	명예	숙달	오락
겸손	규율	다양성	명쾌함	순응	온정
겸허	규제	다채로움	명확성	순진함	완벽함
경계심	규칙성	단순성	모험심	시간 엄수	외향성
			목적 의식	시너지	용감함
			민첩성	신념	용기
			믿음직함	신뢰	용맹
			반응성	신빙성	우아함
			발견	신중함	우애
			발명	실용성	우정
			배려심	심미성	유머
			변화	싹싹함	유연성
			본분	아름다움	유일함
			봉사	안전	유창함
			분별력	안정	유쾌함
			비밀	야심	은밀
			비전	약속	의리
			사랑	엄격함	의무감

각자가 자신의 가치를 고를 때
이러한 문화적 배경이
그 선택에 영향을 미친다.

의지	전념	짜릿함	품위
이성	전문성	착실함	풍부함
이타성	절약	창의성	프로 의식
이해	접근성	책무	학습
인내	정의	책임	합리성
인류애	정직	철저함	해방
인정	정확성	체계성	행복
일관성	조심성	초월	허심탄회
일사분란	조화	초점	헌신
일치성	존중	추진력	혁신
자각	주의력	충성	현명함
자기 관리	준비성	충실함	현실성
자기 규율	즐거움	친밀감	협력
자립	지구력	친절	협조
자발성	지략	침착	호기심
자비심	지성	쾌활함	환대
자선	지속성	탁월함	활동성
자신감	지식	탐구심	활력
자유	지원	탐색	활발함
자주성	지위	통찰력	회복탄력성
장인 정신	지혜	통합	효과성
재미	직관	팀워크	효율성
재치	진솔함	패기	희망
적극성	진실	평등	희생
적시성	진취성	평정심	힘
적응성	질서	평화	
적합성	집중력	표현력	

인간의 가치와 덕목이 흥미로운 주제인 이유는 문화의 영향을 크게 받기 때문이다. 사회심리학자인 헤이르트 호프스테더[Geert Hofstede]가 문화 차원 이론에서 훌륭하게 설명한다.[6] 예를 들어, 호프스테더의 권력 거리 지수를 보면 라틴 아메리카, 아시아, 아프리카 국가에서는 강력한 권위자를 따르는 경향이 있지만, 앵글로 및 게르만 국가에서는 이 권력 거리가 훨씬 낮다. 호프스테더의 개인주의 지수에서는 서양의 자기 발전 태도와 동양의 집단 사고방식 사이의 간극을 극명하게 볼 수 있다. 불확실성 회피 지수가 남유럽과 동유럽에서는 높고 북유럽이나 서유럽에서는 낮은 것 또한 흥미롭다.

같은 지역 안에서도 세대 간에 상당한 문화 차이가 있을 수 있다. 동유럽 국가를 예로 들자면, 사회주의와 공산주의를 겪은 기성 세대는 국가와 정부가 모든 사람을 도와주기를 기대하는 경향이 더 강하지만, 젊은 세대는 기본적으로 자기 미래는 자기의 책임이라고 배운다. 각자가 자신의 가치를 고를 때 이러한 문화적 배경이 그 선택에 영향을 미치는 것이 분명하다.

팀 가치

지금까지는 개인 관점과 조직 관점에서의 가치를 논의했다. 그러나 조직의 모든 계층이 저마다의 정체성과 목적을 만들어내는 것처럼 가치 선택 또한 모든 계층이 개별적으로 고민하고 실행할 수 있다. 팀 가치는 무엇인가? 부서 또는 사업부의 가치는 무엇인가? 자신의 가치를 명확히 하는 것도 중요하지만 다른 이의 가치를 이해하는 것도 똑같이 중요하다.[7]

팀의 행동은 팀원들의 성격, 그들의 관계, 그들이 놓인 환경에 따라 달라진다. 관계나 환경에 중대한 변화가 생긴다면 팀에 바람직한 행동이 무엇인지에 대한 판단에도 영향을 미칠 수 있으며, 따라서 그런 변화가 생겼을 때에는 팀 가치를 다시 생각해 봐야 한다.

팀은 가치 목록을 사용해서 스스로에게 가장 중요한 가치가 무엇인지 논의할 수 있다. 내 첫 번째 책에서 제시했던 유용한 활동 하나는, 관리자에게도 가장 중요한 가치가 무엇인지 똑같이 물어본 다음, 그 결과를 팀에서 선택한 가치와 비교하고 논의하는 것이다.[8] 도구 공급 회사인 아틀라시안Atlassian에서 그렇게 했는데, 덕분에 "헛소리 없는 열린 회사open company, no bullsh.t"와 "고객을 골탕 먹이지 않기don't f..k the customer."와 같은 아주 끝내주는 회사 가치가 생겨났다.[9]

가치를 선택하고 난 후에는 벽, 작업 현황판, 티셔츠, 화면보호기, 머그컵 등 생각할 수 있는 모든 곳에 그 가치를 새겨 넣을 수 있다.

계층마다 가치가 다를 때는
어떻게 해야 할까?

조직의 모든 계층이 가치를 선택할 수 있다. 만약 그런 일이 생긴다면 (나는 그렇게 해보라고 강력히 제안한다) 조직 안에 가치 목록이 엄청 많아 질 수 있다. 헷갈리지 않을까?

아마 그럴 것이다.

그러나 여러 조직 계층에 서로 다른 상사, 충돌하는 정책, 여러 가지 정체성, 수많은 얼굴이 있다는 사실이 더 헷갈린다. 인간은 그런 다양 성을 조정하는 데 타고난 재주가 있다. 그리고 만약 계층 구조로 만들 어진 가치 목록 중 몇 가지가 정말로 헷갈린다면, 함께 앉아 왜 그 결 과를 단순하게 바꾸지 못하는지 잘 모르겠다. 대부분의 조직이 겪는 문제는 가치에 대한 지침이 너무 적어서 생기는 것이기 때문에, 결코 지나친 일이 아니다. 가치를 만들고 존중함으로써 사람들이 행복을 얻는 것이 목표라는 사실을 기억하자. 단순한 250개 단어를 두고 서 로 다투는 것이 목표가 아니다.

직원 핸드북

아주 오래 전 머나먼 곳에서, 나는 네덜란드 델프트 공과 대학 졸업반 학생으로서 컴퓨터 학부의 학생 조교로 일했다. 보수를 받고 1학년 프로그래밍 과제를 채점하는 사람 중 한 명이었는데, 다시 말해 1학년에게 코드 들여쓰기는 처음부터 제대로 해야 하는 것이고, 그렇게 하는 이유는 여백을 예쁘게 보이려고 하는 것이 아니라 코드를 쉽게 읽을 수 있도록 하려는 것이라고 말해야 할지도 모른다는 뜻이었다.

마음에서 커다란 측은지심이 끓어올라 했던 일 중 하나가 신입생 가이드 제작이었다. 시험을 보고 성적을 확인할 수 있는 곳은 어디인지, 학생회는 어디에 있는지, 학사 문제는 어디에 문의하면 되는지, 더 괜찮은 파티는 어디에서 찾아봐야 하는지를 알려주는 간단한 소책자였다. 학생들이 재미있게 읽기를 바랐기 때문에 손으로 직접 그린 삽화와 바보 같은 농담도 많이 넣었다. 소책자를 만들면서 기쁘게도 학생회의 도움을 받았고, 교수님들이 인쇄 비용을 부담했을 뿐만 아니라, 몇 년 후에는 세계에서 가장 유명한 회사 몇 군데에서 내 아이디어를 베껴갔다. (농담이다!)

아이데오IDEO는 분명히 미국에서 가장 유명한 디자인 회사일 텐데, 거기에는 그럴만한 이유가 있다. 아이데오 리틀북Little Book of IDEO을 보면 "낙천적이 되자", "모호함을 포용하자", "실패로부터 배우자"와 같은 중요한 조직 가치를 설명하고 있다. 내가 특히 좋아하는 문장은 "다른 사람을 성공하게 하라"인데, 이는 서로를 돕기 위해 항상 노력해야 한다는 뜻이다. 내가 만든 신입생 가이드와는 달리 아이데오 리틀북은 인터넷에서 다운로드할 수 있다.[10, 11]

크게 성공한 게임 회사인 밸브Valve에는 신입 사원 핸드북이 있다. 개발자와 디자이너로 이뤄진 작은 팀에서 이 책을 만들었다. 이 핸드북에는 훌륭한 삽화 (그렇다, 내 그림보다 낫다) 그리고 멋진 농담과 스토리가 들어있는데, 먼저 인쇄판이 나왔고 나중에는 PDF로 다운로드할 수도 있게 됐다. 이 문서는 수평 조직 구조의 탁월한 본보기로서 전 세계 많은 회사에 영감을 불어넣었을 뿐만 아니라, 핸드북이 전혀 지루할 필요가 없으며 직원들이 직접 만들 수도 있음을 보여주기도 했다.[12]

또 다른 사례는 온라인 소매업체인 자포스Zappos인데, 이 회사에는 공식 컬처북이 있으며 마찬가지로 직원들이 만들고 매년 업데이트 한다. 이 책은 사람들이 회사를 어떻게 느끼는지, 그리고 회사 문화가 항상 발전하고 강화될 수 있도록 직원들이 얼마나 관심을 기울이고 있는지에 대한 스토리를 담고 있다. 밸브 핸드북처럼 자포스 컬처북도 무료로 다운로드할 수 있다.[13, 14]

> 어떤 조직에서 세 명의 관리자에게 미션이 무엇이고 가장 중요한 조직 목표는 무엇인지 물었다. . . . "직원 핸드북"에 가치가 쓰여 있다는 대답을 들었지만, 그 가치들은 사람들이 행동하고 보상 받는 방식과 동떨어져 있었다.

로빈Robin & 버첼Burchell, 『No Excuses』[15]

분명한 것은 이런 핸드북이나 컬처북은 직원들이 실제로 활용하고 무슨 이야기가 들어있는지 알고 있을 때에만 효과가 있다는 점이다. 핸드북을 직원들이 직접 만들지 않고 인사 부서에서 만들어 아무런 감동을 느낄 수 없는 경우가 너무나 많다. 글머리 기호를 붙여서 핵심 가치를 나열해 놓고, 거기에 더불어 규칙, 정책, 법적 고지가 붙어있다. 이런 핸드북이 파일 시스템 깊숙한 곳에 파묻혀 있다면, 직원들은 대개 회사의 핵심 가치나 소망 가치에 친밀감을 느끼지 못하는 것은 당연한 일이다. 이런 경우에는 "문화는 관리자가 정의하는 것이다", "재미를 추구해서는 안된다"와 같은 진짜 문화가 전파된다.

실제로 효과가 있었던 훌륭한 컬처북의 가장 유명한 사례는 아마도 넷플릭스[Netflix] 문화 문서일 것이다. 이 문서에서는 회사에서의 자유와 책임으로부터 모든 것이 시작된다고 말한다. 넷플릭스에서는 휴가, 유연근무, 출장 경비에 대해 완전한 자유를 제공하기 때문에 설명하는 바를 그대로 실천하고 있다. (7장 참조)[16, 17] 기업이 가치를 통해 문화를 만들고 강화할 수 있는 방법을 보여주는 사례이며, 이 문서를 실리콘밸리에서 나온 가장 중요한 문서라고 말하는 사람도 있다.[18]

우리의 가치의 벽

"팀 가치를 만든다는 것은 생각보다 어려운 일이었다. 팀 가치가 팀과 회사에 도움이 되고 (아이러니하게도) 가치를 제공한다는 사실을 증명해야 했기 때문이다. 간디의 명언으로 끝나는 그럴싸한 계획서를 보고한 후에야 팀 가치를 결정하는 일을 할 수 있었다. 팀 가치가 일단 자리를 잡은 후에는 가치의 벽[Value Wall]을 만들었다. 각 가치를 소개하는 멋진 영화 포스터로 가치의 벽을 장식했고, 포스터마다 A3 용지에 간단한 설명을 출력해서 붙여 놓았다.

내재적 동기부여를 공부를 하고 나니, 사람들에게 '감사 표시'를 하는 것 말고 특별한 이유 없이도 모두가 그 벽을 사용하게 만들고 싶었다. 우리는 시도한 방식은 단순했는데, 밝은 색 포스트잇에 관찰한 모습과 사람 이름을 담은 스토리를 써서 가치의 벽 위에 붙이도록 했다. 사람들로 붐비는 공간이었기 때문에 새로운 스토리가 추가돼도 굳이 알리지는 않았다. 사실 중간 상황을 전혀 확인하지 않았다. 그러자 더욱 미묘한 일이 일어났다. 사람들이 무심코 가치의 벽을 지나쳐가다 진심으로 관심을 갖게 된 것이다. 한 달 동안 그렇게 한 후, 이 스토리에 대한 사람들의 참여와 만족을 보고 히트를 쳤다는 사실을 확실히 알 수 있었다. 가치 스토리[value story]를 다루는 아날로그인 방식이었다."

폴 홀든[Paul Holden], 영국

가치를 지키며 산다는 것

최고 경영진의 사기극으로 파산해버렸던 엔론은 회사 로비에 진실, 소통, 존중, 탁월이라는 가치를 걸어 두었다. 단어를 보여주는 것만으로는 분명히 충분하지 않다. 팀으로서 또는 조직으로서 여러분의 가치가 무엇인지 결정했다면 이제는 행동으로 보여줄 때다. 가치를 행동으로 옮겨라! 자신만의 스토리를 만들자!

정직, 탁월함, 봉사를 목표로 삼고 있는가? 차에 팀원을 태우고, 제품에 이상이 생긴 클라이언트에게 달려가서, 커다란 꽃다발을 건네며 얼마나 미안한지 노래하자. 창의성, 규율, 일사불란에 초점을 맞춰야 하는가? 팀에게 포스트잇을 사용한 완벽한 예술 작품을 만들도록 하고, 그 작품을 컴퓨터로 정성스럽게 옮긴다. 마음 속으로 이 가치를 지키겠다고 다짐하는 것뿐만 아니라, 이 가치의 중요함을 증명하고 사람들의 행동과 결정을 이끌어내기 위해 실제로 무언가를 하는 것이 핵심이다.

> 하루를 마치는 시간에 스스로에게 이렇게 묻는다. "우리의 비전과 가치는 오늘 내가 내린 결정에 어떠한 영향을 미쳤지?" 만약 아무런 영향을 미치지 못했다면 우리의 비전과 가치는 그저 헛소리일 가능성이 농후하다.

센게Senge, 「학습하는 조직〈The Fifth Discipline〉」[19]

조직 문화가 비즈니스의 동력이 되어야지 그 반대가 돼서는 안 된다 [20] 스토리를 통해 시각화하고 소통하는 적절한 가치는 문화를 정의하고 강화하는 데 도움이 된다.

비디오와 책

"퓨처 프로세싱 Future Processing의 비전을 공식화한 후 팀원들에게 3분짜리 애니메이션 영상을 보여주기로 결정했다. 우리의 목표를 스토리 형태로 표현한 비디오였다. 심지어 폴란드에서 가장 인기있는 TV 진행자 중 한 명을 고용해서 목소리 연기를 녹음했다. 사람들은 세상에서 가장 잘 쓰여진 기업 문서를 볼 때보다 훨씬 더 자발적으로 비디오를 시청하고 공유했다.

또 우리가 했던 일은 CEO에게 팀에서 선물을 만들어주는 것이었다. 회사 최고의 스토리를 모아 책으로 출간했다. 우리의 노력은 좋은 선물이 됐을 뿐만 아니라, 이제는 우리 문화와 정신을 설명해주고 재미있으면서도 영감을 주는 스토리의 놀라운 원천이 생겼다. 이 책을 신입 사원에게 나눠주고, 새 사옥에 인쇄해서 전시할 계획도 있다."

아그니에슈카 지몬치크 Agnieszka Zimończyk, 폴란드

어떻게 시작해야 할까

여러분의 팀에는 팀만의 가치가 있는가? 컬처북이 있는가? 만약 그렇지 않다면 다음과 같이 해볼 수 있다.

1. 팀 또는 조직 문화를 보여주는 좋은 사례가 되거나 설명해준다고 생각하는 과거 행동의 스토리를 수집한다.

2. 한 사람 당 한 장씩 팀 가치 목록을 출력해서, 각 팀원에게 수집한 스토리를 기반으로 핵심 가치와 소망 가치를 선택해달라고 요청한다. (Big Value List는 m30.me/value-stories에서 다운로드할 수 있다.)

3. 경영진에게도 똑같이 요청하고 그 결과를 비교해본다. 직원과 경영진 양쪽 모두 동의할 수 있는 가치를 최종적으로 선택한다.

4. 사무실 곳곳에서 쉽게 보이도록 만들어서 가치를 쉽게 찾아볼 수 있도록 한다. 또한 스토리를 다시 떠올리고 이야기를 나눌 수 있도록 하는 방법도 찾아본다.

5. 가치와 스토리를 컬처북으로 옮기는 것을 고려해보자. 컬처북은 (가급적이면) HR 부서가 아니라 직원들이 만들고 관리한다.

팁과 응용

지나치게 많은 가치는 피하는 것이 좋다. 가장 쉬운 테스트 질문은 다음과 같다. 전부 기억할 수 있는가?

우리는 조직 소통 도구(슬랙(Slack))의 채널을 활용해서 가치 스토리를 공유하고 토론했다.

사람들의 행동을 팀 가치와 연결시키기 위해 쿠도 카드에 가치를 추가하거나 메리트 머니를 실행한다. (1장과 9장 참조)

사진이나 비디오를 사용해서 멋진 순간을 포착하고 이것을 책이나 동영상으로 공유한다.

어떤 가치를 골라야 할지 모르겠다면 사람들을 행복하게 해줬던 스토리로 시작한다. 그러면 가치를 찾을 수 있을 것이다.

모두를 초대해서 조직의 가치 그리고 그 가치를 실천하는 방법을 되새기는 전사 차원의 가치의 날〈Values Day〉을 만든다.[21]

재미있고 화려하고 영감을 주는 방법으로 가치를 전달하자.

이따금 사람들이 가치를 알고 있는지 시험해 본다. 물어보는 것이다. 만약 모른다면 그 가치는 효과를 발휘하지 못하고 있는 것이다.

우리는 주간 회의를 시작할 때 습관적으로 한두 가지 가치 스토리를 공유한다. 그렇게 하면 모두가 단합되고 분위기도 좋아진다.

좋지 않았던 일도 이야기할 가치가 있다는 사실을 잊지 말자.

회사를 운영하는 방법, 그 방법이 모두에게 만들어내는 가치, 그 가치를 보호하는 방법을 규정하는 헌법을 작성한다.

항상 보상은 사람에게 하고 비난은 시스템에게 해야지, 그 반대가 돼서는 안된다.

m30.me/value-stories와 m30.me/culture-books에서 더 많은 아이디어를 찾아보자.

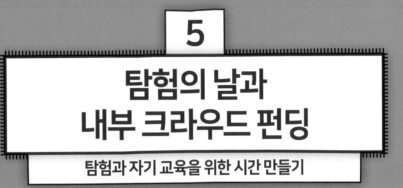

5

탐험의 날과
내부 크라우드 펀딩

탐험과 자기 교육을 위한 시간 만들기

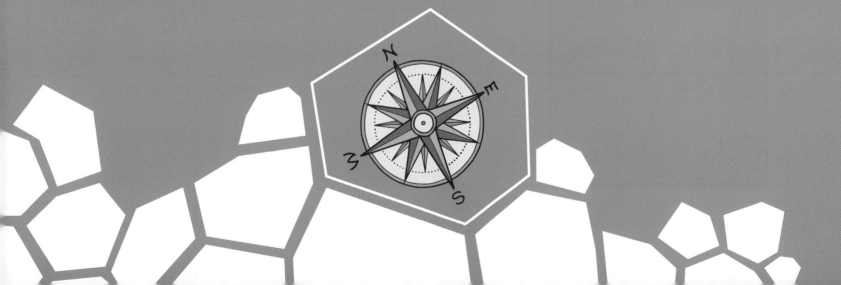

나는 항상
내가 할 수 없는 일을 한다.
그 일을 어떻게 하는지
배우기 위해서다.

파블로 피카소 Pablo Picasso,
스페인 화가
(1881-1973)

많은 조직이 직원의 자기 교육 문제를 두고 고심한다.
탐험의 날 exploration day 은 아주 효과적이고
즐거운 학습 방법 중 하나다.
해커톤 hackathon 또는 쉽잇데이 ShipIt day 라고 부르기도 하는데,
직원들이 새로운 아이디어를 실험하고 탐색해서
스스로 학습하고 성장하도록 하기 위한 것이다.

나는 항상 먼 나라로 날아가 차를 한 대 빌리고 지도를 사서 탐험을 떠나는 그런 휴가가 제일 좋았다.  나는 이것이 수백 년 전 사람들이 했던 것과 비슷한 일이라는 생각이 든다. 그들은 큰 바다를 가로질러 항해했고 새로운 대륙, 새로운 문화, 새로운 질병을 발견했다.

탐험은 (많은 조직에서 도전적인 주제를) 가장 효과적인 학습 방법이기도 하다. 학습을 강조하는 것은 어떤 비즈니스에서라도 매우 중요한 일이며, 이미 얼마나 큰 성공을 거뒀는지와는 전혀 관계가 없다. 만약 빠르게 학습하는 누군가가 주변에 있다면 여러분은 처음 시작한 사람이라는 이점을 오래 누리지는 못할 것이다.

> **만약 주변에 빠르게 학습하는 누군가가 있다면**
> **여러분은 처음 시작한 사람이라는 이점을**
> **오래 누리지는 못할 것이다.**

현대 조직에서는 점점 더 많은 사람들이 자기조직화를 할 것으로 예상하고 있다. 그런데 슬픈 일이지만, 자기조직화 팀이라고 해서 항상 스스로 개발하고 스스로 학습하는 팀은 아니라는 사실을 깨달았다. 헤일로^{Halo}나 퀘이크^{Quake}를 엄청나게 잘 하는 개발자들이 있는 소프트웨어 팀과 일한 적이 있었는데, 유감스럽게도 테스트 주도 개발^{TDD, test-driven development}이나 지속적인 배포^{CD, continuous deployment} 같은 중요한 소프트웨어 개발 실천법이 그들의 핵심 역량은 아니었다.

팀원에게 더 많은 교육이 필요하다는 문제는 중요한 도전 과제다. 과학소설가 아이작 아시모프^{Isaac Asimov}의 말에 따르면 유일하고 진정한 형태의 교육은 자기 교육이기 때문이다. 많은 경영 전문가가 비슷한 의견을 제시해왔다. 우리는 직원을 교육시킬 수 없다. 그들이 스스로를 교육시킬 수 있을

> **리더나 대중을 따라가기만 해도 된다면**
> **굳이 탐험하려 들지 않을 것이다.**

> 개발은 항상 자기 개발이다. 기업에게 개인을 개발시킬 책임이 있다는 가정은 허세에 불과하다. 그 책임은 개인, 개인의 능력, 개인의 노력에 있다.

피터 F. 드러커^{Peter F. Drucker}, 『매니지먼트〈Management〉』[1]

뿐이다.

전문가의 의견에 동의한다. 직원 교육은 조직의 주요 책임이 아니다. 반면에, 사람들이 스스로 개발하기를 기다리는 것 또한 성공을 보장해주는 방식이라고 할 수 없다. 리더나 대중을 따라가기만 해도 된다면 굳이 탐험하려 들지 않을 것이다. 그러면 어떻게 할 수 있을까? 어떻게 하면 학습을 촉진하고 자신만의 탐험을 시작하도록 자극하는 환경을 만들 수 있을까?

교육의 날

내가 일했던 회사에 **교육의 날**education day 개념을 소개한 적이 있다. 모든 직원은 일 년에 며칠 씩을 (우리는 12일로 시작했다) 자기 교육에 사용하도록 권장 받았다. 그날 책을 읽는지, 콘퍼런스에 참여하는지, 새로운 기술을 실험하는지, 어떤 미친 아이디어를 프로토타입으로 만드는지는 중요하지 않았다. 무언가를 배울 수 있다면 어떤 일을 해도 괜찮았다. 거의 휴가나 마찬가지였지만, 우리는 이 날에 사람들이 술집과 해변을 탐험하는 대신에 기법과 기술을 탐험하기를 기대했다. 이 제도는 전문성, 호기심, 자유와 같은 내재적 동기부여 요인을 건드렸다. 나는 교육의 날이 좋은 아이디어라고 생각했다.

음, 그렇게 생각했었다. 하지만 효과가 없었다.

이 아이디어가 분명히 효과를 발휘했던 다른 조직도 있었기 때문에 시도해 볼 만 했다. 구글에는 그 유명한 20% 제도가 있는데, 직원들이 자신에게 흥미로운 아이디어에 자기 시간의 20%를 쓸 수 있도록 하는 정책이다.[2]  이 실천법은 좋은 동기부여 요인이 되어 효과를 발휘했을 뿐만 아니라, 회사에 도움이 되는 훌륭한 아이디어가 많이 탄생했다. 지메일Gmail이나 애드센스AdSense 같은 제품이 20% 제도에서 생겨난 것이다. 흥미로운 일인데 최근 구글은 20% 정책의 중요성을 대단치 않게 생각하고 있다고 한다.[3] 혁신을 더욱 하향식으로 추진하고, 직원들이 업무 시간보다는 개인 시간을 자기 개발에 더 많이 사용하도록 하기 위해서다.[4] 탐험 및 학습 시간이 정해져 있는 것이, 자기 개발을 하도록 만드는 데에도 혁신적인 제품을 만드는 적절한 방식을 찾는 데에도 최선의 방법이 아니라는 사실을 구글도 분명히 깨달은 것이다.

노르웨이의 시스코 랩스Cisco Labs에서는 자기 개발 시간을 따로 두지 않는다. 직원들은 자기가 좋아서 취미 삼아 하는 프로젝트에 원하는 만큼 시간을 쓸 수 있는데, 몇몇 직원은 그 시간에 식당에 있는 테이블 축구를 업그레이드했다. 시스코 시스템즈를 방문했을 때 테이블 축구를 볼 수 있었는데, 개인 보안 카드를 사용해서 플레이어 로그인을 할 수 있도록 카드 리더기가 설치돼 있었다. 내장된 레이저로 득점을 자동 기록해서 테이블 위의 LED 디스플레이에 점수를 표시했다. 공의 속도까지도 측정했다.[5] 시스코 직원들이 이 모든 개조를 직접 했는데 그들에게는 테이블 축구가 기술 연구실이었기 때문이다. 내게 회사를 구경시켜 줬던 올베 메우달Olve Maudal은 많은 조직이 라운지에 부드러운 쿠션을 놓고 알록달록한 벽지로 장식하는 방식으로 창의적 아이디어를 촉진하려고 하지만, 사람들이 놀고 실험할 수 있는 시간을 허용하는 것이 더 효과적이라고 말했다. 맞는 말이다. 지금쯤이면 노르웨이의 그 테이블 축구가 구글 글래스를 지원하고 드론이 그 위로 날아다니면서 유튜브로 스트리밍되는 실시간 영상을 촬영하고 있다고 해도 그다지 놀랍지 않을 것이다.

불행하게도, 내가 속한 조직의 현실은 확실히 구글이나 시스코 사례보다 좀 더 까다롭고 재미 없다는 것을 몇 년 전부터 알고 있었다. 우리 직원들은 학습할 시간이 없고 언제나 더 급한 일이 있다고 주장했다. 프로젝트 마감일 검토, 고객 데모 준비, 회의 참석이 더 급했다. 그래서 교육의 날을 활용할 틈이 도저히 생기지 않는다고 말했다. 하지만 휴가를 사용하는 데에는 전혀 문제가 없었기 때문에 이상한 일이었다. 좀 더 논리적으로 설명하자면, 직원들이 교육은 휴가만큼 바람직하게 생각하지는 않는 듯 했다. 그들이 보기에 교육이란 관리자가 중요하게 생각하는 또 다른 업무일 뿐이었다. 중요할 지는 모르겠지만 급하지는 않았다.

경험이 풍부한 창의 노동자는 중요하면서도 급한 일이 거의 없다는 사실을 알고 있다. (치실질을 하고, 야채를 먹고, 헬스장에 가는 것처럼) 좋은 행동을 하고 유용한 습관을 기르려면 동기와 규율이 필요하다. 사람은 그 두 가지를 통해 성장한다. (나는 첫 번째 것은 간신히 해냈지만, 두 번째 것은 여전히 노력 중이다.) 조직이 사람을 진정으로 변화시키고 교육시킬 수는 없기 때문에, 사람들이 자기를 변화시키고 자기를 교육시키고 바람직한 습관을 기를 수 있도록 환경을 바꾸는 것이 좋은 대안이다.[6]

쉽잇데이

이 점을 잘 이해하는 회사 중 하나가 호주 소프트웨어 회사인 아틀라시안Atlassian이다.[7] 아틀라시안은 3개월마다 한 번씩 전 직원이 하루 종일 자신이 선택한 아이디어를 실행에 옮긴다. 📅 24시간 안에 결과를 내놓아야 해서 **쉽잇데이**ShipIt day라는 이름을 붙였다. 🕐 (사실 원래 이름은 페덱스 데이FedEx day였는데 페덱스사FedEx Corp.에서 우려를 표시해서 지금의 이름으로 바꿨다.) 페이스북과 스포티파이를 비롯한 여러 다양한 조직이 **해커톤** hackathons[8] 또는 **핵데이**hack days라고 부르는 비슷한 내부 이벤트를 운영한다. 핵심은 거의 같다. 하루 동안 비즈니스를 멈추고 (어떤 사람은 사무실에서 밤을 새우기도 한다) 모두가 학습한다.

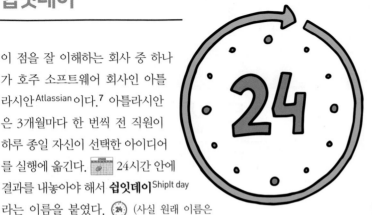

쉽잇데이 또는 핵데이에서는 원래 하던 업무만 아니라면 원하는 것은 뭐든지 할 수 있다.[9] 혼자 할 수도 있지만 몇몇 동료와 팀을 이루는 쪽이 아마 더 재미있을 것이다. 이런 이벤트는 즉흥적이고 자발적인 면이 있지만 미리 계획을 세운다면 더 큰 효과를 발휘한다.[10] 아틀라시안에서는 보통 "쉽잇 준비 위원ShipIt organizer"라는 역할이 있는데, 프로젝트 아이디어를 구상해내는 회의를 준비하는 사람이다.[11] 페이스북에는 해커톤에 앞서 아이디어를 올리는 해커톤 아이디어Hackathon Ideas라는 페이스북 그룹이 있어서, 이를 중심으로 유기적으로 팀이 이뤄질 수 있다.

아틀라시안 사람들의 말에 따르면, 쉽잇데이가 좋은 이유는 창의성을 자극하고 실제 문제를 해결하는 데 도움을 주며 지식과 경험을 높여주고 재미있기 때문이다.[12] 페이스북과 스포티파이 사람들은 핵데이가 더욱 집중적이고 개방적인 업무 환경으로 이어진다는 점에 동의하는 듯 하다. 그리고 개발자뿐만 아니라 디자이너, 마케터, 그 밖의 전문가도 여기에 참여한다. 마지막으로 중요한 것은 이러한 "통합 교육의 날"이 사람들 간의 사회적 연결을 높이고, 그들이 자기조직화 할 수 있도록 해주고, 직원 간의 헌신을 높이는 데 도움이 된다.

교육의 날에 쉽잇데이와 해커톤을 덧붙이면 동료 압력이 생기기 때문에 "너무 바빠요"라고 주장하기 어려워지는데 구글 직원들에게서 그런 의견을 들은 적이 있다.[13] 둘째, 24시간 안에 결과를 발표하겠다는 약속은 교육의 날이 어느 정도의 형식을 갖추게 해준다. 셋째, 동료 인정의 상징으로써 최고의 아이디어에 주는 보상은 명예와 전문성을 높여준다. 마지막인 네 번째로는, 누군가의 아이디어가 실제 새로운 제품으로 발전하면 분명히 그 사람의 지위 욕구를 만족시켜줄 것이다. (그리고 직원들이 퀘이크Quake나 헤일로Halo를 하면서 보내는 그런 날은 거의 사라지리라고 생각한다.)

실험을 해야 할까 아니면 결과물을 내놓아야 할까?

연구 결과는 미리 계획할 수 없음을 모든 이가 알고 있다. (그렇지 않으면, 말라리아나 HIV 백신을 만드는 방법을 간단히 계획할 수 있을 것이다.) 따라서 핵데이가 끝난 후에 반드시 성공적인 아이디어를 내놓아야 할 필요는 없다. 목표는 출시가 아니라 학습이다. 어떤 팀이 잠재적으로 출시 가능한 제품을 내놓았다면 그것도 훌륭한 일이지만, 탐험가들이 전혀 계획한 적이 없는 엉뚱한 대륙을 발견하는 대실패도 훌륭한 일이다.

내부 크라우드 펀딩

내가 CIO였을 때 우리 경영진은 직원들로부터 혁신적인 아이디어를 모아야 한다는 책임감을 느꼈다. 여러 부서에서 온 대표자들로 혁신 위원회를 구성했고, 이들에게는 회사 입장에서 어떤 아이디어에 투자할지 선택하는 임무가 주어졌다.

이 방법도 효과가 없었다.

사람들은 처리할 수 있는 것보다 더 많은 아이디어를 내놓았고, 위원회에서 자기 아이디어를 선택하지 않으면 개인적으로 거절당했다고 느낀 이도 많았다. 그 효과가 의도했던 것과는 정반대였다. 더 나은 아이디어가 나오는 것이 아니라 새로운 아이디어의 흐름이 메말라버렸다!

혁신적인 아이디어를 선정하는 일은 직원에게 맡기는 편이 더 좋다는 사실을 발견한 회사들이 있다. 해커톤에서 한 걸음 더 나아가, 모든 직원에게 아이디어 투자에 쓸 수 있는 개인 (가상) 예산을 주고 **혁신 주식 시장** innovation stock market 을 만들었다. 모든 직원이 주식 시장에 새로운 아이디어를 내놓을 수는 있지만 동료를 설득해 그 아이디어에 투자하도록 만들어야 한다. 이 방식에서는 어떤 아이디어가 성공을 거두고 투자한 수익을 회수할 확률이 가장 높을지 집단으로 결정하기 때문에 혁신 위원회가 필요하지 않다. 기본적으로, 이런 시스템은 내부 버전의 **크라우드 펀딩** crowdfunding 이다.[14] 경영진이 해야 할 일은 최고의 아이디어를 선택하는 것이 아니라 최고의 아이디어가 창발될 수 있는 훌륭한 시스템을 만드는 것이기 때문에, 이 방식은 훌륭하게 효과를 발휘할 수 있다.

> 경영진이 해야 할 일은
> **최고의 아이디어를 선택하는 것이 아니라**
> 최고의 아이디어가 창발될 수 있는
> **훌륭한 시스템을 만드는 것이다.**

하지만 아마도, 끊임 없이 변화하는 글로벌 시장에서 구성원이 주도하는 아이디어 주식 시장으로는 살아남기에 충분하지 않을 것이다. 전략적 제품 개발을 직원 간의 순전한 우연과 자기조직화에 맡겨 둘 수는 없다. 이것이 바로 구글이 자사의 형식 없는 구글 랩스Google Labs 실험을 더욱 집중적이고 파괴적인 구글 엑스Google X 프로그램으로 바꾼 이유 중 하나다.[15] 그러나 장기적인 전략적 기회를 하향식으로 실행하는 일과 단기적인 개선 아이디어를 상향식으로 개발하는 일이 서로 충돌할 필요는 없다. 아마 둘 다 필요할 것이다. 직원들이 내놓는 장난스러운 실험에 회사의 미래를 전적으로 걸 수는 없다.[16] 그러나 직원들이 스스로를 개발하고, 동기를 부여하고, 혁신적인 아이디어를 만들어낼 이유가 없다면 회사로서의 미래가 전혀 없는 것이다.[17]

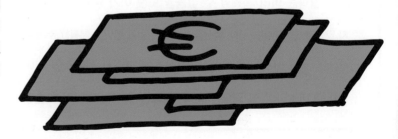

모든 모험이 그렇듯이 같은 목표로 가는 길은 여러 갈래다. 정기적인 교육의 날과 20% 제도가 효과가 없다면, 쉽잇데이, 핵데이 또는 구글 엑스처럼 더욱 배타적이고 비밀스러운 프로그램으로 바꾸는 것도 고려해 볼만 하다. 그리고 최고 경영진이 주도하는 파괴적 혁신 프로그램의 보완책으로 내부 크라우드 펀딩 방식의 아이디어 시장을 활용하는 것도 흥미로울 수 있다. 전부 자기 교육에 유용한 방법이다. 또한 사람들은 자기 동료가 무엇에 애를 쓰고 있는지, 그들에게 그것이 왜 중요한지도 알게 된다. 그리고 24시간 안에 흥미로운 무언가를 내놓는다는 것은, 내부 크라우드 펀딩 제도를 통해 아이디어가 실제 제품으로 바뀌는 모습을 지켜보는 것만큼 보람 있는 일이다.

직원을 창업가로 대접할 때 그들에게서 최고의 성과를 이끌어낼 수 있다고 몇몇 전문가는 말한다.[18] 그들이 꿈꾸던 프로젝트를 할 수 있는 약간의 시간을 마련해주고, 동료의 지원을 통해 실제 프로젝트 자금을 확보할 수 있도록 해주면, 사람들은 자기 동료와 더욱 가깝게 이어지고 더욱 혁신적인 조직이 될 수 있다. 세상에 있는 어떤 위원회도 그런 결과를 이룰 수 없다.

> 직원을 창업가로 대접할 때
> 그들에게서 최고의 성과를
> 이끌어낼 수 있다.

자기 교육

학습과 훈련은 다르다. 훈련이란 조직이 직원에게 특정 과업을 처리하는 방법을 가르치는 것을 말한다. 학습이란 환경의 복잡성에 대처하기 위해 반드시 직원들 스스로 해야 하는 일이다. 실험을 하고 미지의 영역을 탐험할 때 학습이 가장 잘 이뤄진다.[19] 그래서 나는 탐험의 날exploration day이라는 용어를 좋아한다.  탐험의 날의 목표는 새로운 아이디어를 만들고 탐험을 통해 최대한 많이 학습할 수 있도록 해주는 것이다. 전문가들은 한 목소리로 해커톤이나 그 밖의 형태의 탐험의 날의 목적은 아이디어를 실험하는 것이지 무언가를 내놓는 것이 아니라고 말한다.[20] 조직은 그런 실험을 정기적으로 할 수 있는 방법을 배워야 한다. 가장 빠르게 학습하는 자가 가장 오래 살아남을 수 있기 때문이다.

> 훈련의 목적은 다양성을 줄이고 같은 방법으로 과업을 해결하는 집단을 형성하는 것이다. 따라서 훈련은 다양성을 감소시킨다. 학습의 목적은 정반대다. 학습은 개인이 다양한 상황에 대응하는 능력을 높인다. 그러므로 다양성을 증가시킨다.
>
> 패트릭 호버스타트Patrick Hoverstadt, 『The Fractal Organization』[21]

오직 **소프트웨어 개발자만을** 위한 것일까?

절대로 그렇지 않다. 누구나 아이디어를 탐험하고 흥미로운 결과를 내놓을 수 있다.[22] 이것이 내가 **핵데이**hack days 또는 **쉽잇데이**ShipIt days라는 이름보다 **탐험의 날** exploration day 이라는 이름을 선호하는 이유이기도 하다. 비 개발 부서에 있는 사람들은 자기 분야에서 무언가를 "해킹hack"하거나 "출시ship"하는 방법을 알아내기 힘들 수도 있기 때문이다. 그러나 혁신이란 제품을 개선하는 데 그치는 것이 아니라, 완전히 새로운 마케팅, HR, 법무, 운영, 관리 방법을 고안해내는 것이기도 하다.[23] 모든 직원은 자기가 어떤 분야에 있든, 자신이 일하는 방식을 다시 생각할 수 있고 스스로를 탐험가로 볼 수 있다!

또한 탐험은 다른 업무 분야에서 새로운 영역이나 아이디어를 발견한다는 의미이기도 한다. 유명한 애니메이션 회사인 픽사Pixar에서는 회계사를 포함해서 모든 이에게 그림 그리기를 가르친다. 그림 그리기를 배운다는 것은 더 예리하게 관찰하는 방법을 배운다는 뜻이고, 그건 모두에게 유용하다.[24] 브라질의 셈코Semco에서는 모든 직원에게 기초 회계를 가르쳐주는데, 금융에 대한 이해도 모두에게 유용하다.[25] 여기에서 중요한 것은 그림 그리기나 회계 장부를 정리하는 방법을 배워야 한다는 것이 아니라, (공교롭게도 나는 둘 다 독학했다.) 회사에 있는 모든 직원이 탐험하고 자신의 시야를 확장하는 방법을 배워야 함을 제안하는 것이라는 점에 주목하자.

우리의 첫 번째 쉽잇데이

"나는 8명의 동료와 함께 쉽잇데이를 실험했다. 쉽잇데이를 하루만에 해야 한다는 요구사항이 커다란 보상처럼 느껴졌다. 사람들은 참여에 열렬하고 들뜬 반응을 보였는데 아마도 새로운 경험이어서 그랬던 것 같다. 사람 간에 대단한 에너지가 있었다. 하루 동안 한 가지 주제에 집중한다는 것에는 특별한 무언가가 있었고 하루 만에 무언가를 성취한다는 것에 대한 만족감도 대단했다.

24시간이라는 형식이 조금 어려웠던 사람도 있어서 (당연하게도 어떤 이는 아이들을 학교에서 데려와야 하는 등) 일이 매끄럽게 돌아가려면 (자료 및 아이디어를 포함해서) 퍼실리테이터가 많은 준비를 해야 할 필요가 있다고 느꼈다. 하지만 우리는 하루 종일 이 일을 즐겼고 반드시 정기적으로 반복할 것이다!"

안토니 클라베리Anthony Claverie, 프랑스

교대의 날

"탐험의 날을 응용한 '교대의 날rotation day'을 공유하고 싶다. 대단하지는 않지만 놀라운 방법이다. 최근 유럽 연합 집행위원회European Commission의 '방법론, 상호운용성 및 아키텍처Methodology, Interoperability and Architecture'라는 부서가 이 방법을 도입했다.

그 부서에는 다섯 팀이 있는데 각 팀마다 3명에서 5명의 팀원이 있고 모든 팀이 각기 다른 지역에서 일한다.

모든 팀원은 한 달에 한 번 하루 종일 다른 팀에서 일한다. 초대한 팀은 과제를 준비하고 교대의 날이 끝날 때 초대 받은 사람과 초대한 팀원 모두가 무슨 일이 있었고 무엇을 배웠는지 등에 대해 간략한 보고서를 작성한다."

이보 벨리치코프Ivo Velitchkov, 벨기에

어떻게 시작해야 할까

이제 실천을 통한 학습을 시작할 차례다.

1. 탐험의 날(쉽잇데이, 해커톤, 20% 제도)에 대한 자료를 더 많이 찾아 읽어보자.

2. 평일 또는 주말에 팀과 함께 탐험의 날을 계획해보자.

3. 이 실험 결과를 사용해서 다른 팀을 설득하고 또 다른 탐험의 날을 함께 계획해보자.

4. 사람들이 서로의 실험에 투자할 수 있고, 어떤 방식으로든 성공적인 혁신 프로젝트를 지원한 이익을 얻을 수 있는 아이디어 주식 시장 개설을 고려해보자.

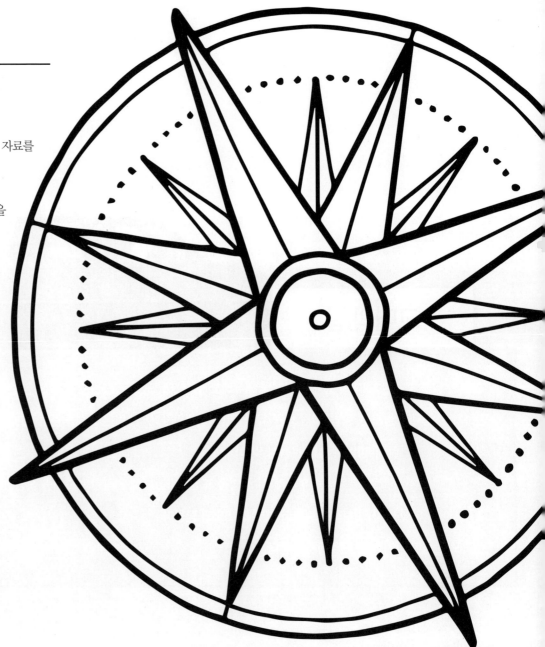

팁과 응용

탐험의 날을 의무화하지 말자! 그날은 재미있어야 한다. 차라리 다른 곳에 있고 싶어하는 사람과 함께하는 것은 재미없다.

사람들은 큰 아이디어에 쉽게 흥분하지만 주어진 시간은 24시간 뿐이다. 모두의 기대 수준을 현실적으로 유지할 수 있도록 하자.

많은 해커톤이 진짜 24시간 동안 한다. 즉, 사람들이 밤새도록 무언가를 한다는 뜻이다! 필요한 적절한 준비를 하자.

사람들이 협력할 파트너를 찾을 수 있도록 이벤트 전에 프로젝트 게시판에 아이디어와 실험을 게시할 수 있도록 했다.

사람들이 탐험의 날 일주일 전에 자신의 아이디어를 실제로 발표하도록 했다.

24시간 동안 일부 인원은 업무에 참여할 수 없음을 몇 주 전에 조직 모두에게 분명하게 공지한다.

해커톤이 제품 개발만을 위한 것이 아니라는 점을 상기시키자! 사무실, 문화, 프로세스와 절차는 왜 해킹할 수 없는가?

어떤 사람은 탐험의 날에 실제 업무를 하지 못했다는 사실에 죄책감을 느끼기도 한다. 관리자도 참여하도록 해서 이런 죄책감을 없애자.

이벤트 전에 구체적인 참여 수준, 생겨난 아이디어 수, 평균 행복도 등을 성공 기준으로 정의했다.

탐험의 날에 번아웃 상태가 되지 않도록 하자! 휴식하고, 물을 충분히 마시고, 건강한 간식을 먹고, 약간의 스트레칭 운동을 할 수 있도록 해주자.

우리는 이벤트 몇 주 전에 사무실 곳곳에 특별한 포스트를 붙여 놓고 탐험의 날을 홍보했다.

이벤트에서 가장 좋았던 부분은 모두가 무엇을 학습했는지 프로젝터로 간략하게 공유할 때였다. 자기 실험을 자랑한 모든 이가 큰 박수를 받았다.

m30.me/exploration-days와 m30.me/internal-crowdfunding에서 더 많은 아이디어를 찾아보자.

6

비즈니스 길드와
기업 작전타임

지식, 도구, 실천법의 공유

아이디어란
결합이 달성한 위업이다.

로버트 프로스트 Robert Frost,
미국 시인
(1874-1963)

많은 조직이 팀과 부서 간의 실천법, 절차, 도구를
서로 조화시켜야 한다.
또한 전통적인 조직 경계를 넘어 소통함으로써
지식을 공유하고 기술을 발전시킬 사람들이 필요하다.
이것이 바로 길드^{guild}와 작전타임^{huddle}의 목적과 역할이다.

벨기에 브뤼셀에 있는 그랑 플라스Grand-Place 광장
의 파사드façade는 놀라워 보인다.  문자 그대로
과거에는 브뤼셀의 길드guild를 상징하는 이미지로
서 나라에서 가장 훌륭한 공예를 대표했다. 오늘
날 옛 길드 홀에서는 순진한 관광객에게 값비싼 벨
기에 초콜릿을 팔고 있는데, 정말로 좋은 초콜릿
은 브뤼셀의 다른 곳인 그랑 사블롱Grand Sablon에
있다는 사실을 사람들이 잘 모른다.

중세 길드

중세에는 전문 노동자를 장인이라고 불렀고 자기들끼리 길드를 조직하는 경우가 많았다.  몇 세기 동안 카펫, 조각, 석공 등과 같은 분야에서 길드가 생겨났다. 어떤 장인 단체는 매우 엄격했다. 이들은 온 나라의 장인이 지켜야 하는 비즈니스 규칙을 좌우지했다. 비교적 느슨한 방식으로 구성된 길드도 있었는데 그런 길드는 도시 경계선 범위까지 영향력을 발휘했다. 어떤 식으로 구성됐든 간에, 길드는 장인master과 도제apprentice라는 업무 관계에서 기술을 배울 수 있는 곳이었고, 그 기술을 연습한 모든 이가 지켜야 할 적절한 절차와 행동이 무엇인지를 정의했다.

> 길드는 공유 규범을 유지하고, 이러한 규범을 위반한 자에게 불이익을 주고, 효과적으로 정보를 전달하고, 성공적인 집단 행동을 수행함으로써 유익한 사회적 자본을 창출한 사회 연결망이었다.

오길비Ogilvie, "Guilds, Efficiency, and Social Capital"[1]

안타깝게도 정치가 상식을 좌우하는 시대가 되자, 정보를 공유하고 학생을 가르치는 일보다 권력을 지키고 돈을 버는 일이 더 중요해졌다. 길드에게 주는 정부의 지원이 혁신 측면에서 오히려 생산성을 떨어뜨리는 효과를 낳았다. 원래는 좋은 아이디어였지만 악용으로 망쳐버린 고전적인 경영 사례 중 하나다.

실천 공동체

다행스러운 일이지만 좋은 아이디어는 쉽게 사라지지 않는다. 오늘날 회사 안의 장인들은 자기들끼리 실천 공동체^{COP, community of practice}라고 부르는 현대판 길드를 조직하기도 한다.[2] COP란 공동의 이익이나 업무 영역, 공통의 관심사 또는 어떤 주제에 열정을 공유하는 전문가 집단을 말한다. 역할, 기술, 관심사, 그 밖의 모든 것을 대상으로 삼을 수 있다.[3] COP는 대개 비공식적이고 자기조직적이며 자발적인 모임이기 때문에, 업무에 열정이 있는 사람이 참여하는 경우가 많다.[4] 회사는 스스로를 "열정 공동체^{communities of passion}"로 봐야 한다고 말했던 개리 해멀^{Gary Hamel}의 비즈니스 "문샷^{moon shots}" 중 하나와 밀접한 관련이 있다.[5]

> 실천 공동체란 공동의 지식과 정체성을 지니고 함께 실천하는 사람들의 모임이다. . . . 이런 식으로 일하면 사람들과 그들이 하는 일 사이의 장벽과 경계가 하찮아지거나 상관없어지는 경우가 많다. 집단의 노력이 이들을 한데 묶어 주기 때문이다.

실리 브라운^{Seely Brown}, "Complexity and Innovation"[6]

참여자들이 아이디어를 배우거나 공유하고, 학습한 교훈을 문서화하고, 일하는 방법을 표준화하고, 새로운 사람을 가르치고, 조언을 제공하고, 새로운 기술을 탐색하고, 심지어는 지배 구조를 응용하기도 하는 것이 COP의 목적이다. COP는 팀, 제품, 사업부 등 조직 경계를 넘나들 수 있다. 그렇게 하면 사회 연결망을 강화하는 데 도움을 준다. 하나의 (큰) 단일 프로젝트 기간 동안 COP를 실행하는 경우도 있고, 해당 업무 분야에 대한 열정으로 그 구성원이 COP를 계속 유지하는 경우도 있다.

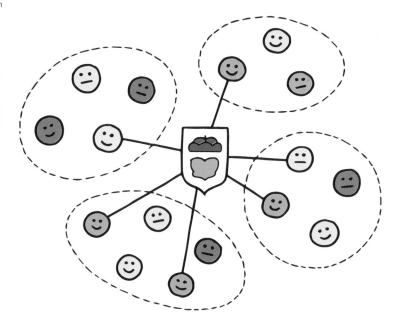

> 실천 공동체란 세 가지 기본 요소, 즉 일련의 문제를 정의하는 지식 영역, 이 영역에 관심이 있는 사람들의 공동체, 그들이 그 영역에서 효과적이기 위해 개발하는 공동의 실천법의 고유한 조합이다.

에티엔느 웽거Etienne Wenger, 『실천 공동체 CoP Communities of Practice』7

학습 공동체, 테크 클럽, 최고 기관COE, centers of excellence, 개선 공동체, 전문가 협회, 일반 사용자 그룹처럼 (대략적으로) 같은 아이디어에 다른 이름을 붙이기도 한다. 실제로 스웨덴의 인기 온라인 음악 회사인 스포티파이에서는 COP를 길드라고 부른다.[8] 내가 최고로 좋아하는 용어인데, 이미 수 세기나 된 장인 정신에 친근감을 느끼기 때문이다. 대개는 조직이 아니라 지역 중심으로 모이는 더 큰 전문가 협회나 사용자 그룹과 구별하기 위해, 더 정확한 명칭은 **비즈니스 길드**business guild라고 할 수 있다. 어떤 이름으로 부르든 모든 비즈니스 길드는 세 가지를 공유한다. 비즈니스 길드는 지식 영역, 열렬한 지지자 공동체, 그리고 일련의 도구 및 실천법을 다룬다.

> 비즈니스 길드는 지식 영역,
> 열렬한 지지자 공동체,
> 그리고 일련의 도구 및 실천법을 다룬다.

길드의 효과는 주로 협력을 통한 학습과 관련이 있지만, 길드의 유용함을 다른 영역으로도 확대할 수 있다. 예를 들어, 비즈니스 길드가 조직의 제품, 서비스, 비즈니스 전략에 구성원들이 더 큰 영향을 미칠 수 있도록 할 수도 있다는 점이 흥미롭다. 장인 길드가 시 의회의 정책과 법률에 영향을 미쳤던 것과 비슷하다.

> 길드를 통해 직원들은 회사에서 자신들이 일하는 방식과 회사가 고객에게 서비스를 제공하는 방식에 영향을 미친다.

표트르 아니오와 Piotr Aniota, "Guilds @ BLStream"9

길드를 제도화(경영진이 공식적으로 인정)할 때에는 개인, 길드, 경영진 간의 이해 충돌을 어떻게 해소할 것인지가 중요하다. 예를 들어, 네덜란드 체조 연맹(길드)은 네덜란드의 체조 선수인 예프레이 바머스Jeffrey Wammes(전문가)를 2012년 런던 올림픽 대표로 원래 선발하지 않았다. 바머스는 그 결정에 항의해서 사건을 법정(경영진)으로 가져갔는데, 판사는 바머스의 지적이 옳다고 판단해서 연맹에게 선발 과정을 다시 고려해보라고 판결했다.

조직에서도 비슷한 갈등이 발생할 수 있다. 아마도 어떤 이는 제품이 특정한 날짜에 출시되기를 바라는 상황인데, 길드는 그 제품이 특정 품질 기준을 만족시키지 못하기 때문에 막으려 할 수도 있다. 경영진은 규칙을 각기 다르게 해석하는 경우 어떤 사람이 어떤 결정을 내리고 누가 판사 역할을 할 수 있는지 모두에게 분명하게 해야 할 것이다.

길드가 어떤 경계 안에서 자신들의 규칙을 만들 수 있는지 정의하는 것은 항상 정부(또는 경영진)의 몫이다. 판사가 단순히 네덜란드 체조 연맹의 결정을 뒤집고 예프레이 바머스에게 원하는 것을 준 것이 아니라는 점이 흥미롭다. 대신에 그 판사는 결정이 잘못됐으니 양측에 다시 시작할 것을 명령했다. 마찬가지로 조직에서도 경영진은 사람들이나 길드에 대한 결정을 직접 내리기보다 협력 모드를 자극하는 역할을 할 수 있다.

비즈니스 작전타임

목적에 따라, 비즈니스 길드를 시작하는 데 너무 많은 노력
이 드는 반면에 얻을 수 있는 혜택은 적어 보일 수도 있다.
단지 집단에서 함께 빠른 결정을 내리고 싶은 상황도 있고, 그
냥 창의 노동자 공동체 내부의 최신 소식과 풍문을 쉽게 알고 싶을 때
도 있다. 거기가 바로 기업 작전타임corporate huddle을 도입하는 지점이다.

내가 일했던 회사 중 한 곳의 점심 회의가 기억난다. 최고 경영진이 직원에
게 저질렀던 최악의 관행이 바로 그 회의였다. 3개월마다 한 번씩 전 직원
을 식당에 한 시간씩 모아놓고 피자나 감자 튀김을 사주면서, 몇몇 부서 관
리자가 컴퓨터와 프로젝터 옆에서 200개의 멍한 눈동자들 앞에 서서 글머
리 기호로 가득한 파워포인트 슬라이드를 발표했다. "멋져요! 매주 이렇게
했으면 좋겠어요."라는 말을 들은 기억은 없다.

기업 작전타임이란 동료 간에 빠르고 수평적인 의사 결정을 할 수 있도록
해주는 전원 회의를 말한다.  기업 작전타임은 관리자들만 모여서 이미
내린 결정을 직원에게 통보하는 자리가 아니라, 서로에게 정보를 주고 함
께 의사결정을 한다는 점에서 전통적인 전원 회의와는 다르다.[10] 작전타임
은 기본적으로 거의 대부분의 구성원을 같은 공간으로 불러모으고, 가장 중
요한 논의에는 모두가 참여하도록 초대한다. 그건 쉽다. 이러한 작전타임이
효과를 발휘하고 사람들이 "좋았어! 더 자주 해야 해."라고 말하도록 만드

는 것이 여러운 부분이다.

작전타임의 퍼실리테이터 또는 리더십 역할을
돌아가면서 맡고, 규칙적인 주기로 정기 일정
을 만들고, 깜짝 놀라게 하거나 재미있는 요소
를 넣고 (예를 들어, 네덜란드 출신의 외부 연사 초대
또는 작은 축하), 참석할 수 없는 이에게 충분한 정
보를 제공하고, 파워포인트 프로젝터를 끄고, 지루
하게 느껴지는 식당이나 회의실 이외의 장소를 잡으면 작전
타임의 성공 확률을 높일 수 있다.

기업 작전타임을 잘 준비한다면 점심 시간에 전원이 모이는 전통적인 회의
는 두 번 다시 필요 없다. 공동체 모두가 함께 내린 결정을 이미 알기 때문
이다. 사람들은 팀과 부서 간의 더 나은 소통, 더 적은 마이크로 매니지먼
트, 팀과 부서 간의 장벽 무너뜨리기가 정기적인 작전타임에서 얻을 수 있
는 주요 혜택이라고 말한다.[11] 그리고 정기적인 비공식 작전타임의 초점을
제품 설계, 사용자 요구사항 수집, 기술 문서 작성, 프리젠테이션 발표 같은
특정 주제 또는 분야에 맞추면, 본격적인 비즈니스 길드의 탄생을 금세 볼
수 있게 된다. 여러분은 눈 깜박할 사이에, 통찰과 조언을 공유하고, 문제를
해결하기 위해 서로를 돕고, 열망과 욕구를 논의하고, 공동의 도구, 표준,
문서를 만드는 중일 것이다.[12]

> **기업 작전타임이란 동료 간에 빠르고 수평적인**
>
> **의사 결정을 할 수 있도록 해주는 전원 회의를 말한다.**

트라이브

누구든지 작전타임 또는 길드를 시작할 수 있다. 지금 하고 있는 일에서 가장 흥미로운 무언가가 있는가? 여러분이 열정을 느끼는 주제, 실천법, 기술이 있는가? 조직에서 동료들이 모여 살짝만 조율해도 얻을 수 있는 혜택이 있는가? 같은 열정을 가진 사람들이 뭉쳐보고, 한 발 더 나아가 조직 전체에서 뜻을 같이 하는 이들을 모아보자.

처음 기업 작전타임이나 비즈니스 길드를 시작할 때에는 특정 주제를 중심으로 열정이 있는 사람들이 모인 작은 그룹으로 출발하겠지만, 이것이 온라인 게시판, 위키, 점심 세미나, 회사 밖 모임, 그 밖의 여러 팀과 부서 간 협업에 도움이 되는 무언가로 빠르게 발전할 수도 있다.[13]

동료 간 협력을 시작함으로써 여러분은 자신만의 부족 즉, 트라이브tribe를 형성하게 된다.[14] 훌륭한 일이다. 트라이브에서는 전문가에게 어울리는 실천법과 좋은 행동 규칙을 정의할 수 있다. 여러 팀과 프로젝트에 참여하는 사람들이 관리자가 세부 사항에 관여하는 일 없이 자율적으로 결정할 수 있는 적절한 수준을 찾을 수 있도록 해준다. 하지만 이러한 실천법을 실행 가능하게 하는 것은 관리자의 역할이다. 많은 창의 노동자가 거대한 작업 목록, 꽉 차있는 일정표, 엄격한 마감일과 씨름하고 있다. 단기 성과가 아니라 장기 학습에 집중하는 공동체 활동을 어렵게 느낄 수 있다. 경영진은 작전타임 또는 길드를 위한 적절한 시간과 그 밖의 자원을 따로 마련해서 구성원이 쉽게 이용할 수 있도록 해야 한다.

작전타임이나 길드를 시작해야겠다고 느끼는 사람들을 위해 마지막 조언을 하고 싶다. 정치와 부패가 진정한 목적을 방해하지 못하도록 노력하자. 길드를 망가뜨리는 길드 구성원의 부정적인 사회적 행동을 행동 규범이나 헌법이 막아줄 수 있을 것이다. 여러분은 비즈니스 길드가 과거의 길드처럼 단지 예전의 영광을 과시할 뿐인 모습으로 끝나버리는 것을 원치 않을 것이다.

경영진은 작전타임 또는 길드를 위한 적절한 시간과 그 밖의 자원을 따로 마련해서 구성원이 쉽게 이용할 수 있도록 해야 한다.

특별 관심 그룹

"나는 R&D 조직의 관리팀의 일원이었는데, 그곳에서는 어떻게 하면 조직 경계를 넘어 더 나은 협업이 가능할지를 두고 자주 논의했다. 동시에 우리 조직에는 공통의 관심사, 좋은 실천법, 전반적인 의사소통을 논의하려고 자발적으로 다른 프로젝트 관리자들과 조촐한 모임을 시작한 애자일 사고방식을 지닌 시니어 프로젝트 관리자가 있었다. 관리팀은 그녀와 이 아이디어를 논의했는데, 그녀의 비공식적인 작전타임이 우리가 알고 있는 협업 문제를 해결하기에 훌륭한 방법이라는 사실을 깨닫게 됐다.

이런 생각은 특별 관심 그룹 SIG, special interest group 이라는 아이디어로 이어졌다. 사람들이 SIG에 참여하게 되면서 결제율과 이용율에 미치는 영향에 대한 논의도 이루어졌지만, 회사 사무실이 여러 군데에 있었기 때문에 확실히 출장 비용도 함께 늘어났다. 그러나 비용 상한선에 합의할 수 있었고 SIG를 승인하기로 결정했다. 시간이 흐르면서 SIG는 그 장점을 증명했다. 조직 구성원들로부터 받았던 피드백을 보면 SIG의 필요성에 공감하고 진정한 관심을 보인다는 사실을 분명히 알 수 있었다."

유하니 린드Juhani Lind, 핀란드

길드 킥오프 데이

"컴시스토 ComSysto 는 뮌헨 인근의 팀과 함께 빠르게 성장하는 컨설팅 회사다. 협업, 지식 공유, 연결되어 있다는 느낌을 높이기 위해 우리만의 방식으로 비즈니스 길드를 실행해보기로 결정했다.

시작은 길드 킥오프 데이였다. 이 날을 시작할 때는 주제, 목표, 구성원이 정의돼 있지 않았지만 모두가 자율적으로 길드를 만드는 데 참여할 수 있었다. 우리는 몇 가지 제약 조건을 정했다. 예를 들어, 킥오프 데이가 끝날 때 각 길드에는 협약서와 최소한의 참여자 수, 그리고 분기마다 한 번씩 길드 데이를 운영하겠다는 약속이 있어야 했다. 사람들이 주제를 발표하는 시간으로 킥오프 데이를 시작했다. 그런 다음, 마음에 드는 발표를 중심으로 자발적으로 모여서 몇 시간에 걸쳐 그 내용을 논의했고, 길드를 만들고, 공동의 목표를 정의했으며, 약속을 정하기 위해 신규 길드 구성원들이 서명한 협약서를 최종적으로 만들었다.

정기 길드 모임에서만 소통이 이뤄지지 않도록, 지금은 구글 플러스나 그 밖의 커뮤니케이션 플랫폼으로 길드를 지원한다. 길드를 만들고 몇 달 안에 우리는 이미 협업, 지식 공유, 팀 성장, 혁신, 행복을 느낄 수 있다!"

플로리안 호프만Florian Hoffmann, 독일

어떻게 시작해야 할까

이제 비즈니스 길드와 기업 작전타임이 무엇을 위한 것인지 알았으니, 아이디어를 적용할 차례다.

1. 어떤 주제(기술, 분야, 역할)에 가장 열정적인가? 아니면 어떤 업무가 조직 전반에서 조율해야 할 필요가 있다고 생각하는가?

2. 조직에서 어떤 사람이 이 주제에 관심이 있으며 여러분의 운동에 기꺼이 참여할 수 있을까?

3. 이번 챕터를 그 사람들에게 보내자. 첫 번째 작전타임을 열어서 도구, 프로세스, 절차, 사람, 정책을 논의하기 시작하자. 시작할 때는 아마 비즈니스 길드라는 용어 사용을 자제하고 서로 가치 있는 것을 토론하는 데 집중하는 것이 좋을 것이다. 사람들이 "이번 모임은 정말 좋았어요! 곧 다시 모일 수 있을까요?"라고 말하기 시작하면 비즈니스 길드를 만들자고 제안할 충분한 이유를 얻게 된다.

4. 위키 및 그 밖의 협업 플랫폼과 같은 내부 소셜 네트워킹 도구가 신생 커뮤니티의 추진력을 만들고 유지하는 데 어떻게 도움이 될 수 있는지 알아보자.

5. 길드가 모두에게 이익이 되는 한, 관리자에게는 작전타임을 비밀로 하고 길드의 세부적인 부분에는 관여하지 못하도록 한다. (당연한 말이지만, 전사 또는 전 부서에서 하는 기업 작전타임은 예외다. 그런 작전타임은 대개 관리자가 시작했을 것이기 때문이다.)

6. 새로운 길드가 다른 업무나 프로젝트에 해를 끼치지 않고 그 장점을 증명할 수 있도록 어디까지 자율적으로 할 수 있는지 명확한 경계를 정해 달라고 관리자에게 요청하자.

팁과 응용

우리는 여러 팀 사람과 매주 점심을 먹으면서 회의를 한다. 음식이 있으면 시작하기가 매우 쉽다. ;-)

구글에는 TGIF라는 주간 회의가 있다. 이 회의에는 (거의) 회사 전체가 초대를 받는다. 작전타임은 회사 규모와 상관없이 언제나 할 수 있다.

작전타임 또는 전원 회의에는 다른 많은 이름이 있다. 절대 관리자가 구성원들에게 일방적으로 전달하는 방송으로 변질돼서는 안된다는 점을 기억하자.

우리는 여러 작은 회사에서 참여할 수 있는 길드를 만들었는데, 이것은 기업 경계를 넘어 아이디어와 경험을 나누기에 매우 좋다.

지역 스포츠 협회가 국가 및 국제 협회를 자기 조직화하는 것과 비슷하게, 길드도 자신 만의 계층 구조를 형성할 수 있다.

길드와 작전타임에 쓸 수 있는 시간이 일주일에 얼마 정도인지 경영진과 합의하자.

자기가 살고있는 도시에서 매니지먼트 3.0 정기 모임을 갖는 사람들도 있다. (management30.com 웹사이트를 확인해보자.) 이것 역시 길드다!

길드라는 단어가 마음에 들지 않으면 부르고 싶은 대로 불러도 된다. 최고 기관COE, Center Of Excellence이라는 용어에서는 아마 아무도 영감을 얻지 못했을 것이라는 점만 기억하자.

우리는 항상 이렇게 말한다. "다른 회사 직원이라도 우리 모임에 참여해서 흥미를 느낄 수 있어야 한다." 이렇게 하면 길드에서 특정 프로젝트에 대해서가 아니라 우리의 전문성을 논의하게 된다.

창의 노동자는 주로 조직이 아니라 전문성에 헌신하는 경우가 많다. 따라서 창의 노동자의 길드를 지원하면 회사에 이익이 된다.

각 길드 구성원에게 적어도 한 세션은 직접 준비하도록 하자. 이렇게 하면 길드 리더가 모든 일을 할 것이라고 기대하는 상황을 예방할 수 있다.

대화를 지속할 수 있도록 길드에 좋은 협업 도구를 지원하자. 한 달에 한 번 얼굴을 마주 보는 것만으로는 충분하지 않은 경우가 많다.

m30.me/business-guilds와 m30.me/corporate-huddles에서 더 많은 아이디어를 찾아보자.

7

피드백 랩과 무제한 휴가

건설적인 피드백을 전달하는 방법

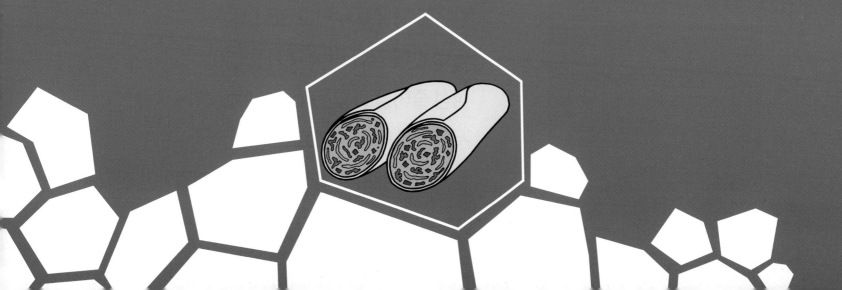

> 이상주의는
> 문제와의 거리와 비례한다.
>
> 존 골즈워디 John Galsworthy,
> 영국 소설가
> (1867-1933)

점점 더 많은 직원이 근무 시간, 장소, 휴가를
스스로 선택하는 자유를 갖고 있지만,
어떤 이는 이미 신뢰 중심 업무 환경에서
완전한 자유를 누리고 있다.
동료 간에 직접 만나 대화할 일이
점점 줄어들고 있는데, 건설적인 피드백을
서로에게 빠르고 쉽고 그리고 . . .
글로 표현해서 전달하는 방법을 배워야만 한다는 뜻이다.

작은 회사에서 처음으로 관리자가 됐을 때 나는 월급이 얼마나 되는지 말고도 궁금한 것이 많았다. 연말 보너스가 얼마인지, 사무실은 얼만큼 큰지, 사업주와 협상할 때 휴가일은 며칠로 해야 할지 궁금했다. 사업주 중 한 명이 내게 말했다. "당신이 사무실에 얼마나 오래 붙어 있는지에는 관심 없어요. 연말에 수익만 볼 겁니다." 내게 주어진 자유, 신뢰, 책임에 몸서리쳤던 기억이 난다. 출석 여부와 관계 없이 성적이 제일 중요했던 대학 시절 이후에, 처음으로 다시 만난 신뢰 중심 업무 환경 trust-only work environment이었다.

몇 년 후에 시간기록계가 있었던 다른 회사에서는 정반대의 경험을 했다. 모든 직원이 날마다 출근 시간과 퇴근 시간을 체크인하고 체크아웃 해야 했다. 어느 날 내게 회계 감사가 전날에 7시간 25분밖에 "근무"하지 않았다고 질책했을 때, 기록된 시간을 실제로 감시하고 있다는 사실을 처음 알게 됐다. 최소 9시간을 찍은 날도 엄청 많았지만 그건 전혀 중요하지 않았다. 이 사건은 시간 기반 또는 출근 기반 업무 환경의 사례를 분명히 보여주었다.

나는 당연히 후자보다 전자를 더 좋아한다.

유연근무

그날 마침 사무실에 7시간 25분만 있었던 이유는 치과 예약 때문이었는데, 그 치과의 운영 시간은 거의 우리 회계 감사의 아량 만큼이나 좁았다. 그렇지만 다른 구성원과 비교해보면 내가 겪은 불편함은 사소한 것에 불과했다.

많은 직원이 아이들을 학교나 어린이집에 데려다 주고 데리고 오기, 양로원에 있는 부모님께 들르기, 가족을 보러 병원 방문하기, 요가 수업 참석하기, 외국어 공부하기, 교통 체증 피하기, 헬스장에서 운동하기, 강아지와 산책하기, 헌혈하기, 자선활동 등 문제를 저글링 하듯이 최대한 효율적으로 해내야 한다.[1] 세상 절반이 9시부터 5시까지 일해야 한다면 나머지 절반은 오후 5시부터 아침 9시까지 일해야 하지 않을까?

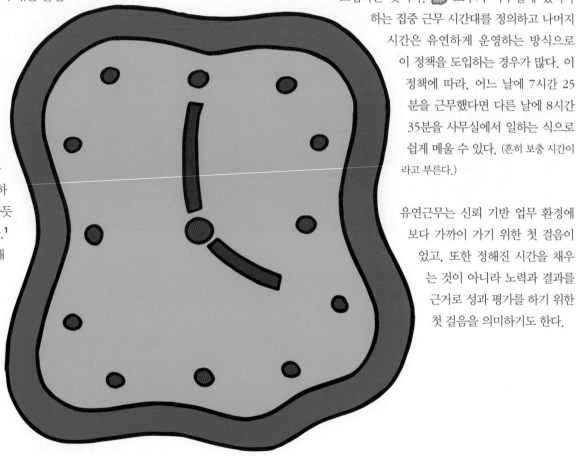

세상 사람을 ("정상적인" 시간에 일하는 사람과 그렇지 않은 사람들) 둘로 나누는 것은 분명히 현실적이지 못하다. 그렇기 때문에 많은 조직이 유연근무 정책을 도입하는 것이다. 🕐 모두가 사무실에 있어야 하는 집중 근무 시간대를 정의하고 나머지 시간은 유연하게 운영하는 방식으로 이 정책을 도입하는 경우가 많다. 이 정책에 따라, 어느 날에 7시간 25분을 근무했다면 다른 날에 8시간 35분을 사무실에서 일하는 식으로 쉽게 메울 수 있다. (흔히 보충 시간이라고 부른다.)

유연근무는 신뢰 기반 업무 환경에 보다 가까이 가기 위한 첫 걸음이었고, 또한 정해진 시간을 채우는 것이 아니라 노력과 결과를 근거로 성과 평가를 하기 위한 첫 걸음을 의미하기도 한다.

원격근무

다행히도 업무 환경의 "유연화"가 거기서 멈추지는 않았다. 많은 조직의 직원들이 가정에서, 멀리 떨어진 공유 사무실에서, 해외 여행 중에, 어린이집에서, 근처 스타벅스에서 업무를 처리할 수 있다. 재택근무 정책 은 주어진 개인 상황과 업무 성격에 따라 자기에게 가장 적합한 곳에서 업무를 할 수 있도록 해준다. 여러 보고에 따르면, 업무 장소에 유연한 태도를 보이는 환경에서 사기가 올라가고, 집중력이 높아지며, 생산성이 향상되고, 이직률이 감소하며, 비용이 낮아지는 것으로 나타났다.[2, 3] 또한 그런 조직은 원하는 곳 어디에서나 일하기를 좋아하는 보다 경험이 풍부하고 우수한 인력을 쉽게 끌어들일 수 있다.

사람들에게 어디에서나 일할 수 있도록 해주면 예상하지 못했던 새로운 골칫거리도 잔뜩 생겨난다. 프라이버시, 보안, 비밀 유지는 어떻게 할 것인가? 사람들의 장비, 보험, 출장비는?[4] 대부분의 조직은 사무실 바깥에서 일할 때 사람들의 권한과 책임을 명확히 정의한 원격근무 정책을 만들 필요가 있다고 느낀다.

그리고 다른 문제도 있다. 재택근무를 하면 신뢰, 협업, 사회적 결속력을 상실할 위험이 높아진다.[5, 6] 다시 말해, 조직이 건강한 문화를 잃을 위험에 처할 수도 있다.[7] 최신 유행에 가장 앞서고 민감한 실리콘밸리 회사들조차, 되도록 많은 시간을 한 사무실에 함께 있게 하려고 무료 음식, 게임, 마사지, 운동 기구에 막대한 비용을 쓰는 것이 우연한 일은 아니다.

그럼에도 유익한 일을 사무실 바깥에서 한다는 선택지는 신뢰 기반 업무 환경으로 한 발 더 나아가기 위한 두 번째 단계다. 그리고 어디에서 일하느냐가 아니라 어떻게 일하느냐에 초점을 맞춘 피드백 시스템을 향한 두 번째 단계이기도 하다.

무제한 휴가

한 걸음 더 나아가 훨씬 유연한 업무 환경을 만들 수 있다. 사람들이 사무실에서 벗어나 일하기 시작한 이후 줄곧 업무 시간과 개인 시간 사이의 경계가 흐려지기 시작했다. 사무실에서 휴가를 예약했다면 휴가를 한 시간 사용한 것으로 봐야 할까? 그 사람이 휴가지에서 전화로 중요한 회의를 한다면 휴가에서 두 시간을 빼야 할까?[8] 이웃 아이를 돌보면서 보고서를 작성하는 경우는 어떻게 해야 할까? 점심을 먹고 강아지를 산책시키면서 팀원과 프로젝트를 논의하는 것은 어떠한가?

영리한 조직이라면 사람들이 충분히 유익한 일을 하고 있고 충분한 휴식을 취하고 있다면, 하루 중 특정 시간대에 어떤 일을 허용하고 어떤 일을 허용하지 않는지 상세히 명시하지 않을 것이다. 정기 휴가 등 업무 외 시간이 성과를 높이고 스트레스를 낮춰서 일을 할 때 결과물의 품질이 높아진다는 사실이 많은 연구에서 드러났다.[9]

> ### 정기 휴가 등
> ### 업무 외 시간이
> ### 사람들의 성과를 높인다.

이 때문에 모틀리풀Motley Fool, 넷플릭스Netflix, 허브스팟HubSpot, 에버노트Evernote, 징가Zynga 같은 회사는 더 이상 하루에 몇 시간 일해야 하는지 일년에 휴가를 며칠 갈 수 있는지를 정하지 않는다.[10] 이러한 **무제한 휴가 정책**unlimited vacation policy 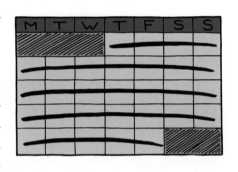 의 혜택은 내가 앞에서 언급했던 바와 같다. 사기가 올라가고, 생산성이 증가하며, 이직률이 감소하고, 더 몰입하게 된다.[11] 그리고 은행 업무용 휴가, 반일 휴가, 보너스 휴가 등 우스꽝스러운

정책을 두고 더 이상 짜증나는 논의를 계속할 필요가 없다.

놀랍게도 휴가 일수를 제한하지 않고 일년에 휴가를 며칠이나 가는 것이 적당한지에 대한 지침이 없다면, 어떤 이는 실제로 사용해야 하는 휴가 일수보다 더 적게 사용하기도 한다. 가장 자주 언급되는 이유로는 "게으름뱅이"로 비춰지는 것이 싫기 때문이거나, 추가 근무에 "아니오"라고 말할 경험이나 용기가 없든지 그럴 수 있는 선택권이 없기 때문이다. ("선택 과부하"라고 부르기도 한다.)[12, 13] 무제한 휴가 정책의 이런 바람직하지 못한 부작용을 감안해서, 몇몇 회사에서는 직원 당 최대 휴가 일수는 없지만 최소 휴가 일수는 강력히 권고하기도 한다.[14] (법으로 이렇게 정해놓은 나라도 많다.)

이러한 부작용을 적절히 해결할 수 있다고 가정한다면, 개인 시간을 스스로 책임지는 것은 신뢰 기반 업무 환경으로 조금 더 나아가기 위한 세 번째 단계라고 할 수 있다. 동시에, 출근이 아니라 반드시 실제 업무 성과를 근거로 해야만 하는 성과 피드백을 향한 세 번째 단계다.

신뢰 구축

"사람들이 일을 끝내리라고 신뢰하라."

오, 진짜? 여러분은 결과 중심 업무 환경이 가능하다고 생각하는가?

신뢰만큼 사람들이 널리 오해하는 주제도 드물다. 모두가 신뢰를 말하지만 명확하게 설명해달라고 부탁해도 아무도 제대로 정의하지 못한다. 그들 모두 직원에게는 신뢰 받을 권리가 있다고 주장하지만, 자기 동료가 심장 수술에 성공하거나, 로켓을 만들거나, 올림픽에서 우승할 수 있다고 기꺼이 신뢰하는 사람은 거의 없다.

신뢰는 꽤나 복잡한 주제다. 내가 가장 신뢰하는 신뢰 모델에서는 신뢰에 (또는 신뢰 부족에) 영향을 미치는 10가지 요소가 있다고 말한다.[15]

신뢰를 키운다는 것은 "그저 모두가 일을 끝내리라고 믿는 것"보다는 제법 많은 것과 연관이 있다. 어떤 일을 해내는 방법을 모두가 알고 있는 것은 아니다 (역량). 때문에 사람들은 자신과 타인의 제한 없는 자유를 불편하게 여기고 (위험 감수), 그것이 실제로 결과 중심 업무 환경에 불신을 심고 협력을 악화시킨다 (소통). 신뢰는 더욱 무너져서 권위있는 관리자가 "조치"를 취하고 모두를 사무실로 다시 불러모으고 (힘), 그것이 또 상당한 신뢰를 파괴하면서 사람들이 더 이상 약속을 지키지 않게 되며 (일치성), 결국 남아있던 마지막 한 조각의 신뢰까지 날려버린다. 이것은 자유방임이 결과 중심 업무 환경에 낳을 수 있는 결과 중 하나일 뿐이다.

- **위험 감수** Risk Tolerance

  위험을 잘 감수하는 사람도 있고 신중한 사람도 있다.

- **조정** Adjustment

  낙관적인 사람도 있고 비관적인 사람도 있다.

- **힘** Power

  권위가 있는 사람도 있고 권위로 고통 받는 사람도 있다.

- **안전** Security

  위기 상황일 때도 있고 그렇지 않을 때도 있다.

- **유사점** Similarities

  서로 비슷한 사람도 있고 그렇지 않은 사람도 있다.

- **이해관계** Interests

  이해관계가 일치할 때도 있고 그렇지 않을 때도 있다.

- **호의적인 관심** Benevolent Concern

  친절한 사람도 있고 별로 ... 그렇지 않은 사람도 있다.

- **역량** Capability

  자신이 무엇을 하고 있는지 아는 사람도 있고 그다지 ... 잘 모르는 사람도 있다.

- **일치성** Integrity

  약속을 잘 지키는 사람도 있고 그냥 ... 잊어버리는 사람도 있다.

- **소통** Communication

  소통을 잘 하는 사람도 있고 어떤 사람은 ... 음.

> 집단 간의 신뢰를 구축하고 초기의 회의론을 해소하는 가장 좋은 방법은 빈틈 없이 약속을 지키는 것이다.

로버트 헐리Robert Hurley, 『The Decision to Trust』[16]

반대로 신뢰의 선순환이 생겨나기도 한다. 빈틈 없이 약속을 지키는 사람들에게 (일치성) 재택근무를 허용하면, 원격근무에 대한 신뢰가 더욱 높아진다. 이를 통해 관리자가 "조치"를 취하고자 하는 충동이 줄어들고 (힘), 그것이 모두가 정말로 자기조직화를 할 수 있다는 신뢰를 더욱 높이고 더 협력을 잘 할 수 있도록 돕는다 (소통). 그러면 더 많은 신뢰가 생기고 위험을 가장 회피하던 사람조차 (위험 감수) 결과 중심 업무 환경의 이익을 볼 수 있게 된다. 직원들이 지금까지 갖지 못했던 자유를 얻고 결코 가능하리라고 생각하지 못했던 방식으로 일할 수 있을 때까지 (역량) 신순환이 계속된다.

인간 조직은 복잡계다. 10가지 신뢰 요소를 마음대로 조합해보면 또 다른 신뢰의 선순환과 악순환을 많이 상상해낼 수 있다. 하지만 많은 전문가가 약속(일치성)에 우선 집중해야 신뢰를 키울 수 있는 가능성이 높아진다고 말한다.

빈틈없이 약속을 지키고 신뢰를 쌓으려면 많은 시간과 노력이 필요할 것이다. 신뢰는 돈과 같다. 돈을 버는 데에는 여러 해가 걸리지만 잃는 데에는 고작 몇 분밖에 걸리지 않는다. (의도적이든 아니든) 사무실에 있는 어느 누구도 믿을 수 없어서, 스스로 일정을 정하고, 자기가 일할 곳을 고르고, 휴가 일수를 선택하게 해주지는 못하겠다고 말하는 권위적인 관리자는 신뢰를 쌓지 못한다. 조직 문화에 이미 존재하는 불신을 더할 뿐이다.[17] 그러한 메시지가 성과와 이직률에 장기적으로 미치는 영향이 궁금할지도 모르겠는데, 그 답은 이미 많은 전문가가 잘 알고 있다.

반면에, 나는 모두를 그냥 믿고서 아무 것도 묻지 않고 어떤 조건도 붙이지 않아도 대부분 같은 결과를 얻게 될 것이라는 생각에 동의한다. 그보다 먼저 (아마 이해관계, 유사점, 호의적인 관심보다는 역량, 일치성, 소통 면에서) 신뢰를 쌓아야 원하는 것을 할 수 있다는 전제에서 출발해야 한다. 결과에 대한 초점은 자연스럽게 따라올 뿐만 아니라 무제한의 자유보다 먼저 등장할 것이다.[18] 결과 중심 업무 환경은 반드시 얻어내야 할 권리다.[19]

나는 창의 노동자들이 결과에 초점을 맞추기보다 우선 신뢰에 초점을 맞춰야 한다고 믿는다. 약속을 지키고, 자주 그리고 잘 소통하며, 이해관계를 일치시키고, 호의적인 관심을 보이면 신뢰가 커진다는 사실을 알아야 한다. 신뢰가 확실히 자리를 잡고 나면 나중에 결과를 논의하고 평가하기가 훨씬 쉬워진다. 결과를 평가하면 저절로 신뢰가 생기리라고 기대하는 것은 순진하며 근시안적인 생각이다. 그것이 바로 내가 신뢰 중심 업무 환경trust-only work environment에 대해 이야기하기를 좋아하는 이유다. 먼저 신뢰를 하면 결과는 자연스럽게 따라올 것이다. 결과 중심 업무 환경 이전에 신뢰 중심 업무 환경을 만들자. 나를 신뢰해보라.

사람들이 일을 끝내리라고 믿는 업무 환경을 만든다는 것은, 그 일에 대한 피드백을 줄 수 있는 업무 환경을 만든다는 뜻을 포함한다. 구성원이 어디에서 일하는지에 초점을 맞추지 않고 어떻게 일하는지를 평가할 필요성을 높임으로써, 그들에게 더 많은 자유를 주는 여러 단계를 살펴봤다. 사람들이 가는 장소가 아니라 하는 일을 업무라고 한다면, 피드백 또한 사람들이 있는 장소가 아니라 하는 일을 목표로 삼아야 한다.

먼저 신뢰를 하면 결과는
자연스럽게 따라올 것이다.

성과 평가

시간 중심 또는 출근 중심 업무 환경을 결과 중심 또는 신뢰 중심 업무 환경으로 바꿀 수 있을지 고민하는 관리자에게는 대개 다음과 같은 질문이 제일 먼저 떠오른다. "결과는 어떻게 평가하지?" 결국, "입력(사무실에 있는 시간)을 측정하지 않는다면 출력(실제로 만들어낸 결과)을 측정해야 한다. 그렇지 않으면 그 사람에게 왜 월급을 주는지 알 수 없을 것이다."라는 고민은 당연한 것이다. 그래서 또 다른 정책을 만들어버린다.

> 정책에는 (여러분이 일을 망쳤을 때 우리가 쉽게 해고할 수 있게 해주는) 자발적인 합의와 정교한 행동 규칙, (여러분은 책임감 있는 성인이 아니기 때문에 통제가 필요하다고 말하는) 정교한 정책 매뉴얼, (여러분을 믿을 수 없기 때문에 해야하는) 시간 기록과 서류 결재, (여러분이 정말로 일을 좋아하지 않는다고 말해주는) 출근 수당과 인센티브, ("아이디어가 있으면 상자 안에 넣어주세요"라고 말하는) 제안 프로그램 등이 있다. 그리고 . . . 고질라처럼 가장 막강한 신성 불가침의 영역—그렇다, 당연히 성과 평가도 있다.

톰 코언스 Tom Coens, & 메리 젠킨스 Mary Jenkins, 『Abolishing Performance Appraisals』 [20]

전통적으로 대부분의 비즈니스는 직원의 성과를 "평가"하는 주요한 (때로는 유일한) 방법으로 **성과 평가**performance appraisal를 포함하는 공식 프로세스를 사용한다. 성과 평가란 일정 기간(1년인 경우가 많음) 직원의 업무 성과, 행동, 특성을 피평가자 이외의 누군가가 평가, 판단, 기술하고 조직에서 문서화된 기록으로 남기는 의무적인 과정이라고 설명할 수 있다.[21] 관리자와 HR 전문가들은 다음과 같은 이유로 이 프로세스가 필요하다고 생각한다.

1. 직원이 자신의 성과를 개선할 수 있도록 해주고
2. 코칭 및 상담으로 직원에게 동기를 부여하고
3. 가치 있는 피드백으로 소통을 강화하고
4. 보상을 배분하는 공정한 방법을 찾고
5. 승진 및 채용 결정에 유용한 데이터를 확보하고
6. 누군가를 해고해야 할 경우를 대비해서 증거를 수집한다.

관리자는 직원 해고 다음으로 성과 평가를 가장 싫어한다.

애석하게도 이 방식은 효과가 없다. 성과 평가가 남긴 성과는 끔찍하다.[22] 대부분의 회사에서 사용하고 있지만, 대다수는 성과 평가가 완전히 쓸모 없으며 오히려 생산성을 떨어뜨리는 경우가 많다는 사실을 알게 됐다.[23] 주요 연구를 살펴보면, 대개의 성과 평가는 내재적 동기와 팀 협업을 파괴한다는 점을 확인할 수 있다.[24] 이 스트레스 받는 연례 평가는 거의 항상 다음과 같은 여러 가지 이유로 실패한다. 직원과 관리자가 서로 반대의 사고방식을 갖고 있고, 급여는 성과와 전혀 관련 없는 경우가 많으며, 어떤 관리자도 객관적일 수는 없고, 성과 평가표는 너무 포괄적이며, 평가는 불신을 낳고, 개인 평가는 팀워크를 파괴한다.[25, 26, 27] 많은 관리자가 적어도 무언가 잘못되어 있다는 생각은 갖고 있는 듯 하다. 관리자는 직원 해고 다음으로 성과 평가를 가장 싫어한다.[28]

아무도 평가가 조직 성과를 장기적으로 개선하는 데 도움이 된다는 증거를 제시하지 못했다. 대부분의 관리자와 HR 전문가는 성과 평가에 숨어있는 많은 가정을 깊이 생각하지 않고 당연하게 받아들인다.[29] 성과 평가 자체가 성과 평가 대상이었다면 구체적인 결과가 전혀 없어서 바로 그 자리에서 해고됐을 것이다. 무엇보다 나쁜 것은 성과 평가가 현대 조직이 없애려고 노력해야 하는 계층 구조를 강화한다는 점이다.

> 성과 평가는 관리 도구 그 이상의 것이 되었다. 가부장적인 조직의 특징인 부모, 상사-부하 관계의 문화적, 아니 거의 인류학적 상징으로 자라났다.
>
> 톰 코언스Tom Coens, & 메리 젠킨스Mary Jenkins,
> 『Abolishing Performance Appraisals』[30]

다행히 세상은 서서히 깨어나는 중이다. 중소기업과 대기업 모두 차례차례 성과 평가를 없애고 있다.[31] 글로벌 창의 경제의 등장으로 비추어 볼 때 그 관행은 지속 불가능하다는 점이 가장 큰 이유다. 원격근무, 계약직 노동자, 애자일 및 린 방법론, 그 밖의 많은 추세가 "상급자"와 "하급자" 사이의 공식적인 성과 평가를 점점 더 어렵게 하고 있다. (적당한 사례: 내 배우자는 항상 본사와 떨어져 있어서 최근에는 전혀 성과 평가를 받지 않았다!) 이 쓸모 없는 의례를 완전히 걷어치워버리고 평가를 21세기에 좀 더 의미 있는 무언가로 대체할 수 있으면 좋겠다.

그렇다면 무엇을 해야 할까?

나는 우리가 글로 쓴 형태의 피드백을 쉽고, 정직하고, 친절한 방법으로 동료에게 전달하는 방법을 제일 먼저 배워야 한다고 믿는다. 나는 친절함을 강조하고 싶다. 연구 결과에 따르면 "엄격하고, 근엄하고, 진지한" 방식은 조직의 사기와 동기를 해치고, 성과는 물론이고 직원 간의 협력도 파괴한다.[32] 당연한 말로 들리지만, 슬프게도 이 사실을 관리자들에게 일깨워 줄 필요가 있어 보인다. 하지만, 연구 결과를 봤을 때 피드백이 정직해야 몰입이 높아진다.[33]

사무실에서 모여 근무하는 대신 원격으로 일하는 직원이 늘어나면서, 우리에게는 오직 면대면 대화에만 의존하지 않고 이메일이나 그 밖의 온라인 도구로 서로의 업무에 대해 자주 정직하고 친절하게 피드백을 줄 수 있는 방법이 필요하다. 누군가의 새로운 설계, 보고서, 소프트웨어 앱, 품질 프로세스에 대한 평가를 다음번에 우연히 사무실에서 마주칠 때까지 기다렸다가 줄 수는 없다. (그건 시간이 좀 걸릴 수도 있다!) 사람들이 자신의 근무 시간, 근무 장소, 휴가일을 감시 받고 싶어하지 않는다는 점을 고려했을 때, 창의 노동자는 자신의 결과물에 대한 유용한 피드백을 받을 권리가 있고 그 피드백은 빨라야 한다. 피드백이 날마다 업무의 일부가 될 필요가 있다. 피드백은 일상적인 것이어야 한다.[34]

> 창의 노동자는 자신의 결과물에 대한
> 유용한 피드백을 받을 권리가 있고
> 그 피드백은 빨라야 한다.

1단계: 맥락을 설명한다

피드백의 목적은 사람들이 자신의 업무를 개선할 수 있도록 돕는 것이다.[35] 그들이 스스로에게 좋은 감정을 갖도록 하는 것이 목표가 아님을 깨닫는 것이 중요하다. 여러분의 피드백에 좋은 감정을 갖도록 하는 것이 목표다. 건설적인 피드백을 고마워할 때 그 피드백을 행동으로 옮길 가능성이 높아진다.[36]

1단계에서는 처음에 여러분의 맥락을 설명하면서 피드백을 전달하는 것이 좋다. ✿ 처해 있는 환경, 마음 상태, 갖고 있는 기대와 가정 등을 간략하게 언급하면, 전부 어떤 식으로든 여러분에 대한 평가에 영향을 미칠 수 있다.[37] 다음과 같은 예를 들 수 있다. "긴 콘퍼런스로 하루를 마치고 조금 피곤한 상태지만, 기다리게 하고 싶지 않아서 상하이 호텔 방에서 새 웹사이트를 검토하고 있어요. 내가 보고 있는 웹사이트가 베타 버전이라는 가정하에 검토하고 있는데, 그래서 지난 스프린트에서 논의했던 모든 기능이 구현돼 있을 거라고 기대하고 있습니다." 또 다른 예도 있다. "차 한 잔과 비타민 알약 반 통을 먹고 나서 이른 아침에 이 피드백을 드립니다. 아마 독감에 걸린 것 같아요! :-(지금 안드로이드 태블릿에서 PDF로 4장의 세 번째 초안을 보고 있습니다. 아직 원고를 더 정리해야 하는 상황으로 알고 있어요."

개인적인 상황을 설명하면서 시작하면 받는 사람이 자신과 여러분 사이의 비슷한 점을 알아차려서 신뢰가 생겨나도록 할 수 있다. ("독감? 아이고 이런. 남편도 지금 독감으로 고생하고 있는데!" "상하이? 좋은 곳이지. 나도 작년에 갔었어!") 또한 소통을 잘 해보려는 여러분의 노력에 감사하고 평가의 맥락을 더 잘 이해할 수 있다. "홈페이지의 트위터 피드가 작동하지 않아요!" 대신에 "상하이에 있는 내 호텔 방에서는 홈페이지의 트위터 피드가 작동하지 않는 것처럼 보이네요!"라고 읽을 것이다. 이렇게 하면 문제의 원인이 중국의 인터넷 검열 프로그램Great Firewall임을 정확히 알아낼 수도 있다. (그렇다. 진짜 개인적으로 있었던 일이다.) 그리고 만약 결과물이 엉망으로 보인다고 말하고 싶다면, 형편없는 와이파이, 낡은 스마트폰, 싸구려 커피, 계속 울어대는 세 아기, 끔찍한 숙취로 고통받는 사람이 검토했을 때 엉망으로 보였다는 점을 알면 좀 더 쉽게 받아들일 수 있다. 이 방법을 사용하면 안전한 환경에서는 훌륭해 보이는 결과물을 상대적으로 덜 호의적인 상황에서도 좋아 보이도록 만들어야 하는 추가적인 도전 과제를 창의 노동자에게 줄 수 있다.

2단계: 관찰한 바를 나열한다

2단계의 목적은 마치 연구자의 눈으로 보는 것처럼 사실과 경험의 관점에서 관찰한 바를 설명하는 것이다. 상대방의 성격, 지식, 전문성에 대해 무엇이 옳고 그른지 얘기하지 말자. 실제로 볼 수 있는 일이나 행동에 초점을 맞춘다.[38, 39] 전달하려는 모든 것이 있는 그대로의 사실인지 확인하자. 피드백은 마치 과학자의 머릿속에서 나온 것 같은 모습이어야 하고, 따라서 부정하거나 무시하기 어려워야 한다. 감정적인 폭발 대신 솔직한 관찰을 나열하면 여러분의 역량을 내비칠 수 있고 그것이 더 큰 신뢰를 더해준다.

예를 들어 "홈페이지의 트위터 피드가 작동하지 않아요."라는 피드백은 "내 컴퓨터에서는 잘 되는데요?"라는 말로 쉽게 무시할 수 있다. 그 대신 "홈페이지의 트위터 헤더 아래에 빈 회색 상자가 보입니다. 회사 계정에 있는 서너 건의 최신 트윗이 나올 거라고 생각했는데요." 무언가가 "작동"하는지 아닌지는 호텔 바에 앉아 철학적으로 논쟁하기에 흥미로운 주제다. 여기에서 사실은 빈 회색 상자를 봤다는 점이다. 시력이 나쁜 것이 아니라면 이 사실을 부정할 수는 없다.

관찰 및 사실을 평가 및 판단과 분리하면 쓸모 없는 일반화를 피할 수 있다. "약속대로 작동하는 모습을 한 번도 본 적이 없네요."라는 말은 사실일 수도 있지만, "암호 같은 오류 메시지 때문에 (첨부 참조) 그 응용프로그램에 접속할 수 없어요. 지난 번과 지지난 번에 알려드렸던 오류 메시지와 비슷해 보입니다."라는 말이 개선하고 싶은 마음을 더 쉽게 불러일으킬 것이다. 관찰과 평가를 분리하면 사람들이 비판을 들었을 때 가혹하고 부당하다고 생각할 가능성이 줄고, 기꺼이 개선하려고 할 확률이 늘어난다.

기대 이하의 것만 지적하는 함정에 빠지지 말자. 반드시 기대 이상의 깃도 언급해야 한다. "이메일 주소의 유효성을 실시간으로 확인하는 기능을 보고 놀랐어요." 또는 "첫 단락의 농담이 뜻밖의 웃음을 자아내서 카푸치노를 마시다가 노트 위에 뿜어버렸네요." 등을 예로 들 수 있다. 장점을 키우도록 힘을 북돋아 주는 행위가 초보자에게만 쓸모 있는 것은 아니다. 전문가와 최고 성과자도 때때로 재능을 인정받으면 감사해 한다.[40, 41] 또한 자기가 잘한 일에 대해 진정한 감사를 받으면 피드백을 받은 사람이 훨씬 쉽게 문제를 처리하려 할 것이다.

마치 간절히 기다렸던 스포츠 경기를 생중계 하듯이, 업무를 검토하면서 알아차린 기대 이하의 것과 기대 이상의 것 전부를 특별한 순서 없이 나열한 목록이 2단계의 결과물이다.

3단계: 감정을 표현한다

이제 사실과 관찰을 나열했으니 그 영향을 평가할 차례다. 그렇다. 감정을 마음껏 느껴보자! 😎

누군가의 업무를 검토하면서 느꼈던 감정을 표현하면 상대방과 더 쉽게 연결되고 갈등을 예방하거나 해결하는 데 도움이 될 수 있다. 좋은 결과에 호의적인 관심을 드러내며 표현하는 느낌은 또 다시 더 많은 신뢰를 쌓는다. 예를 들어, 홈페이지의 트위터 영역에 아무런 결과가 나오지 않았을 때 조금 짜증이 났으며, 첫 단락의 농담이 너무 재미있었다고 알려줄 수 있다. 이메일 주소 자동 확인에서는 동료의 수준 높은 역량에 행복을 느꼈지만, 암호같은 오류 메시지를 세 번째로 봤을 때는 화가 났다고 말하는 것이다.

업무를 검토하면서 다른 사람이 보거나 느낀 바를 넘겨짚고 싶은 유혹에 빠지지 말자. "이 버튼의 아이콘을 이해할 수 있는 사용자는 아무도 없을 거에요."는 불만을 드러내기 때문에 좋은 피드백이 아니다. 이 말은 사실이 아니며 감정으로 강화된 것이다. 훨씬 좋은 의견은 다음과 같다. "벽에 샤워기처럼 생긴 아이콘이 있는 것을 봤지만, 사실은 욕실 전등 스위치임을 이해하는 데 1분이 걸렸어요. 다른 사용자가 나보다 더 쉽게 전등 스위치를 연상할 수 있을지 모르겠다는 생각이 들었습니다." (그렇다, 존중을 드러내다 보면 얼간이처럼 말이 길어지는 경우가 많다.) 여기에서 전달한 것은 오해(사실)와 곤혹스러움(감정)의 표현이다. 다른 사람이 이해할 수 있는지 없는지에 대해서는 몇 시간이라도 주장할 수 있겠지만, 여러분의 관찰과 느낌을 부정할 수 있는 사람은 아무도 없을 것이다.[42]

원한다면 이전 단계에서 전달한 관찰에 이모티콘을 추가해서 사실과 감정의 분리를 강조할 수도 있다.

관찰	감정
"홈페이지의 트위터 헤더 아래에 빈 회색 상자가 보입니다. 회사 계정에 등록되어 있는 서너 건의 최신 트윗이 나올 거라고 생각했는데요."	:-/
"암호 같은 오류 메시지 때문에 (첨부 참조) 그 응용프로그램에 접속할 수 없어요. 지난 번과 지지난 번에 알려드렸던 오류 메시지와 비슷해 보입니다."	>:-(
"첫 단락의 농담이 뜻밖의 웃음을 자아내서 카푸치노를 마시다가 노트 위에 뿜어버렸네요."	:-D
"이메일 주소의 유효성을 실시간으로 확인하는 기능을 보고 놀랐어요."	:-)
"벽에 샤워기처럼 생긴 아이콘이 있는 것을 봤지만, 사실은 욕실 전등 스위치임을 이해하는 데 1분이 걸렸어요. 다른 사용자가 나보다 더 쉽게 전등 스위치를 연상할 수 있을지 모르겠다는 생각이 들었습니다."	((+_+))

짜증난다, 화난다, 웃긴다, 행복하다, 헷갈린다 등과 같은 단어를 명시적으로 나열하면 전하는 내용을 아마 좀 더 쉽게 이해시킬 수 있겠지만, 내 생각에는 명랑한 분위기가 중요하다. 개인적으로 나는 일을 너무 심각하게 받아들이지 않으려고 심각하게 고민하는 사람들에게 감사한다. (8-)

4단계: 가치에 따라 정렬한다

4단계에서는 업무에서 인식한 가치에 따라 관찰한 바를 정렬한다. 이 방법은 꽤나 유용하다. 1€ 긍정적인 감정을 낳은 것은 대개 긍정적인 가치를 지닐 것이고, 부정적인 감정으로 이어졌던 관찰은 부정적인 가치를 지닐 것이다. 그러나 항상 그런 것은 아니다! 예를 들어, 누군가가 큰 웃음을 주는 우스꽝스러운 실수를 할 뻔 했으나(긍정적인 감정) 그 당황스러운 오류는 확실하게 수정해야 한다(부정적인 가치). 반면에, 어떤 다른 문제로 인해 짜증이 났지만(부정적인 감정) 충분히 일찍 발견하지 못했더라면 힘들었을 중요한 발견을 할 수 있었다(긍정적인 가치).

사람들이 피드백을 읽을 때 위에서 아래로 읽는다고 가정한다면, 가장 가치 있는 관찰을 제일 위에, 가장 가치 없는 관찰은 아래에 두는 것이 좋을 것이다. 이렇게 하면 사람들은 자기가 한 일이 여러분에게 어떻게 가치를 더해줬는지 먼저 알게 되고, 그 후에 어떻게 가치를 줄어들게 했는지 알게 된다. 똑같은 것은 아니지만 비판하기 전에 먼저 칭찬하기와 비슷하다.

내 생각에 "긍정적 피드백"(칭찬)과 "부정적 피드백"(비판)이라는 말에는 오해의 소지가 있다. 우리가 보아왔듯이 느낌이 긍정적이거나 부정적일 수도 있고, 관찰한 바의 가치 또한 긍정적이거나 부정적일 수 있다. 그러나 부정적인 가치를 발견한 느낌이 긍정적일 수도 있고 그 반대일 수도 있다. 따라서 피드백은 전체적으로 긍정적인 것도 부정적인 것도 아니어야 한다.[43] 피드백은 단지 사실의 관찰, 긍정적/부정적 감정, 긍정적/부정적 가치의 나열일 뿐이다. 최종 목적은 여러분과 상대방의 이해관계가 일치한다는 것을 알리는 것이며 이것이 더 큰 신뢰를 만들어낸다.

5단계: 제안으로 마무리한다

자, 이제 마무리 할 시간이다! 지금까지 맥락을 설명하고, 관찰한 바를 나열하고, 느낌을 표현하고, 가치에 따라 항목을 정렬했다. 이제 피드백의 대미를 화려하게 장식할 차례다. 몇 가지 도움이 되는 제안을 통해 그렇게 할 수 있다.

모든 사람이 잘 하고 싶어한다고 가정한다. 활약이 미흡하다면 훌륭하게 해낼 수 없도록 만드는 주변 시스템에서 그 잘못을 찾아야 마땅하다.[44] 따라서, 어떤 성과 평가라도 개인의 실패가 아닌 시스템의 문제가 드러나야 한다. 개선을 위한 제안은 그런 사고방식을 반영한다. 예를 들어, "이 피드백이 쓸모 있다면 기꺼이 설계 프로세스 검토를 돕겠습니다. 왜 일부 오류 메시지가 계속 발생하는지 아마 찾아낼 수 있을 거에요."라고 마무리 할 수 있다. 또는 이렇게 말할 수도 있다. "나 또는 다른 사람이 다른 컴퓨터에서 트위터 영역을 테스트하기를 원한다면 알려주세요." 다음과 같이 제안할 수도 있다. "도움이 될만한 몇 가지 아이콘을 예시로 첨부합니다. 물론 그냥 스케치일 뿐이에요."

제안은 단지 … 제안일 뿐이라는 점을 기억하자.[45] 전문성 있는 창의 노동자라면 그 의견에 동의하지 않을 수도 있다. 그렇기 때문에 전문가 또는 창작자라고 부르는 것이다. 그러나 사실과 느낌을 분리하고, 느낌과 가치를 구분하는 법을 연습하고, 전하는 말을 맥락으로 감싸고, 몇몇 제안을 양념으로는 곁들이는 방법을 배운다면, 대부분의 창의 노동자는 여러분이 피드백을 전달해주는 방식에 행복해 할 것이라고 확신한다.

전문가는 보통 개선할 것을 찾고 싶어하는 반면에, 초보자는 대개 잘 하고 있음을 확인 받고 싶어한다.[46] 여기에서 설명한 방법을 이용하면 양쪽 모두에게 도움을 줄 수 있다. 사실, 어떤 사람이 전문가인지 초보자인지 혹은 그 사이에 있는 사람인지 알 필요도 없다. 제시할 것은 관찰, 느낌, 가치다. 여러분이 보내준 건강에 좋은 피드백 랩feedback wrap을 어떻게 먹을지 결정하는 것은 그들의 몫이다. 피드백 랩을 빠르게 전달해 주었음에 분명히 고마워 할 것이다. 피드백 랩은 신뢰에 무엇보다 중요한 전제 조건인 일치성과 약속을 전달해주기 때문이다.

칭찬
샌드위치

건설적인 피드백을 전달하는 방법으로 잘 알려진 것 중 하나가 "칭찬 샌드위치"다. 비판을 하고자 할 때 앞뒤로 긍정적 의견을 배치하고 그 사이에 비판을 끼워 넣는 방법이다.[47]

하지만, 많은 전문가가 칭찬 샌드위치에는 문제가 있다고 말한다. 사람들이 칭찬 샌드위치의 긍정적인 부분만 듣고 칭찬 사이에 끼어있는 나쁜 것은 무시하는 경향이 있다고 주장하는 사람도 있다.[48] 반대의 주장도 있는데, 인간의 두뇌는 부정적인 정보에 반응하게끔 돼있어서 칭찬을 무시한다고 말한다.[49]

누가 듣느냐(또는 읽느냐)에 따라 둘 다 맞는 말이라고 생각한다. 연구 결과에 따르면 초보자는 지원과 확인을 선호하는 반면에 전문가는 정직과 가치 있는 정보를 선호한다.[50] 따라서, 자기 역량에 불안을 느끼는 초보자는 자기가 잘 하고 있음을 확인하고 칭찬만 가져갈 수도 있다. 하지만 솔직한 평가를 바라는 전문가는 비판에만 집중하고 칭찬 샌드위치에 들어있는 칭찬을 가식적인 공치사로 일축해버릴 수도 있다.

글로 쓴 피드백

계속해서 프로젝트를 옮겨 다니고, 사무실 안팎 어디에서나 일하고, 가능할 때마다 개인 시간과 휴가를 즐기는 직원들 그리고 그 밖의 창의 노동자에게는, 고용주와 동료 양쪽 모두에게 결과에 대해 정직하고 건설적인 피드백을 주고 받는 능력을 갖추는 것이 극히 중요하다. 신뢰 중심 업무 환경에서는 피드백이 풍부해야 한다.[51] 이것은 같은 제품과 프로세스에 대한 피드백을 다양한 사람들로부터 자주 받아야 한다는 뜻이다.[52]

제품 릴리스가 고통스럽고 오래 걸린다면, 애자일 소프트웨어 개발 커뮤니티에서는 고통스럽지 않고 쉽게 개발하기 위해 더 자주 릴리스 해야 한다고 말한다. 건설적인 피드백도 똑같다. 전통적인 성과 평가는 1년에 한 번 크고 고통스럽고 오래 걸리는 방식으로 이뤄진다. 창의 노동자에게는 도전이 명확해야 한다. 어떻게 하면 피드백을 매일 줄 수 있을까? 피드백 랩이 바로 그렇게 할 수 있도록 도와줄 것이다. 약간의 경험만 있다면 15분 이내로 피드백 랩을 보낼 수 있다. 그리고 피드백 랩은 요청하기도 쉽다.

순전히 글로 쓴 피드백이기 때문에 분명히 단어를 신중하게 선택해야 한다. 문자 언어는 자주 "아마도", "조금", "~인 것 같다"로 순화해서 사용해야 한다. 그리고 보디랭귀지로 전달할 수 없는 부분은 공손한 문장으로 바꿔야 할 것이다. 면대면 대화와는 다르게 글로 주고 받는 대화는 검색하고 복제하기도 쉽다는 사실을 절대 잊지 말자. 때로는 그 내용을 완전히 잊어버린 지 한참 지난 후에도 검색하고 복제할 수 있다. 모든 이메일은 NSA(미국 국가 안보국)에서 읽을 수도 있고, 언론에 유출될 수도 있으며, 적대적인 사람이 분석할 수도 있고, 장모님에게 전해질 수도 있다고 가정하자. 다시 말해, 잘 쓰라는 말이다.

설령 그렇더라도, 여전히 다른 사람이 어떻게 해석할지는 거의 통제 밖 영역이다. 그러나 사람들이 구두로 피드백을 주고 받는 데 더 능숙할 것이라고 가정하지는 말자. 피드백이 글로 된 것이든 말로 된 것이든, 거기에 대한 반응은 주로 내면의 마음 상태와 그들이 갖고 있는 갈등에 의해 결정된다고 생각한다. 개인의 생각은 자기 비판, 후회, 자부심, 또는 아주 흔한 다른 인간의 정신 상태에 지배를 받기 때문에, 피드백에 대한 반응은 예상치 못한 것일 수도 있고 비논리적으로 보일 수도 있다.[53] 말이든 글이든, 아무리 단어를 바꿔도 인간의 감정 폭발을 막을 수는 없다.

그렇다 하더라도, 내가 모든 인간 관계에서 면대면 논의를 누구보다도 중요하게 여기는 사람 중 한 명이긴 하지만, 신뢰 중심 업무 환경에서 서로의 업무에 대해 글로 쓴 공손한 피드백으로도 그러한 관계의 건강함을 크게 개선할 수 있다고 확신한다. 또한 글로 쓴 피드백은 적절한 문서를 유지하게 하고, 미묘한 문제를 보다 신중하게 생각하게 해주고, 균형 잡힌 방식으로 관찰, 느낌, 가치를 전해주는 데 도움이 된다. 그리고 무엇보다 중요한 것은, 피드백 랩은 빠르게 자주 전달할 수 있으며, (어쨌든 있어서는 안되는) 예정된 면대면 성과 평가를 아무도 기다릴 필요가 없다는 점이다.

> 모든 이메일은 NSA에서 읽을 수도 있고,
> 언론에 유출될 수도 있으며,
> 적대적인 사람이 분석할 수도 있고,
> 장모님에게 전해질 수도 있다고 가정하자.

마무리

시스템 사고를 하는 사람들 사이에는 조직 성과의 95%가 각 개인이 아닌 시스템 전체의 결과라는 사실이 잘 알려져 있다. 대부분의 성과는 클라이언트, 도구, 프로세스, 그리고 대개는 거의 통제할 수 없는 그 밖의 환경 요소 간의 상호 작용으로 인해 창발되는 결과인데, 개별 직원의 성과를 평가하는 것은 별로 이치에 맞지 않는다.[54]

조직에 필요한 것은 신뢰 중심 업무 환경이다. 의도적으로 신뢰를 쌓으면 사람들은 어떤 성과 문제라도 더 열심히 찾고 해결할 것이다. 직접적으로 단 5%만이 개인에 의한 성과인데 누가 거기에 신경을 쓸까? 관심을 기울여야 할 것은 피드백을 주고 받는 방법을 포함하여 각 부분들이 서로 어떻게 상호 작용하느냐다. 시스템의 나머지 성과 95%가 그 개인 간의 상호 작용에서 나오는 것이기 때문이다.

피드백 랩은 사람들이 개인을 개선하고 시스템을 개선하는 데 집중하도록 도울 것이다. 동시에, 이 실천법은 좋은 소통, 우호적인 관심, 이해관계 일치, 역량 강화, 약속 이행을 통해 신뢰를 구축한다. 신뢰 중심 업무 환경의 이러한 성장이, 유연한 근무 시간, 원격 근무지, 무제한 휴가, 그리고 물론 공동의 목표와 대상을 가질 수 있는 결과 중심 업무 환경으로 가는 길을 열어준다.

마지막으로 중요한 것은, 피드백 랩이 결코 면대면 대화를 대신할 수도 없고 코칭과 개인적 발전의 대안이 될 수 없다는 점을 다시 강조하고 싶다. 이런 부분은 여전히 다른 방법으로 다뤄야 한다. 그러나 이 간단하고 작은 실천법이 동료 간의 신뢰를 자라나게 하고, 시스템 성과를 개선하는 데 도움을 주며, 좋은 소통과 피드백으로 동기를 부여한다고 확신한다. 필요한 경우 결과를 기록으로 남겨둘 수도 있다. 하지만 여러분에게는 그런 기록이 필요 없으리라고 믿는다.

받는 사람: 제이슨 리틀Jason Little

보내는 사람: 위르헌 아펄로

제목: 린 변화 관리Lean Change Management의 도입 챕터에 대한 피드백

안녕, 제이슨!
지금 집에서 점심을 먹으면서 Notepad++로 당신이 보내준 TXT 파일을 검토하는 중이에요. 주문했던 뮤직 시스템이 오늘도 도착하지 않아서 아침부터 살짝 짜증이 나 있어요! 그게 당신이 쓴 글을 감상하는 데 영향을 주지 않았으면 좋겠네요. 다행히 바깥 날씨는 아주 좋습니다. :-)

피드백:

- "로켓 수술" 농담에 감탄했어요. 일부러 그렇게 썼는지 궁금한데 아마 그럴 거라고 생각해요. 이런 농담이 더 많았으면 좋겠습니다. (느낌: 재미있음)
- 호텔 이야기 잘 봤습니다. 아주 생생한 느낌이에요. (느낌: 흥미로움)
- "성가신 인간"에 대한 언급과 인용문에 넣은 "변화 저항"이 좋습니다. 당신이 사람들에게 감사하고 있음을 보여줍니다. (느낌: 감탄함)
- "말도 안되는 소리"에 대한 언급이 좋습니다. 반항기 있어 보여요. (느낌: 감탄함)
- "크렘브릴레는 멋지게 구워질 것이다." 부분이 좋아요. 비유가 끝내줍니다. 그 부분은 바꾸지 마세요. (느낌: 감탄함)
- 표현 문제: "린 스타트업으로 불확실성을 더 잘 관리하려면"에서 조금 헷갈립니다. 책 이야기인가요? 아니면 운동? 개념 이야기인가요? (느낌: 헷갈림)
- 내가 보기에 문장이 매끄럽지 않은 여러 표현 문제를 발견했어요. 아직 원문의 표현을 다듬지 않은 것 같군요. (느낌: 없음)
- "the my experience," "as a being a," "none of it stuff"를 포함해서 여러 오타가 보입니다. 맞춤법 검사기가 나보다 더 잘 할 것 같아서 표시를 하다가 그만 두었어요. (느낌: 약간 피곤함)

제안:

- 검토자들에게 보내기 전에 항상 맞춤법 검사기를 사용하면 좋겠습니다.
- 또한, 글을 소리 내어 읽으면 큰 도움이 됩니다. 그 방법을 쓰면 두뇌가 아니라 혀가 문장과 씨름하게 될 겁니다. 표현 문제를 잡는데 좋습니다.

이제 표현을 다듬을 차례인 것 같고요, 어떻게 바뀌게 될지 관심있게 지켜보겠습니다.
감사합니다.

위르헌

어떻게 시작해야 할까

지금 바로 피드백 랩을 활용해서 원격 소통 기술을 개발하기 시작할 수 있다.

1. 새로운 소프트웨어 앱이든, 읽고 있는 기사든, 검토해주고 있는 친구의 글이든, 테스트 하고 있는 동료의 웹사이트든, 머물고 있는 새 호텔이든, 방금 주문한 제품의 배송 서비스든, 언제나 피드백을 줄 수 있음을 깨달았다. 오늘 겪은 일을 떠올려보고 피드백을 줄 수 있는 한두 가지를 골라보자.

2. 여러분의 피드백 랩이 가치가 있었는지 그리고 더 개선할 수 있는 방법이 있는지 사람들에게 물어보자.

3. 피드백을 받은 사람에게 주의를 기울여보자. 여러분이 전달한 건설적인 피드백을 처리하기 위한 변화를 만들고 있는가?

팁과 응용

매우 비슷한 방식으로 피드백을 주는 방법을 제시하는 책 『비폭력 대화〈Nonviolent Communication〉』를 읽어보자.[55]

면대면으로 건설적인 피드백을 주고 싶을 때에는, 만나기 전에 피드백 랩으로 두세 번 연습한다.

면대면으로 이야기하는 상황이라면 아마 1단계(맥락 설명)는 생략할 수 있을 것이다.

사람들이 이뤄낸 대단한 성과를 언급할 때에도 같은 피드백 기법을 사용하는 것을 잊지 말자.

건설적인 피드백 앞뒤를 가짜 칭찬으로 둘러싸지 말자. 십중팔구 혼란스럽기만 할 것이다.

아이들에게도 같은 피드백 기법을 사용한다. 지금은 훨씬 침착한 부모가 됐다! :-)

피드백은 식기 전에 먹어야 제 맛이다. (직접이든 원격이든) 면대면으로 만날 수 없다면, 기다리기보다 바로 글로 쓰는 편이 대개는 더 좋다.

비폭력 대화에서는 제안 대신에 부탁으로 마무리한다. "관찰, 느낌, 욕구를 알았으니 이제 다음과 같은 일을 부탁해도 될까요?"

나는 좋은 피드백 랩을 쓰는데 30분 정도가 걸린다. 하지만 칭찬 샌드위치보다 더 좋은 결과를 얻을 수 있기 때문에 유익한 시간이다.

나는 평가 양식에 피드백 랩 서식을 사용한다. 맥락, 관찰, 느낌, 욕구, 제안의 간단한 5단계를 사용해서 평가를 작성하는 것이 꽤나 편리하다는 사실을 알게 됐다.

면대면으로 피드백을 전해주더라도 나중을 위해 피드백 랩을 저장해두자. 상황이 개선되지 않으면 문서가 쓸모 있을 수도 있다.

피드백 랩을 쿠도 카드 또는 해피니스 도어 같은 다른 실천법과 조합해보자.

m30.me/feedback-wraps에서더많은아이디어를 찾아보자.

지표 생태계와
스코어보드 인덱스

올바른 방법으로 하는 성과 측정

하루가 저물고
일이 다 끝날 때까지는
얼마나 일했는지
가늠하지 마라.

엘리자베스 바렛 브라우닝 Elizabeth Barrett Browning,
영국 시인 (1806-1861)

조직에서 성과를 명백히
잘못된 방법으로 측정하는 경우가 많다.
제대로 측정하기 위한
12가지 규칙을 모두가 배워야 한다.
그렇게 하면 측정을 학습 및 개선 방법으로
여기는 문화를 만들고,
모든 구성원이 지표 생태계 metrics ecosystem 에
참여하는 조직을 만드는 데 도움이 될 것이다.

나는 이 문장을 쓰기 직전에 단골 커피숍에서 스몰 사이즈 라테 한 잔과 바나나 케이크 한 조각을 먹었다. 방금 건강 관리 앱에 또 다시 300 킬로칼로리를 추가했다. 이런 짓을 저지른 이유는 집에 과일 주스가 다 떨어진 덕분에 아침과 점심으로 물만 마셨기 때문이다. 하루 목표 칼로리를 훨씬 밑돌았다. 음, 바나나 케이크를 발견하기 전까지는 말이다.

매일 섭취하는 칼로리 이외에도, 나 자신에 대해 그리고 내가 하는 일에 대해 많은 것을 측정할 수 있다. 블로그 글 조회수, 월간 순방문자, 구글 순위, 내 워크숍의 순추천고객지수NPS, Net Promoter Score, 내 콘퍼런스 세션 평가 점수, 뉴스레터 구독자 수, 해피멜리 관련자 수, 매니지먼트 3.0 인증 퍼실리테이터 수, 매출과 수익, 유동성과 지급능력, 월간 책 판매량, 매일 걸음 수, 그 밖에도 엄청 많다. 어떨 때 보면 내가 마치 시간의 절반을 숫자를 살펴보고 더 좋은 측정 방법을 찾는 데 쓰는 것처럼 보이기도 한다. 아마도 관리하는 지표 개수에 대한 측정값을 고민해보고 너무 많은 것은 아닌지 반성해야 할 것 같다!

내 경력에서 측정에 대해 한 가지 배운 점이 있다면 사용하는 지표는 항상 바뀐다는 점이다. 좋은 측정이 무엇인지 수시로 내 마음이 바뀌어서가 아니다. 나는 같은 일만 반복하지 않을 때 더 행복하고 건강한 비즈니스가 될 수 있다고 믿기 때문이다.

건강과 행복

인간의 삶에서 행복이 중요한 목표 중 하나라는 점에는 과학자들도 대체로 동의하는 듯 하다.[1] 옳은 말이다. 그리고 나는 행복이 마음을 위한 것이라면 건강은 신체를 위한 것이라고 말하고 싶다. 무슨 문제가 있는지 살펴보고 어떻게 하면 개선할 수 있을지 판단하려면 행복과 건강을 나타내는 지표가 필요하다. 측정을 하는 이유는 정신적으로 그리고 신체적으로 보다 나은 삶을 살아가는 방법을 알아내기 위해서다. 조직도 마찬가지다. 우리는 관리자로서 "파란 알약을 먹을까, 빨간 알약을 먹을까, 아니면 M이라고 쓰여진 알록달록한 놈을 먹을까?"를 알고 싶다. 그런 판단을 하려면 통찰력이 있어야 한다. 그리고 통찰력을 발휘하려면 측정이 필요하다.

> 측정을 하는 이유는 정신적으로든 신체적으로든
> 보다 나은 삶을 살아가는 방법을 알아내기 위해서다.
> 조직도 마찬가지다.

"하지만 측정은 어렵고, 숫자는 따분하고, 결과는 우울하고, 소는 병들고, 말은 죽어가고...." 흥, 전부 어설픈 변명이다! 대부분은 측정을 잘 하는 방법을 모른다. 엉덩이에 온도계를 꽂은 채 마라톤을 뛰게 해놓고서 조직이 왜 그렇게 느리게 (그리고 꼴사납게) 뛰는지 의아하게 여긴다. 그렇다면 측정은 거의 하지 않고 무턱대고 뛰는 쪽이 대개는 훨씬 빠른 것이 당연하다. 나무에 부딪히기 전까지는 말이다. 부디 온도계를 입에 물고 있던 상황이 아니었기를 바란다.

측정은 쉽고 재미있고 동기를 부여할 수 있으며 모든 조직에서 가장 중요한 활동 중 하나다. 측정할 수 있어야 관리할 수 있고 관리할 수 있어야 완료할 수 있다. 진부한 표현이지만 맞는 말이다! 내게는 전업 작가가 되려는 목적이 있기 때문에, 책 한 권에 단어가 몇 개 들어있는지, 일주일 동안 블로그에 글을 몇 개나 쓰는지, 한달 동안 글을 몇 챕터나 쓰는지 측정한다. 우리 회사인 해피멜리는 행복하고 건강한 회사들의 스토리를 모은다. 해피멜리의 목적은 사람들이 더 좋은 곳에서 일할 수 있도록 돕는 것이기 때문이다. 구글에는 모든 직원이 투명하게 자신의 목표를 정의하고 추적할 수 있는 제도가 있다.[2] 조직이 엉뚱한 곳으로 가게 되는 이유는 대부분 올바르게 측정하지 않아서 어디로 가고 있는지 모르기 때문이다.[3]

사실 조직을 신체에 비유하는 것은 그다지 좋은 생각이 아니다. 매력적인 사람 근처에 있을 때를 제외하면, 각 신체 부위는 대개 스스로 계획을 세우고 결정하지 않는다. 인체는 살아있는 시스템이라고 부르고 조직은 목적이 있는 시스템이라고 부른다.[4] 조직은 도시에 비유하는 편이 더 낫다. 도시는 사람들로 이뤄진 공동체이고 그 중 많은 이에게는 자신만의 야망이 있다. 도시 전체는 소수의 사람이 나머지 사람을 대신해서 관리하며 대개는 그 관리자가 도시에 고유의 목적을 부여한다. 도시를 정의하는 지리 경계를 조직에서는 경제 및 법적 경계가 대신한다는 점을 제외하면, 도시와 조직은 기본적으로 같다. 그러나 우리가 이야기하는 것이 인간이든 도시든 조직이든 상관 없이 거기에는 한 가지 공통점이 있다. 측정을 하는 이유는 어떻게 하면 목적을 달성할 수 있는지 결정을 내리기 위해서라는 점이다.

- **규칙 1: 목적을 갖고 측정한다**

대용물과 미지의 영역

건강을 나타내는 단 하나의 숫자는 존재하지 않는다. 마찬가지로 행복이나 다른 대부분의 품질을 가리키는 단 하나의 값도 없다. 흔히 이렇게 말한다. "의미 있다고 해서 모두 헤아릴 수 있는 것은 아니다." 할 수 있는 최선의 방법은 대개 실제의 것을 대신하는 대용물proxy을 활용하는 것이다. 결과적으로 우리의 측정은 불완전하다. 전화 통화를 몇 번이나 했는지를 추적해서 얼마나 사랑하는지를 측정하지는 않는다.[5] 그럼에도 불구하고, 사랑하는 사람에게서 전화가 전혀 오지 않으면 거기에는 적어도 뭔가 의미가 있을 수도 있다. 전화 통화가 별로 없는 것과 애정이 식은 것을 헷갈려서 성급하게 판단하지 않는 한, 여전히 유용한 정보다. (진짜 바로 2분 전에 전화가 걸려왔다! 내 행복이 조금 더 커졌다.)

불완전한 정보로 바로 결론을 내리는 것, 그리고 측정할 수 있는 것과 원하는 것 사이에 간극이 존재한다는 사실을 이해하지 못하는 것이 인간이 지닌 가장 큰 문제 중 하나다. 예를 들어, 수십 년 동안 각국 정부는 경제가 얼마나 건강한지 가리키는 지표로 국민총생산(GNP)을 사용해왔지만, 이 유명한 지표는 천연 자원의 가치를 무시한다. 오직 벌어들인 금액만을 나타낸다. 이 지표는 식물, 동물, 또는 사람에게 아무런 가치도 부여하지 않는다! 어떤 나라에 자연 재해가 발생해서 많은 생물이 희생되거나 심지어 멸종돼도, 노동력 및 원자재의 매출 증가로 인해 대개 그 나라의 GNP가 올라간다. 그러나 재해가 일어나서 경제가 더 건강해졌다고 믿는 것은 어리석은 일이다.

사람의 행복처럼 경제가 실제로 얼마나 건강한지는 측정할 수 없다. 그러나 측정이 전혀 무의미하다는 뜻은 아니다. 오히려 많은 것을 측정할 수 있다![6] 여러 가지 불완전한 지표를 사용하면 적어도 우리의 무지를 줄일 수 있다.

> 인간이 자신의 건강과 성과를 평가하는데 다양한 측정값이 필요한 것처럼, 조직도 자신의 건강과 성과를 평가하는데 다양한 측정값이 필요하다.
>
> 피터 F. 드러커Peter F. Drucker & 조셉 A. 마시아리엘로Joseph A. Maciariello, 『매니지먼트(Management)』[7]

예를 들어, 국민 전체의 행복을 측정할 수 있다고 주장하면서 서로 경쟁하는 많은 지표가 있다.[8] 이런 측정값에는 전부 저마다의 복잡한 방법, 변수, 공식이 있다. 전부 불완전하지만 나란히 펼쳐놓고 보면 사회 전반의 행복에 대해 가능한 한 최선의 그림을 그려볼 수 있다. 조직도 다르지 않다. 구글이 직원들에게 여러 개의 핵심 결과를 사용해 자기 목표의 진행 상황을 측정하도록 하는 것도 같은 이유다.[9]

여러분이 할 일은 정말로 알고 싶은 것에 가능한 한 가장 가깝게 다가갈 수 있는 대용물(의 조합)을 찾는 것이다. 측정이 미지의 영역을 무시하거나 다른 누군가에게 잘못된 자신감을 심어주는 결과로 이어져서는 안된다. 불완전한 지표에 무의식적으로 의존하는 것은 일부러 측정하지 않고 진행하는 것보다 훨씬 더 위험할 수 있다!

우리에게 필요한 가장 중요한 정보는 알려지지 않은 정보 또는 알 수 없는 정보지만,[10] 그것이 전혀 측정하지 않으려는 변명이 될 수는 없다.[11] 우리에게는 성급한 결론을 자제하고 미지의 영역의 경계선을 계속 뒤로 밀어내어 알고 있는 영역을 넓힐 책임이 있다.

- **규칙 2: 미지의 영역을 줄인다**

빅데이터와 작은 전진

우리는 정보가 너무 적어서가 아니라 너무 많아서 문제가 되는 시대를 살아가고 있다. 많은 비즈니스에서 고용한 직원 수, 교육 프로그램 실행 수, 문의 전화 횟수, 수리한 기기 수, 점검 횟수, 감사 횟수, 처리한 청구서 수, 영업 전화 횟수, 임상 시험 횟수, 특허 출원 수 등의 데이터를 갖고 있다.[12] **빅데이터**big data가 요즘 엄청나게 유행이다.[13] 이 모든 데이터가 사람들을 기분 좋게 만들어 줄 수 있다. 많은 일이 이뤄지고 있음을 분명히 보여주기 때문이다. "우리 바쁜 것 좀 봐!" 그리고 최소한 숫자 몇 개는 항상 올라가는 중이다.

그러나 모든 지표가 평등하게 창조된 것은 아니다. 축구팀을 보면, 볼 점유율, 코너킥, 전체 반칙, 유효 패스, 패스 실책, 최고 연봉 등을 알려주는 통계 전부가 멋져 보이고 흥미롭지만, 정말로 중요한 것은 팀이 승리했느냐다![14] 명확한 목표가 없는 모든 조직은 "빠르게 진행되고 있습니다!"라고 말해주는 숫자만 보고하고 싶은 유혹에 빠지기 쉽다. 그런 숫자는 비즈니스가 잘 되는 것처럼 보여주기 때문에 **허상 지표**vanity metrics라고 부른다.[15]

내가 이쪽으로는 전문이다! 내 블로그 글의 조회수를 자랑스럽게 생각해왔는데, 알고 보니 책을 쓰겠다는 내 목표와는 전혀 무관한 지표였다. 워크숍 평가 점수가 높으면 기분이 좋고 우쭐해졌지만, 내 진짜 목표는 다른 강사들이 내가 만든 과정을 성공적으로 퍼실리테이션 할 수 있도록 하는 것이었다. 행복하고 건강한 조직이 되려면 바쁘고 그럴싸해 보이는 것보다 좀 더 많은 것이 필요하다. 여러분에게 필요한 것은 목적이나 목표를 향해 전진한다는 느낌이다. 여러분이 원하는 것은 측정을 통해 학습과 개선을 이루는 것이다.

- **규칙 3: 개선을 추구한다**

모든 것이 모든 것에 의해 결정된다

작가의 성과는 비교적 측정하기 쉽다. 이 책에 있는 모든 실수는 내 실수다. 그러나 TV 프로그램 제작에 참여하는 사람들의 성과는 어떻게 측정해야 할까? 아니면 소프트웨어 제품은? 소셜 미디어 마케팅 캠페인은? 수십 년 동안, 업무 프로세스의 상호의존성은 높아져왔다. 점점 더 많은 사람이 팀, 그룹, 네트워크에서 함께 일하고 있고, 참여자의 다양성이 늘어나면서 결과의 어떤 부분에 누가 얼마나 기여했는지 측정하기가 점점 더 어려워지고 있다. 모든 것이 다른 모든 것에 의해 결정된다면 네트워크에서 각 부분의 성과를 측정하기란 불가능한 일이다. 병원에 등급을 매긴다면 그 등급은 병원 경영진을 측정한 값이어야 할까, 의사와 간호사를 측정한 값이어야 할까, 환자를 측정한 값이어야 할까, 아니면 그 지역의 평균 보건 수준을 측정한 값이어야 할까? 학교 시험에서 측정한 성과는 학생에 대한 것일까, 학교에 대한 것일까, 평가 기관에 대한 것일까, 아니면 세 가지 모두에 대한 것일까?[16]

이러한 복잡성을 다루는 유일한 방법은, 부분의 성과를 평가하고 싶다면 의존성을 고려해야 한다는 사실을 인정하는 길뿐이다. 한 개인의 노력과 결과를 평가하고 싶다면 그 사람의 목적뿐만 아니라 모든 이해관계자의 요구도 평가해야 한다는 뜻이다. 워크숍 강사가 자신이 얼마나 발전했는지 알고 싶다면 이루고자 하는 바가 무엇인지를 기준으로 측정하는 것이 맞다. 그러나 워크숍 참여자, 동료, 교육 기관, 교재 작성자, 교육장 소유자, 정부, 강사 길드, 심지어 배우자의 요구 또한 이해해야 한다. 강사가 자신이 이루고자 하는 바에 이러한 것들이 전부 영향을 미치기 때문이다.

> 전체를 최적화 할 수 있는
> **지름길은 없으며**
> 실제로도 최적화된 복잡계는
> 결코 존재하지 않을 것이다.

어떤 전문가는 진정으로 중요한 단 하나의 목적은 고객을 행복하게 하는 것이며 모든 이해관계자를 고려해서 최적의 성과를 만들어내기란 수학적으로 불가능하다고 주장한다.[18] 마지막 부분에는 동의한다. 그것이 복잡성 과학이 주는 메시지 중 하나다! 복잡한 환경에서 시스템의 전반적인 최적 조건을 계산할 수 있는 방법은 없다. 사실, 그 최적 조건이 무엇인지도 결코 알 수 없을 것이다! 모든 복잡적응계는 눈에 보이지 않는 적합도 지형 fitness landscape 에서 **적응적 탐사** adaptive walk 를 지속 반복함으로써 가능한 한 최고의 성과를 내려고 한다.[19] 그 길은 절대로 일직선이 아니다. 전체를 최적화 할 수 있는 지름길은 없으며 실제로도 최적화된 복잡계는 결코 존재하지 않을 것이다. 그것이 두뇌가 움직이는 방식이다. 또한 자연이 움직이는 방식이기도 하다. 경제도 그렇게 움직인다. 인터넷 역시 마찬가지다.

한 클라이언트(고객, 주주, 직원 등)에게 좋은 것이 당연히 다른 모든 클라이언트에게도 좋을 것이라는 가정으로 조건을 최적화하는 것은 순진한 일이다. 모든 클라이언트를 고려한 최적화는 "너무 어렵다"는 주장을 핑계 삼아서는 안된다. 가족을 한 번 먹여 살려 봐라!

- 규칙 4: 모든 이해관계자를 행복하게 한다

> 시스템의 성과는 각 부분의 상호작용이 만들어낸다.
>
> 러셀 L. 애코프 Russell L. Ackoff, 『Re-Creating the Corporation』[17]

주관성과 재귀성

예전에 어떤 회사에서 워크숍을 진행했던 적이 있었는데, 그 회사 직원들과 해피니스 인덱스happiness index에 대한 이야기를 나눴다. 그들은 경영진이 3개월마다 조직의 행복을 측정한다고 말했다. 모든 사람이 의무적으로 온라인 양식에 답변해야 했다. 상당한 양의 작업을 마친 후 경영진은 회사의 행복이 3.8에서 3.5로 떨어졌음을 발표했다. 나는 직원들에게 "이 측정을 어떻게 생각하나요?"라고 물었다. 방 뒷편에 있던 누군가가 "정말 싫어요!"라고 말했고 몇몇 사람들이 고개를 끄덕였다. 경영진이 조직의 행복을 측정하는 방법이 사람들의 행복을 망가뜨리고 있음이 분명했다. 이 지표가 행복하게 만든 사람은 관리자뿐이었던 것 같다!

측정은 연구나 과학과 결부시킬 수 있는 점이 매혹적이다. 관찰은 과학적 방법에서 극히 중요한 부분이고, 린 스타트업, 칸반, 스크럼 등 비즈니스 개선 방법에서 측정을 상당히 중요시하는 것이 우연의 일치는 아니다. 많은 사람이 측정을 분석, 객관성, 이해를 수반하는 본질적으로 중립적인 활동으로 간주한다.[20] 불행하게도 이러한 높은 이상을 사회적 맥락에서는 거의 이룰 수 없다.

생산성을 측정하면 사람들은 업무에 더 집중하게 되고 그로 인해 생산성이 높아지게 된다. 이 현상을 흔히 **호손 효과**Hawthorne Effect라고 부른다. 해피니스 인덱스를 도입하면 팀이 갖는 경영진에 대한 느낌이 좋아질 (또는 나빠질) 수 있으며 그것이 팀의 행복에 영향을 미친다. 프로젝트 규모를 추정하려고 하면 사람들이 더 많은 요구사항을 추가하게 돼 추정값이 커진다. 생산라인 끝에서 품질 테스트를 하면 안이한 마음이 자라나고 결과적으로 위험한 행동이 생겨서 품질이 낮아질 수 있다.

> 측정 행위는 객관적일 수도 중립적일 수도 없다. 이는 주관적이며 필연적으로 편향적이다. 측정은 측정 대상뿐 아니라 측정자도 변화시킨다. 사회적 맥락에서는 측정 대상이 측정을 위해 선택되고 주목받는다는 사실 때문에 가치를 얻게 된다.

피터 F. 드러커Peter F. Drucker, 『매니지먼트(Management)』[21]

이것을 **위험 보정**risk compensation이라고 한다. 도서 판매가 늘어나고 있다는 뉴스 기사는 도서 판매량을 더욱 증가시킬 것이다. 그리고 **깨진 유리창 이론** broken windows theory에 따르면, 많은 동료가 사무용품을 훔쳐가고 있다는 발표는 아직 남아있는 사무용품을 지키는데 가장 안전한 방법이 아닐 지도 모른다. 더 많은 도난으로 이어질 수 있기 때문이다. 이 모든 사례에서 관찰자는 시스템에 영향을 미치고 시스템은 관찰자에게 영향을 미친다. 복잡성 과학에서는 이것을 **재귀성**reflexivity이라고 부른다. **관찰자 효과**observer effect에 대항하는 유이한 무기는 상식 그리고 사회적 환경이라면 모든 "과학적 방법"에 비판적인 마음을 갖는 것이다.

- **규칙 5: 모든 숫자를 의심한다**

목표에 의한 관리

나는 이 책을 쓰면서 한 달에 두 챕터를 쓰겠다는 달성 목표를 세웠다. 매번 성공하지는 못했지만, 스스로 진도를 강제하지 않으면 절대로 목적을 달성하지 못할 것임을 알고 있었다. 내게는 수면(최소 7시간), 일일 섭취 열량(2,500 kcal 이하), 주당 블로그 작성(최소 3건) 목표도 있다. 우리는 이루고자 하는 목표를 향해 순조롭게 나아갈 수 있도록 스스로를 측정하고 스스로에게 목표를 부여한다.

피터 드러커는 정확히 다음과 같은 목적을 위해 **목표에 의한 관리**MBO, management by objectives 방법을 제안했다. 관리자가 조직의 목적을 정의하고, 업무 달성 목표를 설정하고, 목표에 대한 진행 상황을 측정할 수 있도록 돕는 것이다. 달성 목표를 갖고 다른 누군가를 괴롭히지 않는 한 거기에는 아무런 문제도 없다. 지속적으로 자신의 약속을 지키지 못하고 목표를 이루는 데 실패하는 관리자라면 다른 이에게 기회를 줘야 한다고 드러커는 분명히 말했다.[22] 나도 동의한다. 만약 나 역시 다른 사람에게 자신의 조직을 개선하도록 영감을 불어넣는 데 계속 실패한다면 다른 직업을 찾아야 한다. (아니면 최소한 다른 책을 써야 한다.)

슬픈 일이지만, MBO를 잘못 이해하고 엉뚱하게 실행하는 경우가 많다. 관리자는 잘못된 소통을 통해 정해진 목표를 달성하려고, 타인이 달성할 목표를 세우고 부정확한 측정을 근거로 타인을 해고한다.[23] 예를 들어, 콜센터 직원이 고객의 문제 해결에 도움을 주지 못해서가 아니라 통화 시간이 길다고 압박을 받는 일도 있다.[24] 관리자는 올바른 지표(행복한 고객)보다 잘못된 지표(통화 시간)를 더 쉽게 얻을 수 있으며, 수치화하기 가장 쉬운 것을 측정하고 싶은 유혹 때문에 이런 일이 종종 일어나는 것이다. 달성 목표를

> 달성 목표를 갖고
> 다른 누군가를 괴롭히지 않는 한
> 거기에는 아무런 문제도 없다.

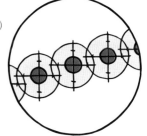

엉망으로 만들면 직원들은 중요한 일(고객을 돕기)을 하는 대신에 셀 수 있는 일(통화 시간 줄이기)을 한다. 이런 비뚤어진 방식의 MBO는 동기를 감소시키고 조직을 파괴하는 결과로 이어지는데, 이는 드러커의 의도와는 정반대되는 것이다.[25]

달성 목표는 위험하다. 달성 목표를 완벽하게 설정할 수 있는 방법은 없다. 타인의 목표를 대신 정해주면, 그들은 금세 원래 목적이 아니라 달성 목표를 달성할 방법을 찾을 것이다. "측정값 자체가 목표가 되면 더 이상 좋은 측정이 아니다."라는 법칙이 **굿하트의 법칙**Goodhart's law이다. 최선의 방법은 달성 목표를 애매하게 유지하고 자신이 소유하는 것이다. 특정 지점이 아니라 모호한 달성 목표, 범위, 또는 방향을 활용한다.[26] 구글은 직원에게 여러 개의 어려운 달성 목표를 직접 정하게끔 하고, 그 목표를 전부 이룰필요는 없다고 강조함으로써 이 문제를 해결했다. 그렇게 하면 달성 목표가 하나의 고정점이 아니라 그저 범위와 방향이 되는 효과를 얻는다.[27]

나는 이 책을 정확히 10만 부 판매하는 것을 목표로 삼는 대신에, 모호한 여섯 자리 숫자를 목표로 정했다. 내게 충분히 좋은 또 다른 목표는 잠을 더 잘 자고, 더 많은 열량을 소비하고, 글을 더 많이 쓰는 것이다. 이 목표를 전부 달성하기란 너무 어려운 일이라는 것을 알기에, 나는 이런 달성 목표를 여러분에게 강요하는 실수를 저지르지 않을 것이다.

- **규칙 6: 달성 목표를 엄밀하지 않게 설정한다**

판단과 통제

미국 경영서를 보면 관리자를 스포츠 코치와 비교하고 창의 노동자를 운동 선수와 비교하는 경우가 많은데 참 유감스러운 일이다. 이런 분야에서 결과를 측정하는 방법을 보면 이 비유는 그야말로 이치에 맞지 않는다. 프로 스포츠의 목적은 승자와 패자를 결정하기 위해 몇 경기나 승리했는지, 몇 점을 땄는지, 얼마만큼의 무게를 들어올렸는지, 몇 미터를 달렸는지, 몇 초 안에 들어왔는지를 (컴퓨터, 심판, 심사 위원, 판정단 등이) 측정한다. 전부 오직 한쪽만이 승리할 수 있는 **제로섬 게임**zero-sum games이다! 많은 조직이 NBA, NFL, FIFA의 데이터 분석 능력에서 영감을 얻어 관리자 또한 팀 성과를 정량화하는 더 좋은 방법을 찾으려 한다.[28] 하지만 제때 완료한 프로젝트, 작성한 코드 라인 수, 성공적으로 통과한 테스트, 신규 고객 수를 기준으로 창의 노동자를 판단하는 것은 조직에 절대로 불필요한 일이다. 창의 노동자는 **비 제로섬**non-zero-sum 게임을 한다. 모두가 승리할 수 있다!

도요타 같은 전문적인 조직은 측정값을 관리자가 구성원의 성과를 판단하는 데 활용하지 않는다. 지표를 관리 목적으로 강요하고 통제하는 것이 아니라 스스로를 개선하는 데 활용할 수 있다.[29] 구글에서도 마찬가지다. 모든 구성원은 자기의 목표와 핵심 결과를 오직 자신만이 정할 수 있다.[30] 진정으로 변화를 바라는 조직이라면 반드시 측정과 판단은 가능한 한 멀리 떨어뜨려야 한다.[31] 지표를 통제 도구로 오용하는 한, 측정은 힘 겨루기, 공포, 정치를 낳을 것이다. 팀을 측정하는 "최고"의 성과 지표를 찾는 관리자를 만나면, 나는 "다른 이의 성과를 측정하려고 하기 전에 자신의 성과는 어떻게 측정하는지 설명해 주세요."라고 말한다.

> 다른 이의 성과를 측정하려고 하기 전에 자신의 성과는 어떻게 측정하는지 설명해 달라고 요청한다.

사람에 대한 판단은 측정을 완벽하게 잘못 활용하는 방법이다. 지표와 달성 목표의 결과로 조직에는 나쁜 행동이 나타난다. 이러한 행동은 지표가 제시하는 목적을 방해한다.[32] 이 현상을 캠벨의 법칙Campbell's law이라고 부른다. "사회적 의사 결정에 정량 사회 지표를 많이 사용할수록, 부패의 압력에 더 많이 노출되고 살펴보려고 했던 사회적 과정을 더욱 왜곡하고 타락시킬 가능성이 높아진다."[33]

모든 지표의 소유권은 그 지표를 사용하는 사람에게 있어야 하며, 오직 스스로를 판단하는 데에만 사용해야 한다는 것을 쉽게 알 수 있다.[34] 창의 노동자가 측정을 긍정적인 것, 자기가 통제할 수 있는 영역에서 자신의 업무와 성과를 개선할 수 있게 해주는 것으로 보는 것이 극히 중요하다. 관리자에게도 다르지 않다. 관리자의 목표는 관리자 자신의 것이다. 관리자가 자신의 통제 범위 전반에서 측정한 성과가 관리자 자신의 성과다. 무언가에 책임을 지는 모든 사람에게는 자신의 업무를 개선할 지표가 필요하다. 책임의 범위는 관리자와 구성원이 다를 수도 있지만 결론은 같다. 우리 모두는 스스로를 측정한다.[35]

- 규칙 7: 지표의 주인이 된다

보상과 불이익

내 로봇 인생은 짧고 우울했다. 12살 무렵이었는데, 프랑스에 있는 캠핑장 텐트 안에서 가족과 휴가를 즐기고 있었다. 캠프 주최측은 직접 만든 의상을 입고 캠프장 가운데 있는 건물로 오라고 모든 어린이를 초대했다. 나는 한두 시간 동안 우리 텐트와 엄마의 부엌 용품을 약탈해서, 회색 쓰레기 봉투를 머리에 뒤집어 쓰고, 와인 코르크를 잘라서 단추를 만들고 (프랑스에는 항상 쓸만한 것이 많다), 플라스틱 컵홀더로 귀를 덮고, 텐트 부품을 머리에 붙였다. 로보캅, 터미네이터, 스마트폰 운영체제가 아직 탄생하기도 전이었다. 나는 최고의 안드로이드였다. 형과 누나가 신나서 (별로 안 멋진) 자기 의상을 입고 기뻐하며 합세했고, 주최측에서 우승자를 뽑기 전까지는 모든 것이 훌륭했다. 우승자? 그렇다, 우승자는 내가 아니었다. 나는 크게 실망했다. 로봇 의상을 순식간에 내팽개치고 루빅스 큐브를 하러 돌아갔다.

나는 이 문제를 내 책과 블로그에서 여러 차례 다루었고 여기에서 한 번 더 다뤄보려 한다. 인센티브는 문제를 일으킨다. 승리한 사람에게는 보상이 잠시 동기를 부여할지도 모르지만, 승리하지 못한 사람의 동기를 심각하게 떨어뜨린다. 최종 결과는 긍정적이기보다 부정적인 경우가 많다. 여러분이 한 명을 "이 달의 직원"으로 뽑을 때마다 수십, 수백, 수천 명의 동료를 "이 달의 패배자"로 바꿔 놓는다. 창의 업무 환경이 올림픽 경기가 돼서는 안 된다.

보상이 위험한 까닭은 거기에 효과가 있기 때문이다! 보상은 그것을 얻은 사람에게 동기를 부여한다.[36] 그러나 보상 받는 이유(및 측정 가능한 것)와 (실제로는 측정이 불가능한) 조직의 목적은 결코 정확히 일치하지 않는다. 구글은 사람들의 목표와 핵심 결과를 승진 조건으로 활용하지 않는다.[37] 당연한

> 만약 부모님이나 선생님 또는 관리자가 여러분이 무엇을 해야 하는지 판단하는 자리에 있고 그 판단이 여러분에게 좋은 일이 일어날지 나쁜 일이 일어날지를 결정한다면 그 사람과의 관계는 왜곡될 수밖에 없다. 학습이나 성장을 위해 협력하지 않을 것이고 좋은 것을 얻으려면 무슨 일을 해야 하는지 그 사람에게 확인 받으려 할 것이다.

알피 콘Alfie Kohn, 『Punished by Rewards』[38]

것이, 구성원들이 달성 목표 및 결과가 가장 중요하다고 느낀다면, 원래 목표가 보이지 않게 되고 그들은 각각의 결정을 할 때마다 회사에 정말로 필요한 수준보다 조금씩 더 나쁜 결정을 내릴 것이다.[39] 이것을 의도하지 않은 결과의 법칙law of unintended consequences 또는 '어이쿠! 내 보너스가 회사를 망쳐버렸네' 법칙이라고 부른다.

• **규칙 8: 지표를 보상과 연결하지 않는다**

시스템과 게임을

지표, 달성 목표, 인센티브가 있는 **성과별 지급** pay-for-performance 환경은 게임을 좋아하는 사람들이 일하기에 완벽한 곳이다. 특정한 결과를 달성하는 구성원에게 보상하는 제도는 명백히 사람들의 행동을 마음대로 조종하기 위함이다. 이것을 게이밍 gaming 이라고 부른다. 경영진이 규칙과 숫자를 이용해 구성원과 매니지먼트 게임을 플레이하는 것이다. 그러나 실제 게임은 관리자가 기대했던 것과는 다르다. 명백히 사람들의 행동을 조종하기 위해 설계된 제도는 관련된 모든 이에게 자신의 이익을 위해 그 시스템을 활용하라고 보내는 공개 초대장이다. 실제로는 구성원이 그 시스템을 갖고 어떻게 플레이를 할지 결정한 게임이 진행된다. 경영진이 성과별 지급 제도로 구성원을 조종하는 것이 괜찮다면, 구성원이 같은 시스템을 활용해서 경영진을 조종하는 것 또한 괜찮다. 게임 이론과 복잡성 이론으로 누가 그 게임에서 이길지 예측할 수 있다.[40]

"야근" 보상을 받기 위해 이메일이 밤 늦게 발송되도록 예약해 둔 사람 이야기를 들은 적이 있다. 점심 시간에 반복적으로 키보드 스페이스 바를 두드린 사람 이야기도 들어봤다. "키보드 타수"가 얼마나 많은지에 따라 보상을 받았기 때문이다. 한 번은 "출근 기록"을 하러 한 번은 "퇴근 기록"을 하러 하루에 두 번 출근하는 사람들 이야기도 들었다. 그렇게 하면 컴퓨터에 "8시간 근무"로 기록되기 때문이었다. 그런데 이렇게 하는 창의 노동자가

왜 생겨나는 것일까? 일일 목표 달성과 인센티브를 기대하고 "오늘은 어떻게 하면 시스템을 조작할 수 있을까?"를 생각하며 아침에 출근하는 사람이 몇 명이나 되겠는가? 기회가 주어진다고 해서 반드시 게임을 하는 것은 아니다. 그렇게 할 동기까지 있을 때 게임을 하는 것이다.[41] 나는 사람들이 목적 의식, 가치, 일치성, 공동체 의식이 없을 때만 이런 식으로 행동하도록 동기부여 된다고 확신한다.

공동의 가치와 투명성이 시스템과 게임하고자 하는 욕구를 줄여줄 수 있다. 모든 이가 서로의 일치성과 선한 의도를 알아차려야 한다. 모든 숫자, 모든 규칙, 모든 지표, 모든 목적을 알 권리가 모두에게 있다는 뜻이다. 구글에서는 직원이 자신의 목표와 핵심 결과를 직원 디렉토리에 추가하고, 최고 경영자의 것을 포함해서 모두가 서로의 결과를 볼 수 있다.[42] 구글은 전 세계의 정보를 체계화하여 모든 사용자가 편리하게 이용할 수 있도록 한다는 원대한 목적이 있기 때문에 앞뒤가 맞는다.

지표, 달성 목표, 인센티브로 지저분한 게임을 하는 대신에 모두가 내재적 동기부여를 목표로 삼아야 하며, 사람들은 투명한 가치와 측정값으로 올바르게 플레이하면서도 자신의 업무를 개선할 수 있도록 스스로를 평가하는 데 필요한 충분한 정보를 갖게 될 것이다.

- **규칙 9: 가치와 투명성을 촉진한다**

비인간화

내가 숫자를 좋아하는 것은 사실이지만, 가끔씩 숫자에는 음 ... 생명이 느껴지지 않는다. 많은 관리자가 수치 형태의 정보를 얻게 되는데 거기에는 아무런 감정도 실려 있지 않다. 숫자는 누군가의 힘겨운 업무를 한낱 통계로 바꿔버리고, 피와 땀과 눈물이 스프레드시트가 돼버리며, 개인의 열정과 비극이 평범한 그래프와 표가 된다. 지표를 사용해 버튼 하나만 눌러서 피벗 테이블과 차트 마법사의 도움을 받아 기쁨과 고통을 사각형과 숫자로 바꿀 수도 있다. 일의 본질은 측정값과 함께 사라진다. 실제로 무슨 일이 일어나고 있는지 알아보는 대신에 그 수치에서 무슨 일이 일어나고 있는지를 살펴본다.

건강한 조직이라면 "사람 관리", "현장 관리", "시각적 관리"를 관리에 포함하는 것이 필수적이다. 업무 공간에 일일 회의, 차트, 그래프, 보드, 색상으로 구별해 놓은 정보 공간을 따로 마련해 둘 수 있다. 인프라가 뒷받침되고 사람들이 같은 공간에서 일한다면, 정보를 사람 그리고 그들의 업무와 가능한 한 가깝게 배치한다.[43] 지표를 통해 조직을 개선하는 것은 좋은 일이고 중요한 일이기도 하지만, 문자 그대로 데이터 이면에서 무슨 일이 일어나고 있는지 볼 수 있을 때 측정이 훨씬 큰 도움이 된다.

그리고 아예 숫자가 필요 없는 경우도 많다. 스케치, 낙서, 색깔이 숫자보다 더 많은 의미를 전해줄 수 있다. 자석으로 만든 사람 얼굴이 포스트잇에 쓴 이름보다 시각적으로 더 큰 영향을 준다. 정확히 이런 이유 때문에 인터넷 상에서 디자인이 잘 된 인포그래픽이 지루한 표와 그래프를 대신해서 큰 인기를 끌게 된 것이다. 여러분은 혹시 예쁜 삽화가 많이 들어있는 경영서가 왜 더 인기있는지 궁금했던 적이 있는가?

• 규칙 10: 시각화하고 인간화한다

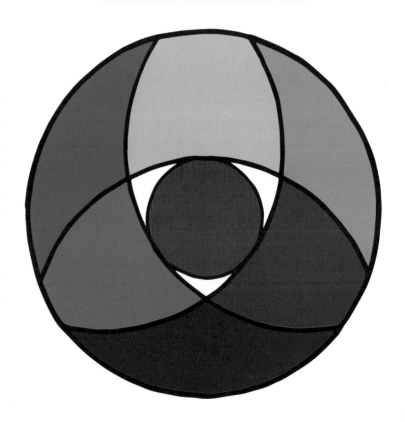

문자 그대로, 데이터 이면에서
무슨 일이 일어나고 있는지 볼 수 있을 때
측정이 훨씬 큰 도움이 된다.

충분히 자주, 충분히 일찍

심장 검진은 얼마나 자주 해야 할까? 비행기를 타기 전에 시계를 얼마나 자주 확인해야 할까? 자동차 타이어 점검은 얼마나 자주 받아야 할까? 여러분의 배우자가 아직 행복한지 얼마나 자주 알아봐야 할까? 이런 질문에 좋은 대답은 딱 하나뿐이다. "문제가 너무 크고 위험해지지 않을 정도로 충분히 자주한다. 아마 지금보다는 더 자주 해야 할 걸?" 문제의 증상이 튀어나올 때까지 측정을 미루지 말자. 정기적으로 점검하지 않으면 진단과 개입이 너무 늦어버릴 수도 있다.

전 세계 애자일 및 린 커뮤니티는 더 자주 측정하는 것이 옳다는 사실을 깨달았다. 고객의 요구를 프로젝트 시작 때 한 번만이 아니라 매주 논의한다. 프로젝트 진행 상황을 한 달에 한 번이 아니라 매일 알린다. 제품 품질 테스트를 매년 같은 분기에만 수행하는 것이 아니라 지속적으로 한다. 그리고 물론 직원의 행복은 3개월마다 한 번씩 측정하는 것이 아니라 항상 살펴봐야 한다.

잘 측정한다는 것은 대개 지금보다 더 자주 측정한다는 뜻이다. 후행 지표보다 선행 지표를 찾으라는 뜻이기도 하다. 훌륭한 요리사라면 당연히 매 초마다 음식 맛(선행 지표)을 볼 필요는 없지만, 손님에게 결과를 내놓고 피드백(후행 지표)을 받기 전에는 반드시 미리 맛을 봐야 한다![44]

내 경험으로 볼 때 그렇게 하려면 스스로에게 알람을 설정해두어야 한다. 그렇지 않으면 측정을 잊어버리기 때문이다. 체크리스트, 경고, 알림이 없다면 급하고 중요하지 않은 일만 하게 될 것이다. 그것이 바로 내가 해피 멜리 작업 현황판에 전체 및 평균 문제 해결 시간, 매니지먼트 3.0 브랜드의

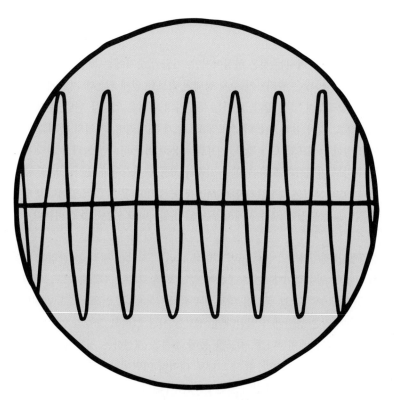

월간 공식 워크숍 횟수, 소설에서 읽었던 유용한 인용문 등을 확인하라고 알려주는 반복 작업을 설정해 놓은 이유다. 매달 현금 흐름, 수익, 채무자, 채권자를 확인하고, 도서 판매량과 블로그 통계도 마찬가지다. 책을 쓰다가 각 챕터를 완료하고 나면 단어 수를 세어보고, 자가용으로 출장을 갈 때마다 주행 거리를 기록해 놓는다. 아, 그리고 쿠도 카드나 감사장을 받을만한 사람이 있는지 확인하는 알림도 매일 받을 수 있도록 해놓았다.

- **규칙 11: 일찍 그리고 자주 측정한다**

정체와 안주

지금까지 지표에 대한 11가지 도전과 규칙을 다루었는데, 내가 11이라는 숫자를 좋아하지 않아서 마음이 좀 불편하다. 그래서 12번째 규칙도 만들어야겠다는 목표를 세웠다. 11은 모자라고 12가 좋다. 아마도 내 안에 남아 있는 종교적인 일면이 아닐까 싶다. 다행히도 우리에게는 아직 다루지 않은 또 다른 측정 문제가 남아있다. 아직 정체 문제를 다루지 않았다.

많은 관리자가 자기 조직에서 "최적의 지표"를 끊임 없이 찾는다. 측정이 업무의 일부임을 깨닫지 못하는 것 같다. 측정은 업무다. 환경은 항상 바뀌고 우리의 업무는 항상 환경과 함께 바뀐다는 점을 고려해보면, 왜 지표도 마찬가지라고 생각하지 않는 것일까? 비즈니스가 바뀌면 지표도 바뀌어야 한다. 지표를 진단 도구라고 생각하는 것이 좋다. 우리가 측정하는 이유는 증상을 분석하고 개선을 시도하는 전후로 그 대상을 이해하기 위해서다. 그 지표가 더 이상 도움이 되지 않을 때까지 여러 번 측정할 수 있다. 더 이상 도움이 안된다면 다른 것을 측정할 때가 된 것이다. 측정에 성배는 없다.

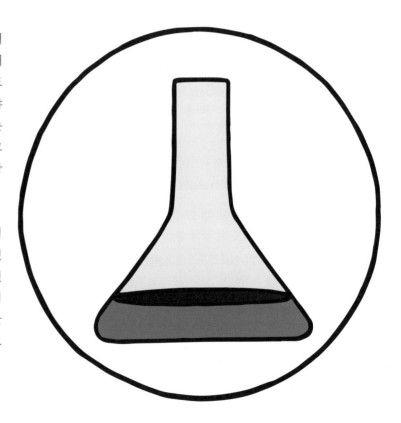

어느 누구도 주저하지 말고 새로운 측정값을 시도해보고 다른 지표를 실험해봐야 한다.[45] 사람, 팀, 조직은 자신이 하는 측정에 적응하고 익숙해질 것이다. 바로 그 때 정체와 쇠퇴가 슬금슬금 끼어들 기회를 잡는다. 그럴 때면 다른 무언가를 측정해보는 것이 좋다. 지표를 교체하면 다른 관점을 포함시키고 또 다른 미지의 영역을 드러내는 데 도움이 될 뿐만 아니라, 그릇된 안주에 빠져드는 것을 막아준다. 그리고 규칙적으로 바뀌는 자극은 행복하고 건강하게 지내는 것을 선호하는 모든 복잡적응계에게 좋은 일이다.

- **규칙 12: 다른 것을 측정해본다**

측정 규칙

앗싸, 해냈다! 좋은 측정의 12가지 규칙을 찾아냈다.
우리가 배운 것을 구체적인 관리 실천법으로 바꾸기 전에 그 규칙을 검토해보자.

규칙 1: 목적을 갖고 측정한다

왜 측정을 하고 있는지 반드시 항상 그 이유를 이해해야 한다. 지표 그 자체는 목표가 아니다. 지표는 단지 목적을 위한 수단임을 절대 잊지 말자. 모든 것이 '왜?'로부터 시작한다.

규칙 2: 미지의 영역을 줄인다

지표는 정말로 알고 싶은 것을 대신하는 값일 뿐이다. 성급하게 결론 내리지 말자. 항상 아직 모르는 미지의 영역을 줄이려고 노력하자.

규칙 3: 개선을 추구한다

좋아 보이도록 해주는 것만 측정하지 말자. 주위에 많은 데이터가 있지만 일을 더 잘할 수 있도록 해주는 것에 초점을 맞춰야 한다.

규칙 4: 모든 이해관계자를 행복하게 한다

여러분의 업무는 다른 사람들에게 달려 있고, 다른 사람의 업무는 여러분에게 달려 있다. 단 한 명의 이해관계자에게 최적화하지 말자. 그 대신에 다양한 관점으로 업무를 측정하자.

규칙 5: 모든 숫자를 의심한다

관찰자는 대개 자신의 지표에 영향을 미치고 지표는 온갖 종류의 편향에 시달린다. 보고된 숫자에 대해 건강하고 비판적인 태도를 갖자.

규칙 6: 달성 목표를 엄밀하지 않게 설정한다

사람들에게 달성 목표가 생기면 진짜 목적 대신에 달성 목표에 집중하는 경향을 갖는다. 달성 목표를 모호하게 유지함으로써 이러한 경향성을 피하자.

규칙 7: 지표의 주인이 된다

모두가 자신의 업무에 책임이 있고 지표는 그 업무를 개선하도록 돕는다. 따라서 모두가 자신의 지표에 책임이 가져야 한다.

규칙 8: 지표를 보상과 연결하지 않는다

보상은 내재적 동기를 없애고 조직 내 잘못된 행동으로 이어지는 경우가 많다. 사람들이 바람직한 행동을 하도록 하려면 인센티브를 사용하지 말자.

규칙 9: 가치와 투명성을 촉진한다

인간은 똑똑하기 때문에 어떤 시스템과도 게임을 할 수 있다. 게이밍을 예방하려면 모든 이가 활용하고 있는 가치, 의도, 지표를 투명하게 해야 한다.

규칙 10: 시각화하고 인간화한다

숫자는 모든 것을 비인간적으로 만들기 쉽다. 숫자를 색깔과 그림으로 대체하고 측정값을 실제 업무가 이뤄진 곳과 가까운 데에 둔다.

규칙 11: 일찍 그리고 자주 측정한다

사람들은 대부분 충분히 자주 측정하지 않는다. 감당하기에는 위험과 문제가 너무 커지기 전에 일찌감치 지체하지 말고 측정한다.

규칙 12: 다른 것을 측정해본다

같은 일을 계속 반복하는 것은 별로 좋은 생각이 아니다. 환경은 항상 바뀐다. 측정 방법과 측정 대상도 마찬가지여야 한다.

통합과 확대

이제 우리는 비즈니스 컨설턴트와 경영 전문가들이 수 세기까지는 아니어도 수십 년을 씨름해 온 거대한 문제 앞에 이르렀다. 이 모든 것을 어우러지게 하려면 어떻게 해야 할까? 여러분의 지표와 내 지표는 어떻게 연결시킬 수 있을까? 팀 지표는 어떻게 선택해야 할까? 그리고 여러 팀의 지표가 조직 전체를 위한 멋진 프레임워크로 잘 통합되려면 어떻게 해야 할까?

이 시점에서 조직이 도시나 공동체와 같은 복잡적응계라는 사실을 기억하는 것이 극히 중요하다. 각 부분마다 저마다의 목적, 정체성, 가치, 야망이 있고, 동시에 시스템 전체에 기여하며, 시스템 전체 또한 이웃 시스템과 마찬가지로 자신만의 목적과 정체성을 지니고 있다. 그리고 몇몇 다른 시스템과 함께 더 높은 수준에서 훨씬 더 큰 전체를 형성한다. 이런 관계가 끝도 없이 이어진다. 수평적으로도 수직적으로도 모든 것이 상호의존적이다.

지표를 확대하지 못하는 이유는 복잡성을 이해하지 못하기 때문이다. 지표를 통합하지 못하는 원인은 조직을 마치 기계처럼 다루기 때문이다. 단순히 모든 개별 부분을 교체하거나 개선하더라도 시스템 전체가 개선되지는 않는다. 반면에, 모든 사람에게 각 부분이 아니라 그냥 "전체를 개선하라"고 지시할 수도 없다. 수많은 각 수준마다 전체가 존재하기 때문이다. 결과적으로 "전체"가 정확히 무엇인지에 대해 아무도 동의하지 않을 것이다. 이것은 두 가지 서로 문제인데 하나씩 따로 명확히 해보려 한다.

그 유명한 **균형성과표**BSC, balanced scorecard를 흔히 사용하는 방법에서 첫 번째 문제(부분 최적화)의 사례를 발견했다.[46] 균형성과표의 좋은 점은 관리자가 다양한 관점에서 여러 가지 지표로 성과를 분석하도록 한다는 점이다.

나쁜 점은 균형성과표의 설명이 비행기 조종석에서 계기판을 보고 있는 조종사라는 비유에 의존한다는 점이다. 다시 말해, 관리자는 기계를 움직이고 있다.[47]

> 전체를 최적화 할 수 있도록 올바르게
> 지표를 조합하는 방법은 존재하지 않는다.
> 그러니 그런 시도는 하지 말자.

이 비유는 비행기의 모든 부품에 자신만의 의지가 있고, 조종사에게 어떤 정보를 피드백 할지 말지 통제하는 경우에만 옳은 비유다. 또한 비행기 부품이 비행 도중 언제라도 일을 그만 두고 다른 비행기로 합류할 수 있어야 할 것이다. 날개는 "예정대로 진행 중입니다"라고 보고하는 와중에 제트 엔진의 성과가 나빠 보이도록 애쓸 것이다. 엔진은 바퀴에 대해서 없는 말을 지어낼테고, 꼬리는 독립해서 스카이다이빙 사업을 시작하려고 은밀하게 준비 중이다. 조종사는 객관적인 측정값으로 가득 찬 계기판이 아니라, 산을 향해 돌진하고 있는 와중에도 녹색등이 켜져 있는 모습을 바라보게 될 것이다. 지표를 기계에 비유하는 것은 사회적 맥락에서는 분명히 문제가 있다. (슬픈 일이지만, 전통적인 관리자에게 조종사 비유가 정말 잘 먹히긴 한다.)

두 번째 문제(전체 최적화)의 사례는 전체로서 살아남아 번성하려는 개별 생명체와 조직을 비교할 때 자주 나타난다. 개인의 심박수, 혈압, MRI 스캔, 내번 샘플 검사는 증상을 조사하고 문제를 찾는데 유용할 수 있으며, 이 모든 것이 개인의 건강과 행복에 도움이 될 수 있다. 그러나 조직을 생명체와 비교하는 것은 심장이 세 번째 발이 되기로 결정할 수도 있고, 왼쪽 허파에게 두뇌를 장악할 야심이 있으며, 두 눈이 함께 일할 의욕이 없고, 생식기가 원격으로만 일하겠다고 고집 부릴 때만 완전히 똑같을 수 있다. 전체를 최적화한다는 것은 훌륭한 생각이고, 의사는 분명히 환자의 몸 전체의 건강과 행복에 기여할 수 있지만, 조직의 불명확한 다층적 맥락 안에서 모든 이에게 단순히 "전체를 최적화하라"고 지시하는 것은 순진한 일이다. 전체를 최적화 할 수 있도록 올바르게 지표를 조합하는 방법은 존재하지 않는다. 그러니 그런 시도는 하지 말자.[48]

조직은 목적이 있는 시스템이다. 각 부분에도 나름의 목적이 있고, 전체에도 목적이 있다. 개인은 (때로는 여러) 팀과 커뮤니티의 부분이 되고, 팀과 커뮤니티는 (종종 여러) 부서의 일부가 되고, 부서는 사업부(또는 여러 사업부)의 일부가 되고, 사업부는 회사의 일부가 되고, 회사는 도시와 산업의 일부가 되고, 도시와 산업은 나라의 일부가 되는 이 패턴 자체가 프랙털fractal하게 반복된다.

어디에나 목적과 지표가 있으며 전부 경쟁과 협력이라는 끝없는 게임 속에서 서로 충돌하고 조율하고 어긋나고 협력한다. 이것은 통합을 실패한 것이 아니다. 상호 의존적인 부분들이 네트워크로서 진화하고 변화하는 것이 모든 복잡적응계의 특징이다. 생태계를 생각해보자. 인터넷을 생각해보자. 유전자 풀을 생각해보자. 비즈니스를 기계처럼 다루고 부분을 최적화하는 것은 큰 실수다. 기계는 (아직) 스스로 진화하지 않기 때문이다. 비즈니스를 하나의 생명체로 다루고 전체를 최적화하려는 시도 또한 실수다. 대개는 생명체 스스로 모습을 바꿀 수는 없기 때문이다. 조직은 반드시 공동체처럼 다뤄야 한다. 공동체 자체에도 목표와 지표가 있을 수 있지만 모든 구성원 역시 그러하다.

대시보드, 스코어카드, 프레임워크

네트워크로 연결되고 자기조직화하는 복잡계에서 우리에게 마지막으로 필요한 것은 "논리적 구조에 따라 서로에게 적합하도록 포괄적인 계층으로 측정값을 구성하는 것"이다.[49] 논리적인 것은 과학이며, 과학에서는 만물이 상향식으로 성장하고 진화해야 한다고 말한다. 따라서 지적 설계를 통한 하향식 측정 프레임워크에 대해서는 그 어떤 제안도 무시하도록 하자.

조직이 진화하고 변화하는 데 도움이 될 수 있도록 지표에는 철학이 있어야 한다. 부분 간 그리고 계층 간의 개별 지표는 서로 경쟁적일 수도 협력적일 수도 있다. 충돌할 수도 있고 조화를 이룰 수도 있다. 포괄적인 지표의 계층을 만들 수 있는 방법은 없기 때문에, 우리가 거기까지 고민하지는 않을 것이다.

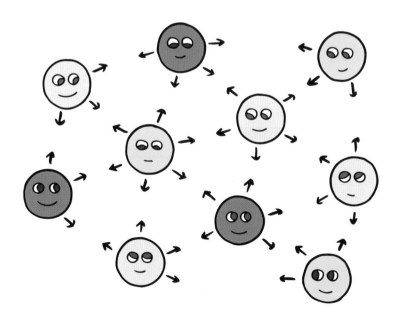

해결책은 조직의 모든 개인이 자신만의 지표를 갖는 것이다. 모든 구성원은 자신의 통제 범위 안에서 자기에게 중요한 것을 측정하고 스스로에게 목적을 부여할 책임이 있다. (규칙 1) 모든 구성원이 자신의 정보를 만들 수 있게 해주면, 지표를 개선하고 (규칙 2) 업무를 개선하고자 하는 동기가 생길 것이다. (규칙 3) 동시에 직접적인 클라이언트를 대신해 모든 상호 의존성과 관심 범위를 포함하여 업무를 측정해야 한다. (규칙 4) 자기 지표에 책임을 진다는 것은 자신과 클라이언트가 측정에 어떤 영향을 미치는지 더 주의해야 한다는 것을 의미한다. (규칙 5) 어쩌면 달성 목표를 정하고 싶은 사람이 있을 수도 있지만 (규칙 6), 타인의 지표나 달성 목표를 만들지 않는다. (규칙 7) 이는 인센티브가 없다는 뜻이기도 한데 (규칙 8), 전부 투명하기 때문에 모두가 서로의 의도 및 지표를 관찰해서 이에 대응할 수 있기 때문이다. (규칙 9) 이것이 비인간화를 예방하는 데 도움이 된다. (규칙 10) 마지막으로, 사람들이 자신의 지표를 완전히 통제하는데 필요한 만큼 자주 측정하고 (규칙 11), 원할 때마다 지표를 쉽게 바꿀 수 있다. (규칙 12) 다시 말해, 여러분의 성장에 필요한 것은 바로 지표 생태계metrics ecosystem다.

모든 지표마다 업데이트 주기가 다르고 시각화 스타일도 다르기 때문에, 지표로 개인 성과표나 대시보드를 만드는 것은 별로 의미가 없다. 왜 월별 수익과 일일 칼로리를 같은 대시보드에 올려야 하는가? 모든 정보를 쉽게 얻을 수 있는데 굳이 프레임워크를 설계해야 할 이유를 잘 모르겠다.

스코어보드 인덱스

관리자에게 가장 어려운 일 중 하나가 비즈니스 성과를 보여주는 좋은 지표를 내놓는 것이다. 결국 **핵심 성과 지표**KPI, key performance indicator 가 존재하는 이유는 바로 그 때문이다. 그렇지 않은가? 그러나 측정이 완벽하지 않다면 어떻게 해야 할까?

사실 그다지 어렵지 않다. 그 문제는 여러 다른 맥락에서 충분히 해결됐다. 예를 들어, 모든 시장에서 가장 흔히 사용하는 KPI는 무엇일까? 쉽다! 바로 주가 지수다. 많은 개별 주가의 가중 평균 또는 총합이 주가 지수다. 여러분의 비즈니스 맥락 안에서도 똑같이 할 수 있다.

첫째, "더 많은 고객 참여"나 "더 활발한 웹사이트" 같이 질적 목표부터 시작한다. 어떤 사람은 언제나 몇 가지 목표에만 집중하고 싶어할 수도 있다. 또 어떤 사람은 누구도 소홀히 여겨지지 않도록 모든 이해관계자와 그들의 요구를 늘어놓는 방식을 선호할 것이다. 이 실천법에서는 그 차이가 중요하지 않다.

둘째, "주간 조회 수" 또는 "주간 블로그 댓글 수" 처럼 각 목표(또는 이해관계자)마다 몇 가지 양적 지표를 정의한다. 각 목표 및 이해관계자는 여러 측정값으로 나타내야 한다. 항상 다양한 각도에서 문제를 바라보는 것이 좋기 때문이다. 절대로 단 하나의 지표에 의존해서는 안 된다!

셋째, 각 개별 지표에 하한값과 상한값을 정의한다. 엄청 불행하게 느껴지는 숫자와 아주 행복하게 느껴지는 숫자로 정하면 된다. 예를 들어, 나는 이 책의 판매 부수가 10,000부 이하라면 불행하다고 느낄 것이다. 100,000부가 넘게 팔린다면 황홀할 것 같다. 분명히 이러한 하한값과 상한값은 주관적인 선택이다. 하지만 괜찮다. 여러분에게 필요한 것은 구성원, 팀, 비즈니스의 성과가 어떤지를 평가하기 위한 범위다. 그리고 그런 자기 평가는 언제나 주관적이다.

그 다음으로 할 일은 매주 측정값을 수집하는 것

		unhappy	happy
customer engagement	(objective)	low bound	high bound
ratio active customers	(metric)	0%	100%
profiles up-to-date	(metric)	0%	100%
scheduled events	(metric)	0.0	2.0
network growth	(objective)		
total users	(metric)	75	250
acquisition ratio	(metric)	0%	10%
practitioner growth	(objective)		
practitioner stories	(metric)	0	100
practitioner certificates	(metric)	0	10

이다. 물론 어떤 것은 매일 살펴보고 싶을 수도 있고, 어떤 데이터는 한 달에 한 번만 얻을 수 있을지도 모른다. 그러나 내 업무의 우선 순위를 (재)조정하는 데에는 매주 돌아보는 시간을 갖는 것이 (나에게) 딱 맞는 리듬이라는 것을 알게 됐다.

측정이 전부 끝나고 나면 모든 측정값을 앞에서 언급한 하한값과 상한값을 이용해서 0부터 100 사이의 점수로 표현한다. 예를 들어, 책이 25,000부 팔렸다면 이 지표에서 내 점수는 27.8 %가 될 것이다. (그 숫자는 10,000과 100,000

	9-Nov 15-Nov	16-Nov 22-Nov	23-Nov 29-Nov	30-Nov 6-Dec	7-Dec 13-Dec	14-Dec 20-Dec
customer engagement						
ratio active customers	47%	47%	48%	47%	47%	48%
profiles up-to-date	47%	46%	46%	47%	47%	49%
scheduled events	0.84	0.81	0.82	0.73	0.75	0.82
network growth						
total users	133	135	136	139	144	146
acquisition ratio	3.8%	3.7%	3.7%	9.4%	9.0%	8.9%
practitioner growth						
practitioner stories	22	27	28	29	34	35
practitioner certificates	0	0	1	1	2	2

사이의 27.8% 위치에 있다.)

마지막으로, 지표의 주간 인덱스를 계산한다. 모든 측정값을 0부터 100 사이의 점수로 환산하면, 평균을 내어 주간 성과 인덱스라고 부를 수 있다. 더욱 좋은 것은, 그래프에 다양한 색깔로 선을 그려서 개별 측정 결과를 표시하고, 인덱스는 굵은 검은 선 하나로 나타낼 수 있다. 인덱스 하나가 시스템 전체의 긍정적인 추세를 (바라건대) 보여주는 주식 시장과 거의 같다.

요약하자면, 지표를 모아 스코어보드를 만들며 시작하는데, 그 지표는 모든 목표 또는 이해관계자를 고려한 것이며, 정기적으로 얻기가 지나치게 어렵지 않도록 하고, 정규화하고 비교 검토할 방법을 찾는다. 그런 다음 평균을 계산한다. 나는 이것을 **스코어보드 인덱스**scoreboard index라고 부른다. 보드에 있는 점수로 성과를 평가하고 인덱

스로 전환한다. 그렇게 하면 매주 업무의 우선순위를 정할 수 있고, 특정 측정값에 중립적이며, 시각화를 이해하기 쉽다.

이러한 인덱스 방식의 한 가지 장점은 주요 측정값의 불연속성에 대한 걱정 없이 지표를 대체하기가 훨씬 쉽다는 점이다. 모든 주식 시장 지수에서 개별 주식은 꽤나 꾸준하게 대체된다. 거기에 대해서는 아무도 신경 쓰지 않는다. 사람들이 관심을 갖는 것은 인덱스다. 인덱스가 올라가느냐 아니면 내려가느냐?

여러 지표로 만들어진 하나의 인덱스는 전체 성과를 대신하는 역할을 하며, 양쪽 모두에 최고의 결과를 제공한다. 개별 구성요소 지표에 대한 유연성을 유지하면서 최적화 할 하나의 지표를 얻게 되는 것이다. (맞다, 다양한 유형의 측정값을 비슷한 척도로 변환하려면 숫자에 능숙한 사람이 필요하다.

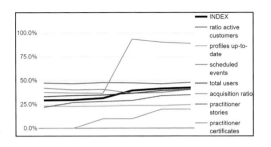

그러나 누군가에게 금요일 오후에 쉽게 위임할 수 있다.)

완벽한 지표는 없다. 개별 KPI의 위험성은 사람들이, 특히 달성했을 때 금전적인 인센티브를 주면 오직 한두 가지 KPI의 최적화에 쉽게 집착하게 된다는 점이다. 이것은 다른 차원에서 비즈니스 성과를 위태롭게 한다. 그러나 스코어보드를 사용하여 성과를 측정하고 인덱스를 계산하고 소통하면, 시스템을 갖고 게임하기가 훨씬 어려워진다.

나는 스코어보드 인덱스가 좋은 지표의 12가지 원칙 중 최소한 7가지 이상을 만족한다는 사실을 알게 됐다. (그것이 무엇인지 말할 수 있는가?) 완벽한 실천법은 없으며, 나는 이 스코어보드를 개선하거나, 보완해주는 다른 좋은 실천법을 통해 강화시킬 수 있는 방법이 있다고 확신한다. 적어도 스코어보드 인덱스는 성과를 반영하는 지표이며, 여러분의 비즈니스에서도 핵심 실천법이 될 수 있다.

	9-Nov 15-Nov	16-Nov 22-Nov	23-Nov 29-Nov	30-Nov 6-Dec	7-Dec 13-Dec	14-Dec 20-Dec
INDEX	29.4%	29.8%	31.6%	39.6%	41.6%	42.6%
customer engagement						
ratio active customers	47.4%	46.7%	47.8%	47.5%	46.5%	47.9%
profiles up-to-date	23.3%	23.0%	23.2%	23.7%	23.6%	24.7%
scheduled events	42.1%	40.4%	40.8%	36.7%	37.5%	40.8%
network growth						
total users	33.1%	34.3%	34.9%	36.6%	39.4%	40.6%
acquisition ratio	37.6%	37.0%	36.8%	93.5%	90.3%	89.0%
practitioner growth						
practitioner stories	22.0%	27.0%	28.0%	29.0%	34.0%	35.0%
practitioner certificates	0.0%	0.0%	10.0%	10.0%	20.0%	20.0%

어떻게 시작해야 할까

운동을 해본 사람이라면 누구나 스스로를 측정하는 것이 모든 운동 프로
그램에서 극히 중요한 부분이라는 사실을 알고 있다. 조직에서도 다르지
않다. 올바른 방법으로 측정을 시작하고 솔선수범을 보이자.

1. 성과 측정을 위해 나의 스코어보드 인덱스 또는 구글의 목표 및 핵심
    결과OKR, objectives and key results 제도를 알아보고 비슷한 시스템을 직접
    실험해 본다.[50]

2. 정기적으로 측정 대상을 평가해보고 목적을 향해 나아가도록 개선하는
    방법을 학습하는 데 도움이 되는지 살펴보자.

3. 모든 이해관계자(여러분이 속한 팀과 그룹을 포함)를 나열하고 각각의 관점
    에서 성과를 측정하고 있는지 확인한다.

4. 지표를 시각화하고 실제로 업무가 이뤄지는 곳에 가깝게 배치해 두면
    지표를 흥미롭게 만들 수 있다.

5. 지표를 투명하게 한다. 다른 사람들에게 보여주고 그들에게도 같은 부
    탁을 한다. 모두 함께 논의하고 자유롭게 협력하고 측정값으로 경쟁
    한다.

6. 이제 조직 전체로 확대하여 모든 이가 자신의 측정값에 책임을 갖도록
    한다.

스코어보드 인덱스는 구글이 대중화시킨 실천법인 OKR과 비슷하다. 두 실천법을 쉽게 섞을 수 있다.

모든 개인, 팀, 단위 조직이 자신만의 스코어보드 인덱스 또는 OKR을 만들 수 있다. 모두가 자신의 측정값에 책임이 있다.

목표와 측정값이 투명하고 조직에 있는 누구나 접근할 수 있는지 확인해보자.

목표는 항상 "바깥에서 안쪽으로" 생각한다. 즉 이해관계자는 반드시 여러분이 달성하려는 가치가 무엇인지 알아야 한다.

하나의 하한값(불행)과 하나의 상한값(행복)보다 더 많은 행복 단계를 실험해볼 수 있다.

숫자에 재능이 있는 사람이라면 자신의 지표를 만들 때 선형 척도보다 더 현실적인 지수 척도를 선호할 수도 있다.

모든 숫자를 빨간색 또는 초록색으로 표시하도록 스프레드시트를 구성한다. 이렇게 하면 어떤 측정값이 순조롭고 어떤 지표가 그렇지 않은지 쉽게 알 수 있다.

모든 작업이 하나 이상의 목표와 연결될 수 있도록 스코어보드에 있는 목표를 업무 현황판에서 태그로 사용할 수 있다.

팀 주간 회의에서 인덱스(및 필요한 개별 측정값)에 대해 간략히 논의해보자.

결과를 시각적으로 흥미롭고 충분히 활용 가능하도록 만들어야 한다. 그렇지 않으면 측정값이 아무런 차이도 만들어내지 못할 것이다.

어떤 사람은 분기마다 목표와 대상을 선택하는 것(OKR)을 좋아하고, 또 어떤 사람은 지속적인 변화의 흐름(스코어보드 인덱스)을 선호한다. 알맞는 것을 선택해보자.

타당한 이유가 있을 때마다 목표와 지표를 자유롭게 바꿔보자. 측정값의 노예가 되지 않고 학습하고 개선하는 것이 목표다.

m30.me/metrics-ecosystem과 m30.me/scoreboard-index에서 더 많은 아이디어를 찾아보자.

9
메리트 머니
공헌에 따라 지급하는 일의 대가

돈으로
행복을 살 수는 없지만
비참한 상황에서
벗어날 수는 있다.

클레어 부스 루스Clare Boothe Luce,
미국 작가
(1903-1987)

사람들의 동기를 망가뜨리지 않고 일의 대가를
지불하는 것은 경영에서 가장 어려운 과제 중 하나다.
유감스럽게도 직원들은 대부분의 보상 제도를
불공정하다고 생각하고
전문가들은 비과학적이라고 여긴다.
그렇기 때문에 널리 알려진 방법은 아니지만,
상상으로 판단한 성과가 아니라
진짜 공헌merit에 기반해서 보상하는 대안을
고려해보는 것이 현명할 것이다.

요요^{JoJo}는 사업을 한다. 수익은 괜찮지만 소득이 크게 들쑥날쑥 하다. 어떤 달에는 느리게 지나가는 여름을 버텨낼 수 있을지 걱정이고, 또 어떤 달에는 벼락같이 몰려드는 고객 때문에 은행 계좌가 터져버리지는 않을까 염려하기도 한다. 그런데도 요요는 자신에게 매달 다소 보수적인 급여를 지급한다. 식비를 지출하고 대출금을 갚고 소설책을 사 읽기에는 충분한 액수지만, 항상 원했던 빈티지 임스^{Eames} 안락 의자를 장만하기에는 부족하다.

하지만 특별히 오늘은 예외를 허락하고 싶다. 지난 달 노르웨이 수출 건 덕분에 독일에서 버는 돈의 두 배를 벌어들였다. 그리고 중국 고객이 예전에 포기했던 청구 대금을 마침내 지급했다. 만세! 마케팅을 전혀 하지 않고 2년을 버텼는데 드디어 미국인들도 그의 서비스를 찾아낸 것 같다. 요요는 이 모든 일에 약간의 축하와 격려가 필요하다고 생각한다. 결국 전부 해냈다. 그렇지 않은가? 이번에는 약간의 여유 자금을 부모님 계좌로 송금할지도 고민한다. 아마 다음 소설책은 새 의자에 앉아서 읽을 수 있을 것이다.

왜 안되겠는가? 돈을 벌었는데.

수익금

만약 요요가 1인 기업이 아니라 더 큰 조직이라면? 무언가 달라야 할까? 많은 조직에서 직원들은 조직이 생존할 수 있고 자신이 생활을 꾸려갈 수 있을 정도의 보수적인 액수를 월급으로 일정하게 받는다.

그러나 비즈니스 분위기가 긍정적이고 사용할 수 있는 여유 자금이 있다면 어떨까? 모두의 급여를 인상하는 쪽을 선택하는 경우는 드물다. 지속 가능하다는 것이 확실할 때만 그렇게 해야 한다. 그 금액을 사무실을 개선하는 데 써도 좋지만 그렇게 하면 대개는 그 혜택이 일부에게만 돌아간다. 그리고 회사 은행 계좌에 보관해 둔다면 그 돈을 사업주에게 주는 것이나 마찬가지다.

나는 창의 노동자들이 벌어들이는 만큼 받아야 한다고 생각한다. 구성원에게 주로 동기를 부여해주는 것은 돈이 아니며(맞는 말이다) 그들은 더욱 원대한 목적을 추구하고 싶어한다(역시 맞는 말이다)고 말하는 것으로는 충분하지 않다. "어떻게 하면 직원들에게 공정하게 일의 대가를 지불할 수 있을까요?"라는 질문에 "돈으로는 동기를 부여할 수는 없습니다."라는 대답은 도움이 안된다. 직원이 그 어떤 목적을 추구하더라도 무언가를 이루려면 아마 여전히 돈이 필요할 것이다. 수익을 올린다는 것은 좋은 일이다. 변화를 이룬다는 것은 더 좋은 일이다. 그러나 수익을 올리면서 동시에 변화를 이루는 것은 무엇보다 훌륭한 일이다.

사람들이 벌어들인 돈은 조직과 그 환경이 상호작용해서 생겨난 결과다. 조직의 소득을 완전히 예측할 수는 없으므로, 사람들의 수익은 그들의 급여 그리고 조직에서 나눠줄 형편이 되는 추가 수당의 합일 것이다.

수익 = 급여 + 추가 수당

수익을 올린다는 것은 좋은 일이다.

변화를 이룬다는 것은 더 좋은 일이다.

그러나 수익을 올리면서 동시에
변화를 이루는 것은 무엇보다 훌륭한 일이다.

보너스 제도

인재를 영입할 때 우리는 흥미로운 과제와 도전이 넘쳐나는 지식 조직이라고 당당하게 주장한다. 공정한 기본급을 제안한다고 말하면서 이렇게 덧붙인다. "당신이 정말로 최고의 성과를 내리라고 기대하지는 않습니다. 동기를 부여하기에는 저희가 드릴 수 있는 과업과 환경이 아마 충분치 못할 것이기 때문이죠. 그 때문에 보너스 제도가 있습니다. 그래서 당신이 한층 더 노력할 것이라고 기대할 수 있죠." 의도한 바는 아니겠지만, 이런 종류의 메시지는 회사와 새로운 동료에 대해 꽤 많은 것을 말해준다.

비야르테 복스네스Bjarte Bogsnes, 『Implementing Beyond Budgeting』[1]

빈민가의 역병처럼 비즈니스 세계에 침투해 있는 관행이 바로 **연간 보너스 제도**annual bonus system다. (1장 참조) 이 관행은 관리자가 구성원에게 달성 목표를 주고 대개는 사람들의 성과 등급, 직위, 급여, 초과 근무, 나이, 신발 크기, 그 밖의 여러 변수를 고려해 연간 보너스를 계산해낸다는 아이디어다. 보너스 제도의 이면에 있는 흔한 이론적 근거는 성과를 촉진하기 위한 것이다. 그러나 실제로는 거기에서 고약한 냄새가 난다.

전통적인 보너스 제도가 사람들의 성과에 긍정적인 영향을 미치는 일은 거의 없다.

수십 년에 걸친 연구를 통해, 창의적인 지식 업무에서는 전통적인 보너스 제도가 사람들의 성과에 긍정적인 영향을 미치는 일은 거의 없다는 점이 거듭 확인 됐다.[2, 3] 오히려 이 제도가 부정적인 영향을 미치는 것으로 보인다.[4, 5] 전통적인 인센티브 프로그램에는 전부 나열하기가 불가능할 정도로 수많은 문제가 있다. 가장 중요한 몇 가지를 여기에서 알려주려고 한다.[6, 7, 8]

1. 사람들이 정기적인 보상에 중독돼, 기대했던 보상을 받지 못하면 실망하거나 불이익을 받았다고 느낄 것이다. 결국 이것이 동기를 무너뜨리고 그로 인해 성과가 나빠진다. (1장 참조)

2. 개인적인 보상은 협력을 방해하게 되는데, 창의적인 지식 업무에서는 협력이 극히 중요하다. 개인적인 보상은 경쟁과 부정행위를 자극하고 그것이 구성원 간의 관계, 더 나아가 구성원과 관리자 사이의 관계를 파괴한다.

3. 전통적인 보너스 제도는 객관적인 측정값을 필요로 하지만, 현실은 너무나 복잡하기 때문에 숫자에 담아낼 수 없다. 지표는 좋은 성과에서 직접적으로 보이지 않는 팀워크와 협업과 같은 측면을 무시하는 경우가 많다. (8장 참조)

4. 연구에 따르면 보상은 사람들의 주의를 복잡한 업무로부터 다른 곳으로 돌리고, 창의적인 생각을 방해하며, 스트레스 수준을 높인다. 이것이 사람들로 하여금 위험을 회피하고 쉬운 과제를 선호하도록 만드는데, 혁신은 위험을 감수하고 복잡한 과제를 해야 이룰 수 있다.

5. 또한 연구 결과를 보면 보너스가 내재적 동기와 이타주의를 훼손한다는 사실을 알 수 있다. 보상이 주어지자마자 사람들은 이렇게 생각하기 시작한다. "회사는 이 일에 대해 내게 추가 수당을 지급했어. 이 일이 재미있거나 흥미롭거나 좋은 일이었다면 왜 그렇게 하겠어?"

또한 보너스 제도는 대개 회사의 수익을 바탕으로 한다는 점에 유의해야 한다. 그러나 창의 노동자는 자신의 업무와 회사의 수익을 곧장 연결시킬 수가 없다. 수익에 영향을 미치는 대부분의 것, 즉 시스템의 효과와 환경 요인의 조합은 직접 통제할 수가 없는 것이기 때문이다.[9]

일률보상 제도

조직에서 보너스 제도를 완전히 없애버려야 한다고 주장하는 사람도 있다. 대부분의 조직 성과는 사람이 아니라 시스템에서 나오는 것이기 때문에 직원 간에 차별을 두지 않는 것이 최선이라고 말한다. 모든 이가 일정한 급여를 받고 (아마도) 모두가 같은 특별 보너스를 받아야 할 것이다. 심지어는 절대로 특별 보너스가 있으면 안된다고 주장하는 사람까지 있다. 크리스마스 보너스 만큼은 예외로 인정하는 것처럼 보이는데, 예상에 있던 (따라서 미리 약속된) 보너스라고 볼 수 있기 때문에 거기에는 조직에서 뜻밖의 추가 소득을 재분배하려는 의도가 없기 때문이다. 다시 말해, 이들은 전부 예상 밖의 추가 수당이 전혀 없는 **일률보상 제도** flat system 를 주장하고 있다.

일률보상 제도는 직원들이 실제로 벌어들인 만큼 그들에게 다시 돌려주는 문제를 해결하지 못한다. 무엇보다 우선, 사람들 중 약 80%가 자신이 평균 이상의 성과를 낸다고 생각하는 문제가 있다. 따라서 모두가 다른 이와 같은 금액을 받는다면 구성원 중 80%가 적게 받았다고 느낄 것이다. (물론 적게 받는 것은 아니지만, 실제 데이터가 아닌 느낌을 두고 왈가왈부할 수는 없다.) 둘째, 비즈니스 부진의 영향은 대개 보수적으로 잡은 급여나 특별 해고로 흡수하므로, 마찬가지로 성과가 좋을 때도 추가 수당 지급과 신규 채용으로 이어져야 한다. 구성원에게 추가 수당을 지급하지 않으면 실패의 부담만 함께 나누고 성공의 혜택은 사업주 혼자 누리는 것이기 때문이다. 아마도 그렇게 행동한다면 대부분에게 동기를 부여해주지 못할 것이다. 내게는 분명히 동기를 부여해주지 못한다.

> 일률보상 제도는 직원들이 실제로
> 벌어들인 만큼 그들에게 다시
> 돌려주는 문제를 해결하지 못한다.

메리트 제도

불확실한 환경에서 운영되는 조직이라면, 내 생각에는 구성원에게 예측 가능하며 약간은 보수적으로 잡은 급여를 일정하게 줘야 한다. 한편으로는, 환경에 예측 불가능한 부분이 있으므로 추가 수당 역시 지급해야 한다. 급여와 추가 수당은 균등하게가 아니라 잔인할 정도로 공정하고 공헌merit을 근거로 한 것이어야 한다. ▄▄▅▆▄▄▃▄▆▄ 이에 따라 앞에서 나열한 5 가지 문제를 바탕으로, 다음과 같이 더 좋은 보상 제도를 위한 현실적인 제약 조건을 제안한다.

1. 급여는 예상 가능해야 하지만 보너스는 예상 불가능해야 한다. 보너스 지급을 항상 뜻밖의 사건으로 만든다. 보너스를 자주 지급하면서 예상이 가능해진다면 정기 급여로 전환해야 한다.

2. 지급 액수의 근거는 경쟁이 아니라 협력이어야 한다. 사람들에게 얼마나 지급할지를 결정할 때의 주된 기준은, 공동의 목표를 향해 그들이 얼마나 협력해서 일했는지가 돼야 한다.

3. 주요 성과 측정값은 동료의 피드백이다. 공동의 목적에 얼마나 기여했는지는 관리자가 아니라 동료가 제일 잘 알아내고 평가할 수 있다. 모든 세부 사항을 알고 있는 것은 오직 전체 시스템뿐이다.

4. 창의적 사고를 활용해서 보상 제도를 발전시키자. 사람들은 그 어떤 시스템과도 게임을 할 수 있고 (할 것이고), 그런 일을 없애버리는 대신에 받아들이고 지지함으로써 창의성을 활용하자.

5. 내재적 동기를 기르는 데 보상을 이용한다. 돈이 사람들의 호기심, 명예, 인정, 전문성, 그 밖의 모든 내재적 동기부여 요인을 반영하도록 만든다.

물론 보상 제도에 이런 제안을 반영하기란 간단한 일이 아니지만, 나는 다양한 창의 조직에 꽤나 효과가 있어 보이는 여러 가지 아이디어를 찾아냈다. 이러한 아이디어는 행동경제학은 물론이고 서로끼리도 상당히 잘 어울린다는 것이 드러났다.[11]

가상 화폐

조직의 관리자라면 누구나 (사람들의 정기 급여가 아닌 추가 소득에 대해) 공헌 기반 수익금 제도를 시작할 수 있으며, 이 챕터의 나머지 부분에서 나는 여러분이 관리자라고 가정할 것이다. (개별 직원도 해볼 수는 있겠지만, 통제할 수 있는 범위가 그냥 자기 돈뿐인데 보너스를 재분배한다는 건 의미가 없다.) 돈을 분배한다는 것은 민감한 주제다. 따라서 여러분은 적절히 주의를 기울여 이 실천법을 다뤄야 한다.

제일 먼저 할 일은 실패에 안전한 환경 구축이다. 새로운 제도에 기존 연간 보너스의 10%만 떼어 시도해 볼 수 있다. 여러분 혼자든, 불만을 품은 직원이든, 회사 전체에 혁명의 불을 붙일 필요는 없다. 진정하자. 실패하고 학습할 수 있는 방법으로 시작한다.

두 번째로는 사람들이 누적할 수 있도록 공헌을 상징하는 가상 화폐를 만든다. 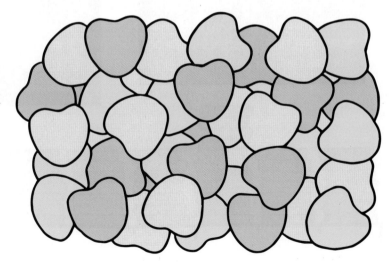 크레디트, 포인트, 코인, 허그, 포커칩, 캔디, 바나나 등 네트워크에 기여했음을 인정한다는 사실을 나타낼 수만 있다면 그 어떤 이름이라도 사용할 수 있다. 실제 화폐를 사용하지 않는다는 점이 중요하다. 경영진에서 가상 화폐를 실제 화폐로 전환할 충분한 이유가 있다고 판단하기 전까지, 가상 화폐의 금전적 가치는 0이기 때문이다. 나는 이번 챕터에서 가상의 화폐에 허그hug이라는 용어를 사용하려고 한다. 안아주는 행위에는 분명히 금전적 가치가 없으며, 일반적으로는 스스로가 아닌 다른 사람을 안아주기 때문이다. (나 자신을 안아줄 때는 일할 때가 아니라 잠을 잘 때다.) 허그를 유로, 달러, 위안, 기타 공식 통화와 비교했을 때 그 환율은 1 대 0이다.

세 번째로 할 일은, 개인 말고 단체가 허그를 받는다면 어떤 단위 조직이 허

그를 받을 수 있는지 결정하는 일이다. 자기조직화 팀 안에서는 공헌을 인정하기가 상대적으로 쉽다. 사람들이 모두 개인적으로 서로를 알고 있으며 누가 협력이 필요한 팀 업무에 무슨 기여를 했는지 잘 알고 있다. 나는 우리 팀원 중 누가 마감 시간 전에 기사를 올릴 수 있도록 도와줬는지 잘 알고 있다. 지난 번에 누가 커피 값을 냈는지도 안다. (분명히 나는 아니었다.) 그리고 누가 내 양말을 훔쳐갔는지도 알고 있다. (그렇다, 그게 어디 있는지도 알고 있다!!) 반면에, 회계사로부터 좋은 서비스를 받고 있지만, 정말로 모든 일을 하고 있는 것이 그 사람인지 아니면 그 사람 뒤에 있는 팀인지는 잘 모르겠다. 보다 일반적으로는, 조직 단위에 대표자가 있다면 조직 내에 있는 다른 사람은 대개 그 대표자의 업무와 단위 전체의 업무를 구별할 수 없다. 여러분은 관리자로서 단위 조직 전체 또한 허그의 혜택을 받을 수 있는지 아닌지 결정해야 한다.

동료의 인정

이제 메리트 제도의 핵심에 이르렀다. 다음 단계는 전체적으로 얼마나 많은 허그를 사용할 수 있는지 그리고 허그를 얼마나 자주 줄 것인지 정의하는 것이다. 내 제안은 한 달에 한 번이지만, 다른 주기 (주 또는 분기) 또한 분명히 가능할 것이다.

그리고 나서 재미있는 일이 시작된다.

메리트 제도의 가장 중요한 한 가지 측면은 모든 개인이 다른 사람의 기여만 인정해줄 수 있으며, 모든 개인의 의견이 동일한 비중을 갖는다는 점이다. 따라서 조직에 있는 모든 사람이 동일한 몫의 허그를 갖고 있지만, **모든 직원은 반드시 자신의 허그를 다른 이에게 나눠 줘야 한다.**[12]

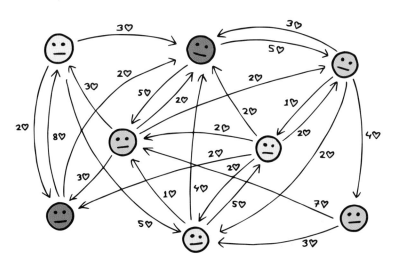

> 아무도 최고의 성과가 무엇이고
> 최고의 협업이 무엇인지
> 주장할 수 없다.
> 따라서 모든 이의 의견을
> 동등하게 여겨야 한다.

여러분은 이제 막 메리트를 주고 받는 시장을 만들었고, 다른 시장과 마찬가지로 예측할 수 없으며 놀라운 창의력이 눈 앞에 펼쳐질 것이다. 어떤 구성원은 자신의 허그를 모든 팀원에게 똑같이 나눠주기로 결정할 수도 있고, 또 어떤 구성원은 칭찬받은 횟수 또는 목격했던 생산적인 모습 횟수 같은 개인 지표를 사용해서 동료에게 허그를 나눠주기도 한다. 우울해하면서 퇴사 위기에 있는 동료를 도와준 후 그 동료가 지닌 전체 허그의 절반을 받은 구성원이 있을 수도 있다. 구성원들이 자기 팀 바깥에 있는 사람들이나 단위 조직에 허그를 나눠줄 수도 있다. 결국, 좋은 업무 관계는 공식적인 조직 경계에 얽매이지 않는다.

아무도 최고의 성과가 무엇이고 최고의 협업이 무엇인지 주장할 수 없다는 것이 메리트 제도의 중심 아이디어다. 따라서 모든 이의 의견을 동등하게 여겨야 한다. 이것을 **집단 지성**wisdom of the crowd으로 볼 수 있다.[13] 대부분의 급여 협상과 연간 보너스 제도처럼 보상을 주장하는 것이 아니라, 대신에 모든 공헌은 얻어내야 하는 것이다. 어쨌든, 사회학에서는 다른 사람의 행동은 예리하게 관찰하면서도 스스로를 평가하는 데는 형편없는 존재가 인간이라고 말한다.[14] 따라서 허그에 대한 (모두가 동등한 몫을 차지해야 한다는) 주장을 의미 있게 해주는 유일한 길은 (동료 피드백과 다른 사람의 인정을 통해) 그 허그를 얻어내는 방식으로 바꾸는 방법 뿐이다.

기대보다 적게 받은 사람에게는 어떤 일이 일어날까?

전체의 80%가 자신의 성과를 평균 이상이라고 믿는다고 한다. 하지만 허그의 분배에 따라 대략 50%의 구성원이 평균 이상의 허그를 받게 된다. 이것은 구성원의 30%가량이 동료에게 인정받지 못해 실망하거나, 적어도 기대했던 만큼은 아니라고 느낄 수 있다는 뜻이다. 이 사람들에게는 선택권이 있다. 더 잘 할 수 있는 방법을 배우거나, 모두가 올림픽에서 금메달을 딸 수 있는 것은 아니라는 사실을 받아들이거나, 아니면 자신의 기여를 더 잘 인정해줄 것이라고 믿는 다른 곳을 찾아볼 수도 있다.

허그를 나눠주는 기준은 사람들에게 영감을 불어넣는 가치와 원칙은 물론이고 공동의 목적과 관련이 있어야 한다. 예를 들어, 다음은 사람들이 스스로에게 해볼 수 있는 질문이다.

사람들이 몰입하도록 돕고, 업무를 개선하고, 클라이언트를 행복하게 하는데 다른 사람이 어떤 도움을 줬는가? 우리의 목적을 달성하는 데 한 발 더 다가서도록 해준 것은 누구인가?

건강한 조직에는 개인 목표, 팀 목표, 조직 목표가 섞어 있다는 점을 감안할 때. 직원의 요구와 단위 조직의 요구 사이에서 건강한 균형을 찾는 것은 개인의 몫일 것이다. 글로 쓰여진 그 어떤 정책이나 절차도 조직 네트워크의 내재적 욕구를 측정할 수는 없다. 그런 일은 우리가 아는 우주에서 가장 복잡한 장치인 인간의 두뇌에게 맡기는 편이 더 좋다. 사실, 쓸 수 있는 모든 두뇌를 다 써야 한다.

수익 현금화

여러 차례 반복하고 시간이 흘러 사람들이 벌어들인 허그가 쌓이고 나면, 특정한 환율을 이용해서 허그를 현금화를 할 때가 (바라건대) 올 것이다. 🍪/🍪 그렇게 할 수 있는 방법은 다양하다.

매달 경영진은 보너스를 따로 마련해 둘 수 있다. 비즈니스 수익을 고려해서 전체 보너스 금액이 얼마인지 결정한다. 그런 다음 가장 최근에 합류한 직원(또는 받게 될 보너스가 가장 적을 것으로 예상되는 누군가)에게 주사위 두 개를 굴려 달라고 부탁한다. 경영진은 굴려서 나온 숫자의 합이 4(또는 좋아하는 다른 숫자)인 경우에만 허그를 현금화 할 수 있도록 허용할 것이다. 만약 다른 숫자가 나오면 보너스는 다음 달로 이월된다. 평균적으로 1년에 한 번만 보너스를 받을 수 있으며, 매달 누적이 되긴 하지만 무작위적인 주기로 받게 된다는 뜻이다. 이렇게 하면 사람들이 보너스를 기대하면서 받는 스트레스가 줄어들 것이다. 스트레스가 적을 수록 창의적인 사고를 하기 좋다.

허그의 경제적 가치는 주식 시장에 발행된 주식과 비슷하다. 그 값어치는 사용할 수 있는 보너스 금액과 아직 현금화 되지 않은 허그 수에 따라 달라질 것이다. 허그를 현금화할 수 있다면 사람들에게 선택권이 주어진다. 허그를 당장 진짜 돈으로 바꾸거나, 아니면 가치가 오를 것을 기대하고 다음 번까지 허그를 모아둘 수도 있다. (추가로, 항공사의 마일리지와 비슷하게 획득한 허그에 만기일을 두자는 아이디어도 있다. 잔여 휴가일에 상한을 두는 것과 비슷하게 적립해 둘 수 있는 최대 허그 수를 제안할 수도 있다.)

조직 문화, 비즈니스 유형, 사용할 수 있는 보너스 금액에 따라 이 프로그램의 여러 가지 대안을 구상해볼 수 있다. 그러나 조직이 구체적 실행안을 어떻게 내놓든, 메리트 제도는 일반적으로 수치 목표와 연간 보너스가 있는 전통적인 프로그램에 비해 사람들이 공동의 목적과 협업에 집중할 수 있도록 할 가능성이 훨씬 높다.

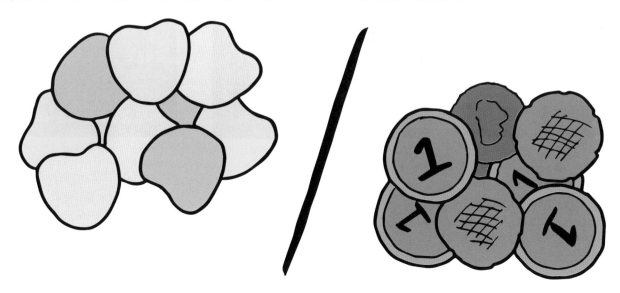

보상의 6가지 규칙

여기에서 설명하는 메리트 기반 제도는 앞에서 열거했던 5가지 제약 조건을 만족한다. 큰 보상을 예상치 못하도록 하고, 경쟁 대신 협력을 강조하며, 동료의 피드백을 필요로 하고, 창의적인 생각을 파괴하는 것이 아니라 불러오며, 명예, 인정, 전문성, 자유, 관계, 목표와 같은 다양한 내재적 동기부여 요인(10장 참조)과 보상을 일치시킨다.

메리트 제도를 어떻게 실행하느냐에 따라 1장에서 대략적으로 다뤘던 보상의 6가지 규칙 또한 만족시킬 수 있을 것이다.

1. 보상을 미리 약속하지 않는다. 사람들이 급여는 매달 얼마나 받는지 알지만 (이 실천법의 이상적인 버전에서는) 추가 금액이 있을지 없을지, 있다면 언제 있을지는 모른다. 보너스는 달력이 아니라 환경에 의해 결정돼야 한다.

2. 보상에 대한 기대는 작게 유지한다. 물론 월급은 기대해도 된다. 하지만 급여는 좋은 결과를 달성했든 아니든 받는 것이기 때문에, 이러한 기대가 스트레스 수준을 높이고 성과에 지장을 주지는 않을 것이다.

3. 한 번이 아니라 지속적으로 보상한다. 메리트 제도는 구성원들이 서로에게 자주 보상하므로 규칙적인 리듬이 있다. 피드백을 연말까지 미루지 않기 때문에 잊어버릴 확률이 작다.

4. 몰래 하는 것이 아니라 공개적으로 보상한다. 이 실천법의 이상적인 버전이라면 허그는 공개적으로 얻는다. 투명성 덕분에 모두에게 무슨 일이 일어나고 있고 다른 사람이 무엇으로 인정 받았는지 분명하게 알 수 있기 때문에 거기에 맞춰 적응할 수 있다.

5. 결과가 아니라 행동에 보상한다. 사람들은 그들이 서로에게 한 일 그리고 조직에게 한 일에 허그를 줄 것이다. 이것이 행동에 대한 보상이다. 최종 결과는 환경에 따라 달라질 것이고 사람들이 거기에 대해 책임을 질 수는 없다.

6. 부하 직원이 아니라 동료에게 보상한다. 경영진은 관리의 초점을 사람들이 벌어들인 수익으로부터 시스템의 제약 조건으로 바꾼다. 사람들이 얻는 인정은 경영진이 아니라 동료들로부터 온 것이다.

모든 유용한 레시피와 마찬가지로, 보상에 대한 규칙은 고정불변의 법칙이 아니라 지침이라고 간주해야 한다. 그럼에도 불구하고, 우리의 메리트 제도가 이러한 지침과 일치한다는 것은 고무적인 일이다. 이 규칙이 동기부여 관련 문헌에서 얻은 것이라 특히 그렇다.

하지만 . . .
돈에 대해 생각하는 것은 골치 아파!

맞다, 그렇지만 누군가는 해야 할 일이다. 구성원에게 어떤 금액도 지급하지 않는 것은 선택지가 아니다. 그들은 무료 자원 봉사자가 아니라 창의 노동자다. 모든 이에게 항상 같은 금액을 지급하는 것 또한 다양한 경제적인 이유로 선택지가 아니다. 소득에 적정 수준의 변화가 있어야 시스템이 취약해지지 않는다. 그렇다면 시스템의 자금 흐름이 어떻게 변화할 것인지는 누가 결정하는가?

돈에 대해 단순하게 생각해보면, 돈은 사람들의 행동에 영향을 미친다.[15] 그러므로, 다른 모든 이가 "업무에만 집중할 수 있도록" 한 명의 관리자에게 이 무서운 책임을 맡겨 두고 싶은 유혹에 빠지기 쉽다. 물론 그렇게 하면 업무에 집중하는 것이 말고도, 사람들은 대개 자기의 보상에 대해 그리고 관리자가 얼마나 일을 형편 없이 하는지에 대해 불평한다. 결국, 모든 사람이 자신은 더 받을 자격이 있다고 느낀다!

동료 인정 제도를 활용해서 자금 흐름에 대한 책임을 구성원에게 돌린다는 것은 자본주의적인 민주주의를 도입하는 것과 비슷하다. 우리는 이 제도의 모든 위험성과 그 개선 방안에 대해 논의해볼 수 있지만, 한 가지는 동의할 수 있을 것이다. 아마 독재 정권으로부터 대가를 지급받는 것보다는 이 제도가 더 효과가 좋을 것이다.

실험과 맞춤

이번 챕터에서 설명한 제도는 공헌을 근거로 수익금을 지급하는 포괄적인 실천법이다. 이 실천법은 상황에 따라 여러 가지 다양한 방식으로 바꿔볼 수 있다. 예를 들어, 창의성 발휘가 제한적인 조직은 허그나 포커칩 대신에 크레디트나 포인트와 같은 용어를 선호할 수도 있다. 그리고 투명성이 아주 높지 않은 조직이라면 완전히 공개적인 프로세스 대신에 일부 프로세스는 익명으로 하고 참여자들에게 ("조직에서 칭찬을 가장 많이 받은 10명"처럼) 결과의 작은 일부분만 드러내고 싶을 수도 있다. 이 제도를 점진적으로 도입할 수도 있다. 처음에는 전통적인 보너스에서 작은 금액만 떼어 시작해보는 것이다. 나중에 경험이 더 쌓이고 직원들이 더 잘 받아들이고 나면, 이 제도의 비율과 영향을 높일 수 있다.

돈과 감정은 다루기 까다롭다. 그러므로 두 가지 모두를 포함하는 모든 시스템은 실패에 안전한 방법으로 구축해야 할 것이다. (분기 또는 연간 결과가 아닌 주간 또는 월간 실험과 같이) 조금씩 점진적으로 하면 피드백 사이클은 더 짧아지고 어떻게 하면 시스템을 개선할 수 있는지 더 빠르게 학습할 것이다. 진짜 돈이 아니라 가치가 없는 가상 화폐를 사용하면 더 편안하게 실험할 수 있으며, 선택한 경로에서 벗어났다고 판단했을 때 방향을 바꾸거나 처음부터 다시 시작하기가 훨씬 더 쉽다. 또한 창의적인 사람들은 시스템과 게임을 할 것이라는 사실을 깨달아야 한다. 이 창의성을 활용해 시스템의 회복탄력성을 높이는 것이 답이다. 짧은 반복과 가치가 없는 화폐가 사람들이 서로의 전략에 적응하고 경영진이 제약 조건을 조정할 수 있게 해준다. 전부 협업을 높이고 공동의 목적을 향해 노력하기 위한 것이다.

중앙의 권한을 수평적인 의사 결정으로 대체할 때 많은 일이 잘못될 수도 있으며 잘못 될 것이다. 독재 정부가 민주 정부로 뒤바뀐 나라를 생각해보면 된다. 결코 간단한 과정이 아니다. 마찬가지로, 전통적인 보너스 제도에서 메리트 기반 보너스 제도로 대체할 때는 아마도 많은 문제를 처리해야만 할 것이다. 나는 직원들이 서로 거래하고, 부정행위가 더 큰 부정행위로 이어지고, 건강하지 못한 행동에 보상이 주어진 사례를 들기도 한다. 이런 문제를 어떻게 예방할 수 있는지 묻는다면 그건 불가능한 일이라고 이야기할 것이다. 내가 할 수 있는 제안은 그저 실패에 안전한 시스템을 구축하고 다른 조직에서는 더 좋은 상황을 만들기 위해 무엇을 했는지 배우라는 말뿐이다. 이것은 민주주의 국가들이 서로에게서 더 나은 선거와 더 좋은 제도를 배우는 것과 비슷하다. 그게 싫다면 유일한 대안은 독재 정부 또는 무정부주의뿐이다.

> 창의적인 사람들은 시스템과 게임을 할 것이다.
> 이 창의성을 활용해 시스템의
> 회복탄력성을 높이는 것이 답이다.

마지막으로, 여기에서 설명한 메리트 시장이 조직에서 보다 협력적인 문화로 성장하기를 바란다. 그러나 한 가지 확실한 것은, 공헌에 대한 인정(및 돈의 배분)이 경영진에게서 구성원으로 옮겨질 때 성과를 검토하고 보너스를 계산하는 관리 책임이 사라진다는 점이다. 관리자가 모든 사람들의 돈을 관리하는 대신에 사람들을 이끌고 도움을 주기 시작할 수 있다는 뜻이다.[16]

메리트 제도를 다뤘던 다양한 논의에서, 사람들은 항상 긍정적인 관심을 가지면서도 동시에 여러 "만약에" 질문에 대해 진심으로 걱정한다.

- "만약에 두 사람이 서로에게 자신의 모든 허그를 주기로 결정하면 어떻하죠?"
- "만약에 사람들이 행동의 대가로 허그를 요구하면 어쩌죠?"
- "만약에 외향적인 사람이 내향적인 사람보다 더 많은 허그를 얻는다면 어떻게 하죠?"
- "만약에 사람들이 그저 협업에 관심있는 척만 하고 있다면 어떻게 할까요?"
- "만약에 누군가가 허그를 얻지 못해서 내재적 동기가 떨어진다면 어떻게 하나요?"

나는 이 모든 질문에 미리 정해둔 답을 갖고 있지 않다. 내가 보기에 어떤 메리트 제도라도 분명히 결함이 드러나게 될 것이다. 그럼에도 불구하고, 대부분의 조직이 지금 제도화하고 있는 금전적 보상 제도보다는 항상 더 나을 것이다. 현재의 제도는 90% 사람들의 동기를 떨어뜨리고 있는데, 10%의 동기를 떨어뜨릴 수 있는 새로운 제도를 왜 그렇게 걱정하는가?

단순한 규칙, 공정한 관리, 충분한 투명성이 있다면 사람들은 서로의 행동(좋은 행동과 나쁜 행동 모두)을 조율할 수 있을 것이다. 궁극적으로, 부정행위의 자기조직화와 불공정의 출현을 해결하는 유일한 방안은 추가적인 규칙과 절차를 더하는 것이 아니라 동료의 긍정적인 창의성일 것이다. 문제를 해결하는 가장 좋은 방법은 금전 문제를 현실의 복잡적응계로 바꾸는 것이다.

효과적인 미친 아이디어

"나는 암 진단을 하는 분자병리학 센터인 폰치 메지시나 지아그노스치카 Fonte Medicina Diagnóstica의 CEO다. 신임 CEO로서 맞닥뜨린 문제 중 하나가 우리의 급여 제도였다. 내 생각에는 가장 많은 노력을 한 사람이 마땅히 추가 수당을 받아야겠지만, 직원 성과를 어떻게 측정해야 할지 몰랐다. 회사의 핵심 가치 중 하나가 협력이고 나는 이것이 우리 보상 제도에서 중요한 역할을 하기를 원했다.

한동안 360도 평가를 기반으로 보너스 제도를 실행했지만 그 과정이 너무나 오래 걸렸다. 그 후에는 메리트 머니 제도를 실행하기로 결정했다. 매월 회사의 모든 사람이 가짜 화폐로 같은 금액의 보너스를 받는다. 딱 한 가지 규칙이 있는데, 그 보너스는 자기가 직접 가질 수 없다. 몽땅 같은 사람에게 줄 수도 있고 소액을 나누어 줄 수도 있다. 누구에게 줘야 할지 마땅치 않다면? 그냥 다음 달로 넘기면 된다. 관리자로서 내가 사람들이 어떻게 행동하고 있는지 볼 수 있는 부분은 일부에 불과하다. 그러나 이 제도로 직원들은 자기 동료들이 일을 잘 하는지 아닌지 직접 결정하게 됐다. 환율이 적용되는 거래 시장도 갖추고 있다. 사람들은 자기의 가짜 화폐를 실제 돈으로 환전할 수도 있고, 보관해 두고 환율이 좋아질 때까지 기다릴 수도 있다.

나는 이제 직접 처리해야 할 일이 훨씬 줄어들었다. 내가 다뤄야만 했던 온갖 종류의 논쟁 및 그 밖의 일이 이제는 자동으로 해결되는 중이다. 사람들은 좋은 행동에 이익이 주어질 것임을 알고 있다. 잘못된 행동은 사라질 것이다. 아무런 추가 수당도 얻지 못할 것이기 때문이다. 가장 좋은 점은, 사람들에게 설명하는 데 30분밖에 걸리지 않았고 처음부터 바로 효과가 있었다는 점이다!"[17]

클라우디우 피르스 Cláudio Pires, 브라질

캐싱 스타

"루마니아에 있는 고객사에서 메리트 제도와 비슷한 실천법을 본 적이 있다. 그 회사에는 두 개의 시각화 보드가 있었는데, 한 보드에는 모든 회사 구성원(대략 20명)의 사진이 붙어있었다. 다른 한 보드에는 다양한 물품이 나열된 목록이 있었는데, 맥주 한 병부터 시작해 플레이스테이션까지 있었다. 책, 모니터, 멋진 사무용 의자와 같은 물건도 있었다. 각 물품의 가격은 스타 모양으로 표시돼 있었다. 맥주 한 병은 스타가 1개였고 플레이스테이션은 스타가 100개였다.

각 프로젝트를 하는 동안 팀원들은 동료가 자기를 도와줬다고 느낄 때마다 자유롭게 그 동료에게 스타를 보상으로 줄 수 있다. 경영진이 줄 수 있는 스타의 개수는 무제한이었다. 팀원들은 원하는 물품에 해당하는 충분한 스타를 갖고 있다면 언제라도 경영진에게 구매를 요청해서 자기가 가진 스타를 '현금화' 할 수 있다. CEO는 처음에 사람들이 이 제도를 불공정하게 활용할까봐 걱정했지만 그런 일은 사실 일어나지 않았다고 말했다. 아무도 이 제도를 악용하지 않았고 모두가 신뢰할만한 어른처럼 행동했다."

플라비우스 슈테프Flavius Ştef, 루마니아

어떻게 시작해야 할까

여러분의 조직이 자신만의 메리트 제도를 도입할 준비가 돼있는지 알아보자.

1. 이 실천법에서는 가장 먼저 실패에 안전한 환경을 만드는 것이 매우 중요하다. 예를 들어, 새로운 프로그램을 공지할 때는, 시험 기간 동안 몇 번 반복해보면서 우선 경험을 얻고 싶고, 그 기간이 지나면 반드시 시스템 전체를 다시 설정할 것이라고 말한다.

2. 가상 화폐의 이름이나 수여하는 방법처럼 세부적인 부분을 생각해보자. 실물을 도입할 것인가 온라인으로 도입할 것인가? 팀 전체나 사업부에도 보상을 줄 수 있는가? 얼마나 투명한 제도로 운영할 것인가?

3. 조직의 주요 리더들로부터 약속을 받자. 원하는 사람들이 자발적으로 참여할 수 있도록 해주면, 나머지 사람들과 비즈니스 전체에 어떤 영향을 미칠지 먼저 지켜볼 수 있다.

4. 실제 도입하기 전에 모든 이해관계자와 함께 시험 기간에 대해 평가한다.

팁과 응용

메리트 머니에서 돈에 대한 부분은 사실 선택 사항이다. 그 부분을 빼놓으면 그냥 훌륭한 지속적인 360도 피드백 도구가 된다.

메리트 머니에 사전 동의 방식을 활용할 것을 제안하는 사람들도 있다. 가입하고 싶은 사람들만 하는 것이다.

파트 타임으로 일하는 사람들에게 주는 포인트를 줄이자고 제안하는 사람도 있지만, 우리는 모두가 동등하게 투표해야 한다고 믿는다.

처음에 우리는 모든 포인트를 한 달에 한 번 나눠줬었다. 그러나 나중에는 매월 일정량의 포인트를 주고 그 포인트를 언제라도 조금씩 나눠줄 수 있는 방식으로 바꿨다.

옵션 제도와 비슷하게 (잠재적으로 더 큰 금액의) 메리트 머니를 받기로 하고 자발적으로 월급을 줄이는 선택을 할 수도 있다.

사람들이 얻은 포인트를 돈이 아니라 비금전적인 특권이나 상으로 바꾸도록 할 수도 있다.

우리는 매월 주사위를 던져서 6이 나오면 누적된 보너스를 지급한다. 아주 재미있는 방법이다.

우리는 사람들이 포인트를 사용하지 않으면 사라지도록 매월 다시 시작한다. 포인트를 다음 달로 이월하는 것도 물론 가능하다.

우리 팀 전체에서 오직 한 사람만이 이 도구를 사용하고 싶어하지 않았다. 그래도 괜찮지만, 그 사람은 어떠한 포인트도 받기 어렵다는 뜻이기도 하다.

단순한 방법을 유지한다. 우리는 팀이나 단위 조직이 아니라 개인에게만, 그리고 회사에서 일하는 사람들에게만 포인트를 준다.

우리는 서로에게 주는 모든 포인트에 #transparency, #commitment, #kindness와 같이 한 가지 이상의회사 가치를 태그로 달았다.

가능한 한 투명하도록 노력하자. 하지만 얼마나 투명한지와 관계없이 경영진과 직원이 같은 정보를 얻을 수 있도록 하자!

가능한 한 투명하도록 노력하자. 하지만 얼마나 투명한지와 관계없이 경영진과 직원이 같은 정보를 얻을 수 있도록 하자!

무빙 모티베이터

구성원의 진정한 몰입을 찾아서

아이들의 관찰력과
분별력이 점점 커지면서
알고 싶어하는 욕구가 늘어날 때
거짓말과 허튼소리로
속이는 것은 커다란 실수다.

앤 설리번Anne Sullivan,
미국 교사
(1866-1936)

조직의 목표는 사람들이 함께 생산성을
발휘하도록 동기를 부여하는 것이다.
대부분의 회사는 구성원에게 돈을
지불하는 방식으로 그 목표를 이룬다.
그러나 외재적으로 동기가 부여돼 있다고 해서
반드시 내재적으로도 몰입하고 있다고 말할 수는 없다.
무빙 모티베이터moving motivators를 활용해서
무엇이 구성원을 움직이는지 그리고 어떻게 하면
몰입을 조직의 기본 속성으로 만들 수 있는지 알아보자.

이 글을 쓴 날은 일요일이었다. 주말 동안 배우자가 집을 비웠으니 이틀 간은 나만의 시간이라는 뜻이었다. TV 시리즈를 몰아서 볼 수도 있었고 음반을 정리할 수도 있었고 산악 자전거를 타고 숲 속을 탐험할 수도 있었다. 하지만 그러지 않았다. 대신 파워포인트 슬라이드 작성을 마무리했다. 아울러 용어도 조사하고 슬라이드 디자인도 하고 이미지 위치도 조정하고 문구도 다듬고 색상도 살짝 바꿨다. 왜냐고? 나는 무언가를 만드는 일이 즐겁기 때문이다. 어제 오후 늦게 슬라이드 최종 버전을 검토한 후 'PDF로 저장하기'를 클릭했을 때가 하루 중 가장 행복한 순간이었다. 무언가를 만들어 냈어! 그리고나서 초콜릿 아몬드 한 그릇을 뚝딱 해치웠다.

내게는 항상 우주 만물을 이해하고 싶은 커다란 열망이 있었다. 16살이었을 때는 아마 내가 우리 반에서 아인슈타인의 상대성 이론을 이해하려고 애쓰는 유일한 아이였을 것이다. 그리고 반 친구들이 시내 쇼핑몰 담벼락에 낙서로 신체 부위를 그리고 있을 때, 나는 우리 집 2층 내 방에서 분자와 4차원 시공연속체를 그리고 있었다. 내게는 재미보다 과학이 더 중요했다. 아니다, 이 말은 취소 해야겠다. 과학은 재미있다. 리처드 도킨스^{Richard Dawkins}의 『이기적 유전자〈The Selfish Gene〉』를 읽고 진화 전략 그리고 우리가 세상에 유전자를 퍼뜨리는 느릿한 로봇이나 마찬가지라는 아이디어를 배우자에게 이야기하면서 얼마나 경외감이 느껴졌는지 아직도 생생하다. 놀랍게도 우리 둘의 관계는 지금도 예전과 다름없다.

창의적인 프로세스를 통해 어떤 결과가 나오기를 기대한다면 거기에 무언가를 집어넣어야 한다. 그렇기 때문에 어제 나는 소위 여가 활동을 하며 시간을 보내지 않았던 것이다. 나는 우주가 어떻게 움직이는지 배우고 그 지식을 창의적인 모델, 글, 그림으로 표현하는 일이 훨씬 더 즐겁다. 실은 여가를 "무엇이든 원하는 것을 할 수 있는 시간" 또는 "일하지 않을 때 하는 즐거운 활동"이라고 정의하곤 한다. 좀 슬픈 정의다. 일하는 중일 때는 원하는 것을 할 수 없거나 그 활동이 즐겁지 않을 것이라는 뜻처럼 보인다. 만약 모든 사람이 자기 일에 동기부여 되어 있고 몰입하고 있다면 세상이 얼마나 달라질까.

직원 몰입

내 독자라면 전 세계 많은 사람이 대부분 '즐거움'과 '일'이라는 단어를 서로 연결시키지 않는다는 사실에 놀라는 일은 아마 없을 것이다. 연구 결과나 보고서를 찾아보면 직원들이 자기 일에 몰입하지 못하고 있다는 사실만 몇 번이고 되풀이해서 확인하게 될 뿐이다. (여담이지만, 그건 관리자도 마찬가지다.) 대부분의 회사가 직원 몰입employee engagement 문제를 겪고 있다고 인정하며, 몰입하기에는 자신들의 업무 또는 브랜드에 매력이 부족하다고 느끼면서도 이 문제를 어떻게 바꿔야 할지 모른다.[1] 보고서를 읽다 보면 비즈니스 리더와 HR 관리자들 모두 직원 몰입도가 낮은 이 문제를 최우선 과제 중 하나로 생각하고 있음을 확인할 수 있다.[2] 이 주제와 관련한 데이터가 얼마나 많은지 생각해보면, 직원 몰입에 관한 문서를 작성하는 사람들은 그런 보고서를 대량으로 찍어내는 일에 꽤나 동기부여 돼 있는 듯 하다.

직원 몰입이 부족한 것은 어떤 면에서 보면 이상한 일이다. 조직이 존재하는 본질적인 목표는 사람들이 협력해서 무언가를 만들어내도록 하는 것이다. 혼자서는 만들 수 없는 제품이나 서비스를 함께 만드는 것이 조직이다. 함께 생산성을 발휘하도록 동기를 부여하는 것이 모든 조직의 기본 속성이라는 뜻이다. 동기가 없다면 그 무엇도 만들어지지 않는다.

비즈니스 리더나 HR 관리자들은 이 점을 잘 알고 있다. 동기가 없다면 생산도 없다. 그러나 동기가 부여돼 있다고 해서 반드시 몰입하고 있는 구성원이라고 말할 수는 없다.

> **동기가 부여돼 있다고 해서 반드시 몰입하고 있는 구성원이라고 말할 수는 없다.**

보수 지급은 조직이 직원에게 동기를 부여하는 전통적인 방법이다. 그리고 이 방법은 (꽤, 상당히, 실제로) 효과가 있다. 그러나 사람들이 돈 이외에 자신에게 더 의미 있는 무언가에 동기를 느낀다면, 관리자는 훨씬 더 높은 생산성을 얻게 된다. 그것을 몰입이라고 부른다. 그리고 대부분의 조직에는 몰입이 부족하다. 더 높은 생산성이라는 흔하디 흔한 이유를 위해서라도, 리더와 관리자는 단순한 동기를 진정한 몰입으로 바꾸려고 노력해야 한다. 그렇다면 결정적인 질문은 다음과 같다. "어떻게 하면 몰입(또는 유의미한 동기)을 조직의 기본 속성으로 만들 수 있을까?"

> 기업은 사람들의 경제 활동을 조정하고 동기부여를 하기 위해 존재한다.
>
> 존 로버츠John Roberts, 『경영의 미학〈The Modern Firm〉』[3]

사람들에게 진짜로
동기를 부여해줄 수 있을까?

실은 거짓말을 했다. 어제 슬라이드만 만든 것이 아니라, 좋아하는 코미디언인 루비 왁스Ruby Wax, 제니퍼 손더스Jennifer Saunders, 돈 프렌치Dawn French가 나오는 유튜브 동영상 몇 개를 잠깐 봤다. 정말 재미있는 코미디언들이다. 많은 사람을 웃게 한다. 실제로 이들은 사람을 웃기고 돈을 번다. 울릴 수도 있겠지만 그렇게 하면 분명히 돈을 벌지는 못할 것이다. 뭐, 정치인은 그렇게 하면서도 돈을 벌긴 하지만.

이렇게 말하는 컨설턴트나 코치를 만나는 경우가 있다. "사람들에게 정말로 동기를 부여해줄 수는 없어요. 동기는 오직 스스로에게만 부여할 수 있죠." 이런 말을 들으면 불편하다. 말도 안돼! 이들은 사람들을 웃게 만드는 것도 불가능하다고 생각할까? 사람들이 언제 웃을 지는 오직 스스로만이 결정할 수 있다고?

맞다. 나도 안다. 엄밀히 따지면 "누군가를 웃게 만든다"는 말은 틀린 말이다. 코미디언이 할 수 있는 일은, 관객이 자기도 모르게 성대에서 소리를 낼 정도로 즐거워 할 가능성을 극대화하는 올바른 조건을 갖추고, 그런 일이 일어나지 않게 할 수 있는 모든 조건을 없애는 것뿐이다. 이 말을 일상언어로 바꾸면 다음과 같다. 코미디언은 사람을 웃게 만든다. 그리고 어떤 코미디언은 자기가 돈을 벌 가능성을 극대화하는 데 매우 능숙하다. 하지만 성공이 보장되어 있는 것은 아니다. 영국 총리였던 토니 블레어Tony Blair에게 물어보면 안다.

동기부여도 마찬가지다. 엄밀히 따지면 우리는 사람들이 동기를 부여 받았다고 느끼도록 만들 수는 없다. 비록 절대로 성공을 확신할 수는 없겠지만, 그런 일이 일어날 가능성을 극대화하는 올바른 조건을 갖추는 것은 분명히 가능하다. 관리자는 사람이 아니라 시스템을 관리해야 한다. 즉 관리자에게는 동기부여를 조직의 기본 속성으로 만들 책임이 있다는 뜻이다. 그런 일에 능숙한 관리자도 있지만 많은 이가 그렇지 못하다. 하지만 배울 수 있다!

> 다른 사람에게 동기를 부여한다고 말하는 것은 실수다. 우리가 할 수 있는 일은 사람들이 자기 일에 관심을 갖게 될 가능성을 극대화하는 특정한 조건을 갖추고 제약으로 작용하는 조건을 없애는 것뿐이다.
>
> 알피 콘Alfie Kohn, 『Punished by Rewards』4

내재적 동기와 외재적 동기

사회 과학자들은 동기를 여러 범주와 차원으로 나눌 수 있는 다양한 아이디어를 내놓았다. 앞에서도 비슷한 이야기를 했는데 이번에는 좀 더 깊이 들여다보자.

- **내재적 동기**intrinsic motivation란 어떤 주제에 흥미가 있거나 일 자체가 즐겁기 때문에 그 일을 하고 싶은 욕구다. 개인 내부에 존재하며 동물이나 인간의 행동을 연구해보면 입증할 수 있다. 생명체는 다른 이의 요청을 받든 받지 않든 놀이나 호기심을 해소하는 활동에 자발적으로 몰입한다는 사실을 알 수 있다. 그것이 바로 내재적 동기를 생명체의 자연스러운 경향성이라고 말하는 이유다.

- **외재적 동기**extrinsic motivation란 개인 외부에 있는 부언가 또는 누군가에게 바람직한 결과를 달성함으로써, (바람직한 행동을 보여주고) 제공되는 보상을 얻거나 (바람직한 행동을 하지 않아 생기는) 불이익을 피하기 위해 어떤 일을 할 필요성이다. 외재적 동기부여는 사람(또는 동물)에게 대개는 내재적 동기부여로 얻을 수 없는 행동을 촉진할 때 상당히 자주 사용한다. 돈, 직위, 트로피 등을 외재적 보상의 예로 들 수 있다.

극단적인 비유이긴 하지만, 급여 지급을 취소해보면 사람들이 내재적으로 동기부여 돼있는지 외재적으로 동기부여 돼있는지 쉽게 확인할 수 있다. 일을 그만두는 사람은 돈을 필요로 하고 기대하는 것이기 때문에 외재적으로 동기부여 돼있는 것이고, 계속 일을 하는 사람은 그 일을 즐기는 것이기 때문에 내재적으로 동기부여 돼있는 것이다. (머릿속에서만 실험해볼 것을 추천한다!)

동기를 내재적인 것과 외재적인 것으로 구별하는 것은 유용하지만 지나치게 단순하다. 인간의 두뇌보다 복잡한 시스템은 세상에 거의 없다. 인간의 심리와 사회학의 복잡성을 단 두 가지 동기로 압축할 수 있다고 믿는다면 조금 순진한 것이다.

> **동기를 내재적인 것과 외재적인 것으로 구별하는 것은 유용하지만 지나치게 단순하다.**

현실은 정반대라는 내 의견에 복잡성 사고를 하는 사람들이 동의해줄지 모르겠다. 인간에게는 현상을 실제보다 훨씬 단순하게 만들고 싶어하는 내재적 동기가 있다. 내재적 욕구와 외재적 욕구라는 상호 배타적인 범주가 생겨난 이유는, 우리 두뇌에 단순화, 추상화, 축소화를 바라는 강력한 욕구가 있기 때문이다. 예를 들어, 남성과 여성이라는 두 가지 성별을 이야기하면서 (둘 사이에 있는) 젠더퀴어, (두 가지 성을 지닌) 바이젠더, (세 가지 성을 지닌) 트라이젠더, (성이 중립인) 에이젠더, (제 3의 성인) 서드젠더, (조금씩 모든 성을 지닌) 팬젠더 같은 성 소수자는 쉽사리 잊는다. 또한, 낮과 밤을 말하면서 황혼이나 새벽이 낮과 밤 양쪽 모두 또는 그 중간 어디쯤이라는 사실은 쉽게 무시한다. 삶과 죽음을 말하면서 그 가운데 놓여 있는 무생물lifeless, 언데드undead, 부활resurrected, 자기조직화self-organizing, 자기생산autopoietic 등 기이한 현상을 두고 어떻게 분류해야 할지를 고심하는 것도 마찬가지다.

몇몇 연구를 살펴보면, 인간의 다양한 동기를 단 두 가지 범주로만 강제할 수 없는 것이 당연하다.[5] 예를 들어, 내가 연구를 통해 배운 것을 창의적인 발표나 책으로 내놓는 데 내재적으로 동기부여 돼있다고 많은 사람이 말할 것이다. 이런 활동이 내게 기쁨을 주기 때문이다. 하지만 시장에 내놓은 제품으로부터 칭찬, 보상, 돈을 받을 때도 즐거움을 경험한다. 맞다, 나는 누군가의 제안이나 인센티브 없이도 이런 프로젝트를 시작하는 경우가 많은데, 그것은 확실히 내재적 동기다. 그러나 분명히 인센티브를 상상할 때도 있고 주변의 관심과 격려가 부족해서 많은 창의적인 실험을 중단하기도 하는데, 그것은 외재적 동기를 의미한다. 그렇다면 나는 내재적으로 동기가 부여된 것일까 외재적으로 동기가 부여된 것일까? 그걸 꼭 이분법적으로 구별할 필요가 있을까?

복잡성 사고에서는 양 극단 사이에 수많은 회색 음영이 존재함을 인정해야 하며 다양한 사람이 다양한 방식으로 동기부여 된다고 말한다. 일을 하는 데 격려가 거의 또는 전혀 필요 없는 사람도 있다. 반대로 어떤 활동을 진정으로 즐기는 상황에서도 약간의 격려가 필요한 사람도 있다. 그리고 무엇이 내재적이고 무엇이 외재적인지 결정하기 어려운 경우가 상당히 많다. 요리하기를 즐기는 것은 음식에 대한 내재적 욕구 때문일까? 아니면 사랑하는 이의 격려 때문일까? 운동을 하면 기분이 좋아지기 때문에 운동하러 가는 것일까? 아니면 다른 사람들의 반응에 기분이 좋아지기 때문에 운동하러 가는 것일까? 나는 이번 챕터를 쓰고 싶어서 쓰고 있는 것일까? 아니면 여러분이 읽기를 바라기 때문에 쓰고 있는 것일까? 차라리 전부 조금씩 들어있는 범 동기pan-motivation 라는 신조어를 만들어 볼까?

CHAMPFROGS

구성원 동기부여라는 주제를 좀 더 깊이 살펴보고 싶은 모든 이에게 나의 CHAMPFROGS 모델을 권한다. 이 모델은 여러 다른 모델을 기초로 만든 것이다.[6, 7, 8] 하지만 CHAMPFROGS는 동기부여 요인을 비즈니스 상황으로 한정한다. 음식, 사랑, 복수 같은 내재적 동기부여 요인은 이 모델에서 무시하기로 했다. 분명히 그런 욕구를 완전히 무시해서는 안 되지만, 몇 가지 예외적인 상황을 제외하면 전 세계 관리자 및 구성원과 논의하기에 다음 10가지 동기부여 요인이 더 적절함을 알게 됐다.

CHAMPFROGS라는 단어에는 아무런 뜻도 없다. 팀원에게 동기를 부여해주는 10가지 요인을 쉽게 기억할 수 있도록 만든 쓸만한 약어에 불과하다.

10가지 동기부여 요인 각각을 살펴보기 전에, 우리가 지금 찾고 있는 것이 유의미한 동기부여와 진정한 구성원 몰입이라는 사실을 기억하자. 그냥 보수를 받고 동기가 부여된 사람보다 몰입하고 있는 구성원의 생산성이 더 높기 때문만이 아니라, 유의미한 동기부여 자체가 마땅히 노력해야 할 대상이기 때문이다. 무슨 말인지는 곧 알게 될 것이다.

호기심 Curiosity 살펴보거나 생각해 볼 것이 많다.

명예 Honor 자신이 추구하는 가치가 일하는 방식에 반영되고 있음을 자랑스럽게 여긴다.

인정 Acceptance 자신의 업무와 존재 자체를 동료들이 우호적으로 받아들인다.

전문성 Mastery 업무가 도전적이기는 하지만 여전히 능력 범위 안에 있다.

힘 Power 주변에서 일어나는 일에 필요한 만큼 영향을 미칠 수 있다.

자유 Freedom 업무와 책임에 대해 다른 사람들로부터 독립적이다.

관계 Relatedness 함께 일하는 다른 이들과 좋은 관계를 맺고 있다.

질서 Order 충분한 규칙과 정책이 있어서 주변 환경이 안정적이다.

목표 Goal 자기 인생의 목적이 하는 일에 반영되고 있다.

지위 Status 위치가 만족스럽고 함께 일하는 사람들이 그 위치를 인정한다.

그냥 단어일
뿐이야!

어떤 이름을 붙이고 뭐라고 부르는 지를 두고 너무 심각하게 생각하지 말자. 많은 과학자가 인간의 필요와 욕구를 연구해왔고 그 때마다 자기 모델이 최고라고 여기며 저마다 다른 분류법을 고안해냈다. 우리가 확실히 알고 있는 유일한 사실은, 모두가 동의하는 모델을 내놓을 수 있는 사람은 아무도 없다는 것뿐이다. 여러 관점을 허용하는 것이 대개는 가장 안전한 방법이며, 다양한 관찰자를 아울러서 평균적인 관점을 선택하면 정답에 가까운 결과를 얻을 수 있다. 그것이 내가 CHAMPFROGS 모델을 통해 이루고자 한 것이다. 이 모델을 원하는 대로 사용해보자.

호기심

호기심은 유의미한 10가지 동기부여 요인 중 첫 번째로, 단순히 (외재적으로) 동기부여 된 구성원을 업무, 사람, 조직에 (내재적으로) 몰입하도록 도울 수 있다. 호기심이란 무엇이 참이고 거짓인지 배우고 만물이 어떻게 움직이는지를 이해하는 기쁨을 말한다. 실험실, 연구소, 대학교 같은 조직은 사람이 타고나는 탐험이라는 동인 위에서 성장한다. 이러한 조직에게 호기심은 존재의 이유가 된다.

인간은 호기심이 많은 생물이다. 연구에 따르면 아이에게 동기를 부여할 때는 그냥 알록달록한 스티커보다 신기한 동물 이야기가 더 효과가 좋다.[9] 우리의 두뇌는 발명과 탐험에 열광한다. 어렸을 때는 우리가 창의적인 존재라는 사실을 몰랐다. 단지 새로운 시도를 하면 신난다는 것을 알았을 뿐이다.[10] 다 자란 후에도 마찬가지다. 호기심이 가득한 구성원은 보상을 받든 안받든 무언가를 배우고 싶어 출근할 것이다. 그들에게는 얻게 되는 지식이 보상이다.

관리자로서 이 동기부여 요인을 조직에 활용하는 방법은 모든 사람의 업무에 발견과 발명이 필수적인지 확인해 보는 것이다. 새로운 도구를 시도하고, 다양한 프로세스를 실험하고, 팀 문제를 처리하는 자신만의 해결책을 발명할 수 있도록 해주자. 맞다, 회계 법인이라면 이런 일을 하기가 실험실보다는 어려울 수 있다. 그리고 타고난 호기심이 얼마나 강한지도 사람마다 전부 다르다. 그럼에도 불구하고 나는 모든 조직이 자신의 제품과 서비스에 관한 한 연구소가 될 수 있다고 믿는다.

명예

명예심으로 잘 알려진 대표적인 조직이 바로 종교 단체와 군대다. 명예란 집단에 대한 충성심이며 행동이 도덕률 또는 가치 체계와 얼마나 일치하는지에 대한 것이다.

이번 챕터를 쓰는 동안 나는 어떤 병사가 윤리적인 결정 때문에 고뇌하는 판타지 소설을 읽고 있었다. 정직과 약속이라는 개인의 욕구를 충족시키려면 친구를 배신하고 적에게 넘겨야 했다. 아니나 다를까 그 병사는 그렇게 행동했다. 그에게는 오랜 우정보다 자신의 가치에 충실한 것이 훨씬 중요했기 때문이었다.

누구나 살다 보면 정직과 우정, 합리와 친절, 야심과 평화처럼 서로 충돌하는 우선순위 사이에서 가치의 균형을 잡아야 하는 경우를 만난다. 문학 작품을 읽다 보면 꼭 우정, 종교, 전쟁이 아니더라도 그런 사례로 넘쳐난다. 개인이 명예심을 지키려면 대부분의 경우 반드시 자기 규율self-discipline이 있어야 한다. 예를 들어, 나는 절대로 내 서비스를 두고 고객과 개별적인 할인을 협의하지 않는다. 어떤 고객에게 할인을 해줬다면 상황이 비슷한 다른 고객에게도 할인을 해주는 것이 공정하다고 생각하기 때문이다. 따라서, 내 명예와 자기 규율을 지키려면 명확한 할인 정책이 필요하다. 그런 정책이 없다면 공정하지 못함에 죄책감을 느낄 것이다.

이 동기부여 요인을 조직에도 적용할 수 있을까? 물론이다! 조직 내에서 명확한 행동 규범이나 가치 체계를 만들고 발전시키면 된다. 그렇게 하면 조직의 가치에 자신의 가치가 반영되는 사람에게는 동기를 부여해 줄 것이다. 그렇게 하는 데 당연히 종교를 믿거나 전쟁을 시작할 필요는 없다.

인정

나는 인정 욕구를 연구하면서 사람에게는 자존감과 긍정적인 자아상에 대한 내재적인 욕구가 있다는 사실을 알게 됐다. 우리 모두 그렇다. 어린 시절에는 대부분 부모님에게 인정받으려 하고, 성인이 된 후에는 파트너나 동료로부터 인정받으려 한다.

흥미롭게도, 자아존중감이 부족한 사람과 인정 욕구를 연결시켜 생각하는 경우가 많다. 자아존중감이 부족한 사람은 일부러 갈등과 비판을 피하고, 거절을 두려워하며 부모님, 파트너, 동료의 인정을 얻기 위해서라면 무슨 일이든 할 것이라고 말한다. 이런 의견을 듣다 보면, 그런 사람들에게는 인정이 동기를 부여해주는 요인이 아니라 동기를 떨어뜨리는 요인이라는 생각이 강하게 들 수도 있다. 특정 행동을 하게 하려면 인정이 부족해야 한다고 보는 것이다.

하지만 사람들의 인정이 시스템의 기본 속성인 조직을 예로 들 때, 굳이 상담소나 중독자들의 자활 모임을 떠올릴 필요는 없다. 자존감 회복만으로는 충분하지 않다. 사람들의 배경이나 신체적 또는 정신적 특성과는 상관 없이, 다양한 이들의 자존감을 끌어올리거나 스스로를 긍정적으로 느낄 수 있게끔 노력할 수 있다.

구성원의 다양성이 조직 혁신의 열쇠다.[11] 관리자로서 여러분은 단지 소수자를 존중해주는 것 이상을 할 수 있다. 사회 체계에 독특한 특성을 더해주는 사람을 채용할 수도 있다. 모든 형태의 다양성을 그저 받아들이고 용인하는 데 그치지 않고, 중요한 존재로 포용할 수 있도록 팀을 구성할 수 있다. 자신을 있는 그대로 인정받고 싶어하는 사람을 동기부여 하는 데 이보다 더 좋은 방법은 없을 것이다.

전문성

전문성에 의해 움직이는 조직을 생각해보면 전문가로 가득한 컨설팅 회사가 머릿속에 떠오른다. 그러나 특정 분야의 역량이 높아야 살아남을 수 있는 법률 사무소나 무술 도장 같은 곳을 떠올리는 사람도 있을 것이다.

스티븐 레이스Steven Reiss가 자신의 16가지 기본 욕구 이론16 basic desires theory에서 전문성을 힘에 대한 욕구의 일부로 간주한 것은 흥미로운 일이다. 도전, 야심, 탁월함, 영광을 추구하는 노력에 힘이 동기를 부여하기 때문이다.[12] 하지만 에드워드 데시Edward Deci와 리처드 라이언Richard Ryan은 자기 결정 이론self-determination theory을 보면, 유능성competence을 단 세 가지뿐인 동기부여 요인 중 하나로 여길 만큼 극히 중요한 인간의 욕구로 바라본다. 나는 두 주장의 중간 쯤이 좋다.

전문성이란 지금 하는 일을 넘어서는 그 이상의 도전에 대한 것이다. 좋은 보상이 주어지는 쉬운 과업에 전적으로 만족하는 사람도 있다. 그러나 기술을 발전시키고 탁월함을 향해 나아가는 도전 의식을 느끼고 싶어하는 사람도 있다. 예를 들어, 내 모든 프로젝트에는 시간 제한이 있고 이전 프로젝트와는 다른 프로젝트를 하는 이유는, 전문성을 추구하기 때문이다. 같은 일을 하는 것은 충분히 도전적이지 않다.

관리자는 반복적이고 지루한 과업을 비즈니스 모델에서 떼어내어 자동화하거나 그런 종류의 일을 잘 할 줄 하는 다른 비즈니스로 넘겨야 한다. 여러분에게는 도전적이기는 하지만 여전히 능력 범위 안에 있는 업무를 사람들에게 제시할 책임이 있다.

POWER

There's enough room for me to influence what happens around me

힘

힘을 생각할 때 머릿속에 가장 먼저 떠오르는 조직 유형은 정당, 첩보 기관, 정부 부처다. 자료를 살펴보면 힘은 지배적 행동, 리더십, 다른 이에게 자신의 의지를 내세우는 것과 연결되는 경우가 많다. 짐작컨대 인간이나 동물에게는 힘에 대한 욕구는 내재돼 있다. 생존 욕구 때문이다. 연구 결과를 살펴보면 힘에 대한 열망을 섹스나 코카인 같은 다른 중독 행위와 연관 짓기도 한다.[13]

개인적으로 나는 힘을 세상에 영향을 미치고자 하는 욕구라고 생각하는데, 이 설명이 보다 긍정적이며 깨우침을 주는 것처럼 느껴지기 때문이다. 달라이 라마가 지배적 행동을 보이거나 자신의 의지를 다른 사람에게 내세우는 일이 거의 없다는 내 의견에 많은 이가 동의할 것이다. 그럼에도 불구하고 달라이 라마는 상당히 영향력 있는 인물로 여겨진다. 따라서 달라이 라마에게는 힘이 있다. 자기 주변을 변화시킬 수 있고 세상에 변화를 가져올 수 있는 것이 힘이다. 레이스와는 달리 나는 힘이 전문성과는 꽤 다르다고 믿는다. 예술가는 개인의 탁월함에 많은 관심을 쏟으면서도 자신의 작업이 얼마나 많은 사람의 마음을 움직이거나 변화시키는 지에는 거의 관심을 갖지 않는다. 예술가는 전문성을 추구하면서도 힘은 추구하지 않는 사람들이다.

권한 부여empowerment라는 단어 안에 힘power이라는 단어가 들어있는 것이 우연의 일치는 아니다. 관리자는 사람들이 누군가의 허락을 받지 않고도 책임질 권한을 부여 받았다고 느끼고 리더나 변화 에이전트change agent가 되는 그런 환경을 만들 수 있다. 숨막히는 계층 구조와 관료주의는 힘에 대한 욕구가 높은 사람의 동기를 떨어뜨릴 것이다. 사회 연결망에서 사람들은 네트워크에 연결됨으로써 권한을 부여 받는다. 권한 부여에서의 힘이란 이러한 연결성을 촉진한다는 뜻이다.[14]

단어와 의미

나는 영향influence이라는 단어가 힘이라는 단어보다 논란이 더 적을 수도 있음을 알게 됐다. 마찬가지로 사람들이 자유보다는 자율성autonomy, 목표보다는 목적purpose, 전문성보다는 역량competence 쪽을 더 선호할 수도 있다. 하지만 단어보다 의미가 더 중요하다는 사실을 깨닫는 것이 중요하며, 사람들에게 동기부여에 대한 자신만의 멘탈 모델을 구성할 수 있는 자유/자율성이 있어야 한다. CHACIAROPS가 CHAMPFROGS만큼 상상력을 자극해주지 못하는 것도 또 한 가지 이유다. 모든 모델은 틀릴 수밖에 없지만, 이번 장에서 설명한 모델은 분명히 유용하다.

자유

자유라는 동기부여 요인을 이야기할 때 가장 좋은 예시는 의심의 여지 없이 스타트업이나 그 밖의 창업 조직이다. 나는 항상 비즈니스를 직접 운영할 때가 좋았고 취직할 때는 작은 조직을 선호했다. 왜냐고? 더 많은 자유를 느낄 수 있기 때문이다.

전 세계 많은 이에게 가장 널리 알려진 동기부여 요인이 독립성과 자율성이다. 짐작이지만, 내향적인 사람이 외향적인 사람보다 독립성으로 동기부여 될 가능성이 좀 더 높다고 생각한다. (내게는 아마 독립성이 가장 중요한 동기부여 요인일 것이다!) 자유에 의해 동기부여 되는 사람은 대개 남에게 의존하기를 싫어한다. 그들은 일을 완수하는 데 도움 받기를 원치 않고 오히려 모든 일을 직접 하려 한다. 사람들이 나에게 무언가 도움을 주겠다고 제안했던 적이 여러 번 있었지만, 내가 도움을 요청한 일은 거의 기억에 없다!

힘과 비슷하게 자유도 구성원 권한 부여와 밀접하게 연결돼 있다. 계층 환경에서는 직원들이 하고 싶은 일은 뭐든 허락을 받아야 한다고 느끼는데, 이것이 경영진에 대한 암묵적인 의존성이다. 이 점 때문에 나는 5,000여 명이 일하는 회사를 일 년 만에 떠나기도 했다.

또한 자유는 네트워크에서의 권한 부여에 대한 이야기이기도 하다. 사람들은 반드시 자신이 일하고 있는 자기조직화 팀 안에서 자유를 느껴야 한다. 모든 결정은 함께 내려야 하며 팀 질서를 유지하는 데 규칙이 필요하다고 고집하는 팀원이 있다면, 자유로부터 동기를 부여 받는 사람은 숨 막히는 환경이라고 느낄 수도 있다.

관계

자유가 내향적인 사람에게 환영 받는다면, 관계는 외향적인 사람의 주요 동기부여 요인 중 하나임이 틀림없다. 다시 말하지만 그냥 짐작이다. 그러나 다른 사람과의 사회적 접촉을 즐기는 이들이 있다. 그들에게는 함께 수다를 떨고, 놀고, 즐거운 시간을 보낼 가족이나 친구가 필요하다.

다른 이와 시간을 보내기를 좋아하는 사람을 봤을 때 수단과 목적을 혼동하지 말자. 주로 사회 연결망에서 자신의 위치에 미치는 영향 때문에 동료와 어울리는 이가 있다. 그런 사람은 관계가 아니라 힘이나 지위에 의해 동기부여 된 것일 수 있다. 관계에 대해 이야기 할 때는 분명히 혼자 있지 않으려고 어울리기를 좋아하는 사람을 가리키는 것이다.

모든 조직은 함께 일하는 사람들로 이뤄져 있기 때문에, 조직은 전부 관계라는 동기부여 요인을 기본적으로 갖추고 있다고 볼 수 있다. 하지만, 전통적인 회사에 비해 원격 근무만으로 운영하는 회사에서는 상대적으로 어려운 동기부여 요인일 수도 있다. 멀리 떨어져 있는 원격팀은 함께 모여있는 팀보다 팀원들이 서로 어울리기가 더 어렵다는 것을 알게 될 것이다. (함께 일하는 원격팀과의 온라인 회의를 취소하고 지금 이 글을 쓰고 있다는 것이 역설적이다. 오늘은 함께 시간을 보내는 것보다 내 시간이 더 필요하다고 결정했다.)

관리자가 관계로 동기를 부여하려면 무엇을 할 수 있을까? 환경에 의해 가로막혀 있지만 않다면 사회적 상호작용은 어떤 식으로든 쉽게 일어난다는 것이 내 생각이다. 예를 들어, 사람들은 칸막이와 고급 사무실로 가득한 시끄러운 공간보다는 편안하고 개방적인 사무 공간에서 더 쉽게 어울린다. 마찬가지로, 업무 환경이 사무실 입구에서 끝나는 것이 아니라 사무실 바깥에서도 함께 할 수 있는 기회가 충분한지 관심을 기울일 수 있다. 원격팀에게도 수다를 떨고 함께 놀 수 있는 다양한 선택지가 있다. 여러분이 해결해야 할 과제는 구성원들에게 팀 온라인 회의를 생략하지 않을 좋은 이유를 주는 것이다! 나는 좀 전에 생략했지만 말이다. 흠!

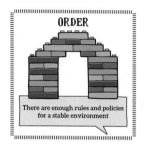

질서

모든 인간은 질서와 확실함을 느끼고 싶어한다. 우리의 두뇌는 질서를 좋아한다. 많은 관리자와 리더가 변화에 저항하는 직원을 두고 불평하는 데에는 다 이유가 있다. 사람들은 대부분 평소 그대로인 것을 좋아한다. (보수주의는 이러한 내재적 욕구에 기반한 정치 이념이다.)

확실함이나 안정성과 연관 지을 수 있는 대표적인 조직이 패스트푸드 체인이나 전통적인 공장이다. 직원들이 언제 무슨 일이 일어날지, 누구에게 무슨 책임이 있는지 알고 있는 시계처럼 움직여야 하는 조직이라면 전부 질서가 중요한 조직이다.

애자일의 맥락에서 보면 점점 빨라지는 변화와 더욱 잦은 혼란에 직면한 조직에서 사람들에게 확실함을 제시한다는 것은 쉬운 일이 아니다. 기업의 평균 수명이 매년 줄어들고 있는 상황에서 어느 누구에게도 확실한 것은 없다.

그렇다면 질서와 안정성에 대한 욕구를 만족시키려면 무엇을 할 수 있을까? 그 해결책은 세부 사항에 있다. 고용 안정이란 환상에 불과하지만, 그럼에도 불구하고 다른 방법을 통해 약간의 확실함을 얻을 수 있다. 예를 들어, 많은 사람이 매일 다른 책상에서 일하는 것을 좋아하지 않기 때문에, 원한다면 선호하는 책상에 앉을 수 있는 선택권을 준다. 많은 사람이 (프리랜서라 할지라도) 급여가 계속 바뀌는 상황을 좋아하지 않기 때문에, 안정적인 월 수입을 제공한다. 많은 사람이 자신에게 기대되는 것이 무엇인지 모르는 것을 싫어하기 때문에, 가능하다면 그들이 직접 만든 업무 프로파일이나 직무 기술서에 확실한 동의를 해준다. 회사의 미래는 불확실할지도 모르지만, 사람들이 매일 뜻 밖의 불쾌한 일을 접하게 되는 회수가 줄어들도록 노력할 수 있다.

목표

목표와 목적이라는 동기부여 요인을 생각할 때 마음 속에 가장 먼저 떠오르는 집단은 자선 단체다. 많은 사람이 자신의 업무에서 단순히 직업이나 경력 이상의 것을 원한다. 자기가 하는 일이 자기 소명의 일부가 되기를 바라는 것이다. 이것은 매슬로우의 욕구 단계Maslow's hierarchy of needs에서 다섯 번째 단계이자 가장 높은 수준의 내재적 동기인 자아실현과 아주 비슷하다. 첫 두 단계인 생리 욕구와 안전 욕구는 직업을 갖는 것과 일치한다고 볼 수 있고, 세 번째와 네 번째 단계인 소속 욕구와 존경 욕구는 경력을 쌓는 것에 해당한다고 볼 수 있다. 평범한 직업이나 흥미진진한 경력은 사람들이 자신의 소명을 찾기 전에 거쳐가는 단계일 수도 있다. (나는 20년이 걸렸다.)

이상주의가 존재의 이유인 곳은 자선 단체뿐만이 아니다. 위대한 조직은 돈을 벌어 주주, 고객, 그 밖의 이해관계자를 기쁘게 하는 것을 넘어 영감을 불어 일으키는 목적을 지닐 수도 있다. (그리고 그래야 한다.) 회사가 존재하는 이유를 정의할 수 없다면 사실 나머지는 중요하지 않다.

회사가 세상에서 무엇을 성취하고자 하는지를 분명히 해서 직원들에게 동기를 부여하자. 사람들은 자신의 개인적인 목표가 자기가 하는 일에 반영되는 것을 높이 평가한다. 예를 들어, 우리 회사의 목적은 사람들이 자신의 일에서 더 행복해질 수 있도록 돕는 것이다. 이것이 내 동료 구성원에게 동기를 부여한다. 왜냐하면 그 목적이 자신만의 목표를 떠오르게 해주기 때문이다. 어떤 경우는, 사람들이 그 회사에 합류하는 이유가 그 회사의 목적 때문일 때도 있다!

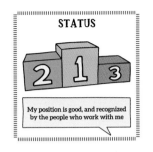

STATUS

My position is good, and recognized by the people who work with me

지위

지위를 생각하면 스포츠, 패션, 왕족, 상류층 사교 모임이 떠오른다. 그리고 Inc.com이 선정한 리더십 탑 50 명단도 그렇다. 맞다. 많은 사람이 상, 칭호, 배지, 상표 이름, 은빛 어깨띠, 금메달로 치장하고 싶어하는 데에는 그럴 만한 이유가 있다. 이런 것이 사회적 지위를 높여주기 때문이다. 많은 경우 부를 추구하는 것이 누군가의 지위에 대한 욕구를 가리키는 경우가 많지만, 지위를 얻는 데에는 다른 방법도 있다.

특권, 인정, 독점은 여러 가지 형태로 나타난다. 전통적인 조직의 수직적 구조가 명백한 후보다. 높은 자리에 있는 사람이 누가 더 높은 자리로 승진할 수 있는지 결정하기 때문이다. 지위에 대한 열망은 긴 직함, 특별한 주차 공간, 널찍한 고급 사무실, 때로는 고위 경영진 전용 엘리베이터로 이어진다. 그러나 우리는 사회 연결망에서도 지위를 찾아볼 수 있다. 사람들은 계층 구조에서 위로 올라가는 것 말고도, 네트워크에서 연결이 점차 늘어나는 것을 즐기기도 한다. 동료들에 비해 얼마나 영향력이 있는 사람인지 알아보려고 소셜 미디어 상에서 나의 인기도를 알려주는 클라우트^Klout 점수를 이따금 확인해 본다는 사실을 부정할 수는 없다.

관리자는 사람들이 자신에게 중요한 방향으로 나아갈 수 있는 기회를 제공함으로써 지위에 대한 그들의 욕구를 보살필 수 있다. 그러나 사람들이 이룬 바를 회사 차원에서 공정하고 투명한 방법으로 인정하는 것을 목표로 해야 한다. 직원의 사회적 위치는 생산 및 혁신 역량과 연결돼야지 정치 게임을 하는 재능과 연결돼서는 안된다.

© 2015 Jürgen Dittmar

시스템을 관리하자

사람들이 함께 생산성을 발휘할 수 있도록 동기를 부여하는 것이 회사의 목표다. 그러므로, 동기부여는 회사 전체에 영향을 미치는 속성이다. 안타까운 일이지만 많은 조직이 오직 금전적 보상만으로 동기를 부여하고 다른 내재적 동기부여 속성이 없기 때문에 일과 사람에 대한 진정한 몰입이 없는 것이다.

> 관리자는 호기심, 명예, 인정,
> 그 밖의 다른 동기부여 요인이 회사 전체에
> 영향을 미치는 속성이 될 수 있는
> 방법을 반드시 찾아내야 한다.

관리자는 호기심, 명예, 인정, 그 밖의 다른 내재적 동기부여 요인이 회사 전체에 영향을 미치는 속성이 될 수 있는 방법을 반드시 찾아내야 한다. 즉, 잠시 시스템에 주의를 기울이지 않을 때도 시스템의 속성이 여전히 구성원의 몰입과 행동에 영향을 미치는 것이다. 속담에도 나오는 당근과 채찍(보상과 불이익)은 그 범주에 해당하지 않는다. 그 방법이 통할지도 모르지만 효과를 발휘하려면 지속적으로 주의를 기울일 필요가 있다. 그리고 모르는 사이에 그런 수단 없이는 비즈니스가 꿈쩍도 하지 않게 된다.

> 사람들이 풀어지지 않도록 예방하기 위해 목표를 주고 압력을 가하던 방식이 필요하던 시스템에서 오래 지내 본 사람들이라면, 그들을 느슨하게 풀어줄 때 일어나는 일은, 상사와 목표들을 갑자기 없앨 때 일어나는 현상과 정확하게 같은 모습일 것이다.

프레데릭 라루 Frédéric Laloux, 『조직의 재창조〈Reinventing Organizations〉』[15]

몰입은 체계적인 방법으로 조직 구조 안에 짜여져야 한다. 개인에게 동기를 부여하는 데 시간을 낭비해서는 안된다는 뜻이다. 그렇게 한다면 실패 모드 안에서 움직이고 있는 것이다. 그 일을 무한정으로 계속 할 수는 없다. 시스템, 즉 조직 그 자체가 사람들을 몰입하지 못하게 하는 이유를 이해하는 데 시간을 쓰자. 다시 말해, 가장 단순하고 평범한 종류의 일일지라도 사람들이 자신의 10가지 내재적 동기부여 요인 중 일부를 찾을 수 있도록 시스템을 구성하라는 뜻이다. 사람이 아니라 시스템을 관리하자.

> 엔지니어나 목수가 되는 것 자체가 즐겁지는 않다. 그러나 만약 특정한 방법으로 그런 일을 한다면 자신을 위해 가치 있는 내재적인 보상이 될 수도 있다.

미하이 칙센트미하이 Mihaly Csikszentmihalyi, 『창의성의 즐거움〈Creativity〉』[16]

직원 몰입 프로그램 (효과 없음)

몰입이 조직의 기본 속성이 돼야 한다는 점을 고려하면, 이제 왜 많은 직원 몰입 프로그램이 효과가 없는지 이해할 수 있다.

> 소위 직원 몰입 프로그램은 대부분 실행 불가능하거나 절대 실현될 리 없는 파워포인트 발표로 이뤄진 엉터리에 꼴사납고 쓸모 없는 유행일 뿐이다.

레스 맥코운Les McKeown,
"A Very Simple Reason Employee Engagement Programs Don't Work"[17]

거의 모든 직원 몰입 프로그램은 팀 빌딩 실습, 야외 활동, 자원 봉사, 게임과 파티 등을 활용해서 관리자 또는 컨설턴트가 직접적으로 사람들에게 "동기부여" 하기 위해 수행하는 구체적인 활동에 집중한다. 그러나 동기부여 활동을 아무리 많이 하더라도 시스템 그 자체와는 관련이 없음을 숨길 수는 없다. 그리고 (이 문단이 내 연간 수입에 나쁜 영향을 줄 지도 모르겠지만) 동기부여 강사 역시 큰 변화를 불러오지는 못할 것이다. 모두가 슬픈 얼굴을 짓고 있는 장례식에 광대 한 명을 부르는 거나 마찬가지다.

사람들이 진정으로 행복해 하고 몰입하는 조직을 살펴보면, 업무와 조직이 사람들의 호기심, 명예, 인정, 전문성, 그 밖의 동기부여 요인에 대한 내재적 욕구를 일으킨다는 사실을 알게 될 것이다. 비즈니스 리더나 인사 관리자가 임직원의 동기를 유지하기 위해 직원 몰입 프로그램에 많은 시간을 쓰는 모습은 분명히 찾아보기 어려울 것이다.[18] 여러분이 찾아볼 수 있는 것은 사람들이 업무 그리고 주변 사람들 때문에 몰입하는 모습이다.

내가 아는 유일한 진짜 직원 몰입 프로그램은, 조직에 속해 있는 사람들이 어떻게 내재적으로 동기부여 되고 있는지 알아내고, 그들의 내재적 욕구가 시스템에 의해 만족될 수 있도록 조직을 변화시키는 것이다. 이제 무빙 모티베이터 게임을 플레이 해보자.

무빙 모티베이터

무빙 모티베이터는 10장의 동기부여 카드를 (개인 관점에서) 중요한 순서대로 나열한 다음 개인적인 상황, 대개는 업무 환경에 따라 위 아래로 옮기는 방식으로 플레이한다. 카드를 왼쪽이나 오른쪽으로 옮긴다는 것은 플레이어가 특정 동기부여 요인을 다른 것보다 더 중요하거나 덜 중요하게 여긴다는 것을 나타낸다. 카드를 위나 아래로 움직이면 환경 변화가 동기에 긍정적 또는 부정적 영향을 미치고 있음을 가리킨다.

예를 들어 나는 자유, 지위, 호기심을 가장 중요한 동기부여 요인이라고 여기지만 인정, 관계는 그다지 중요하지 않다고 생각한다. 몇 년 전에 정규직을 그만두었을 때 내 동기부여 요인 중 (내게 중요한) 자유와 호기심은 올라갔다. 독립해서 새로운 사회 생활을 탐험할 수 있었기 때문이다. 반면에 내 동기부여 요인 중 (덜 중요한) 관계는 내려갔는데, 여러 좋은 동료를 남겨두고 떠나야 했기 때문이다. 그래도 최종적인 효과는 전반적으로 긍정적이었다. 좋은 결정이었다.

무빙 모티베이터 게임은 혼자서 스스로를 돌아보는 도구로도, 두 사람이 일대일 대화를 하는 상황에서도, 팀 동료끼리 회고 또는 팀 빌딩 활동으로도

플레이 할 수 있다. 나는 전 세계 수백 명과 함께 여러 차례 이 활동을 퍼실리테이션 해왔다. 그 결과는 항상 꽤나 고무적이었다. 다음은 이 게임을 하는 이들을 위한 몇 가지 일반적인 팁이다.

- 이 활동에는 옳고 그른 것이 없다. 모두가 중요하게 여기는 것이 다르다. 자유에 의해 동기부여 되는 사람도 있고 관계에 의해 동기부여 되는 사람도 있다. 이 게임의 묘미는 이러한 차이점을 드러내서 모두 나와 똑같다고 가정하고 서로를 잘못 판단하는 경우가 많다는 사실을 깨닫도록 한다는 점이다. (나는 자유가 내게 중요한 만큼 다른 사람에게도 중요하다고 평생 짐작했다. 내가 틀렸음을 알게 됐다.)

- 종종 용어에 대해 의견 차이가 생기지만 괜찮다. 과학자들도 서로에게 동의하지 않는다. 내가 말하는 힘과 지위의 의미가 그 단어에 대한 여러분의 해석과는 약간 다를 수 있다. 더 중요한 것은 우리가 어떻게 느끼는지 무엇이 필요한지 설명하는 데 카드가 도움을 준다는 점이다.

- 상황에 따라 많은 것이 달라진다. 예를 들어, 어떤 나라에서는 카드를 오른쪽에서 왼쪽 방향으로 나열하는 것이 왼쪽에서 오른쪽 방향으로 배열하는 것보다 더 좋다. 우선순위를 가로가 아니라 세로로 표현하기를 더 좋아하는 사람도 있다. 그리고 관찰자가 영향을 미치기도 한다. 이 게임을 배우자와 하는지, 가장 친한 친구와 하는지, 동료와 하는지, 관리자와 하는지에 따라 그 결과가 달라진다!

- 이 활동을 하는 맥락이 업무 환경이냐 개인 생활이냐에 따라 동기부여 요인의 중요도가 달라질 수 있다. 어떤 동기부여 요인은 상황 변화에 따라 개인에게 더 중요해질 수도 덜 중요해질 수도 있다.

- 플레이어 간의 결과가 항상 다르기 때문에 이 게임은 다양성과 대안적 관점을 강조한다. 그런 관점은 항상 좋은 것이다.

훨씬 더
쉽다

무빙 모티베이터 게임은 "무엇이 여러분에게 동기를 부여하는 가?"라는 질문을 던지는 것보다 훨씬 쉽다. 이런 질문은 많은 사람에게 그 자체로 대답하기에 너무 모호하고 추상적이다. 그러나 테이블 위에 멋진 카드 10장을 올려 놓고, 공간적으로 왼쪽에서 오른쪽으로 위에서 아래로 움직여달라는 요청을 받으면, 동기부여에 대한 논의가 갑자기 훨씬 쉬운 일이 된다.

관리자로서 우리는 묻는다. 무엇이 동기를 부여하느냐고. "그게 그들에게 무슨 영향을 미치는가?"라는 질문의 답을 알고 싶기 때문이다. 생산성을 발휘하도록 몰입을 돕는 것이 조직의 목표다. 우리는 실제로 몰입이 이뤄지고 있다는 증거를 찾는다. 그리고 어떠한 증거도 찾을 수 없다면 해야 할 일이 있다.

우리가 할 일은 좋은 실천법을 도입해서 실험하는 것이다. 셀레브레이션 그리드로 호기심과 탐험 욕구를 북돋울 수 있다. 가치 스토리로 명예심을 만족시킬 수 있다. 퍼스널 맵으로 인정받는다는 느낌을 줄 수 있고, 피드백 랩이나 지표 생태계를 통해 전문성을 키울 수 있다. 힘, 자유, 질서를 높이려면 알다시피 델리게이션 보드를 도입해 볼 수 있고, 관계와 지위는 쿠도 박스를 사용해서 만족시킬 수 있다. 마지막으로 가치 있는 목표는 컬처북으로

전달하면 분명하다. 그러나 이것은 단지 내 제안일 뿐이다. 여러분이 더 좋은 대안을 알 수도 있다.

또한 무빙 모티베이터 게임은 조직 변화의 영향을 평가할 수 있는 훌륭한 기회를 제공하기도 한다. 앞으로 다가올 합병, 조직 개편, 승진, 신규 사업 전략, 새로운 팀 동료에 대해 사람들은 어떻게 느낄까? 무빙 모티베이터로 그 변화가 사람들의 내재적 동기에 어떤 영향을 미치는지 알아낼 수 있다. 많은 경우 엇갈린 결과를 얻게 될 것이다. 어떤 동기부여 요인은 올라가고 어떤 동기부여 요인은 내려간다. 직장 생활은 좀처럼 단순하지 않다!

마지막으로, 많은 사람이 게임 자체로 동기부여가 된다고 생각한다. 이 게임은 사람들의 호기심, 관계, 질서 욕구를 촉발시킨다. 자기 팀원뿐만 아니라, 가능하다면 이해관계자나 경영진을 포함시키고 싶을 지도 모른다.[19] 그리고 테이블 위의 카드가 정확히 어떻게 배치돼 있는지와 관계 없이, 대개는 활동 도중에 그리고 그 이후에 일어나는 논의를 가장 가치 있게 여긴다.[20]

생산성을 발휘하도록
사람들의 몰입을 돕는 것이
조직의 목표다.
우리는 실제로 몰입이
이뤄지고 있다는 증거를 찾는다.

몰입하도록 돕자!

나는 금요일 밤에 이 결론을 쓰고 있다. 많은 사람들이 레스토랑에서 저녁을 먹거나 극장에서 영화를 보고 있을 테고, 그 중 많은 이가 분명 주말이 왔음을 기뻐하고 있을 것이다. 마침내 여가 활동과 삶을 즐길 시간이 생겼기 때문이다!

나는 아니다. 불과 한 시간 전에 이 책의 출판 계약을 맺게 돼 행복하다. 할 일이 더 많이 생겼다는 뜻이다. 연구하고, 글 쓰고, 편집하고, 검토하고, 삽화 그리고…. 더 좋은 출판 및 마케팅 계획이 나오기를 기대하면서 열심히 손을 놀리고 있다. 그 일은 아마 일요일에 할 것이다. 하루 이상 손에서 놓

동기 찾아내기

"나는 여러 팀과 회사에 무빙 모티베이터를 사용했다. 그 게임은 모든 팀원이 자기의 동기부여 요인을 돌아보고 현재 상황과 필요한 변화를 평가하여 자신의 몰입을 더욱 높일 수 있도록 돕는다. 그들은 배운 것을 공유하며, 이 새로운 수준의 투명성이 팀 공동의 이해를 만들고, 신뢰를 높이고, 새로운 협업 방식을 찾아내는 데 도움을 준다.

한 팀원이 자신의 욕구를 채우려면 다른 환경이 더 어울린다는 사실을 알아냈는데, 그것은 새로운 회사로의 이직을 의미했다. 그렇다, 힘든 결과였다. 어떤 관리자와 그의 팀은 자신들의 문제와 서로의 욕구에 대해 더 많은 것을 알게 됐는데, 수 년 동안 감춰져 있었지만 무빙 모티베이터를 플레이 하고 관찰 결과를 공유함으로써 그 사실이 드러났다. 또 다른 팀은 팀 다양성을 경험하고 관련된 모두에 대해 더 많은 것을 알게 됐는데, 덕분에 '그러니까, 그게 항상 더 많은 문서를 요구하는 이유인거야! (질서 욕구)'와 '따라서, 우리 팀 바깥에 있는 그 많은 사람들과 연결되는군. (관계 욕구)'처럼의 과거 상황을 웃기는 새로운 방법으로 해석하게 됐다."

세바스티안 라디크스 Sebastian Radics, 독일

기에는 내 업무는 너무 매력적이다. (화요일 오후에 공원으로 산책을 가거나, 수요일 아침에 새 신발을 사러 쇼핑을 가거나, 주중에 휴가 때 촬영한 비디오를 편집하는 데 시간을 보내기가 더 쉽다는 뜻이기도 하다. 내게는 일과 삶의 균형이 없다. 일과 삶이 하나의 큰 덩어리기 때문이다. 일과 삶의 융합이다.)

여러분의 구성원은 어떠한가? 그들이 다음 근무일을 기대하고 있는가? 만약 그렇지 않다면 무엇이 그들의 내재적 동기를 가로막고 있는가? 여러분의 시스템은 왜 여러분에게 도움이 되지 않는가? 그것이 관리자로서 여러분이 해야 할 일이다. 찾아내자. 몰입하도록 돕자!

채용 기법으로 활용하는 무빙 모티베이터

"나는 작은 회사에서 일하고 있었는데, 상사가 와서 새 팀원을 채용해서 팀을 확장하는 데 도움이 필요하다고 요청했다. 지금까지 면접관 역할을 해본 적은 없지만 기꺼이 그 도전을 받아들였다. 새로 채용하는 사람들이 회사의 문화를 성장시켜줄 것이라는 글을 많은 곳에서 수도 없이 읽었기 때문에 나는 가치에 초점을 맞춰야 했다. 하지만 어떻게 해야 할까?

어느 날 아침에 샤워를 하는 동안 (내 생애에서 가장 큰 영감이 떠오른 순간이었다) 그 일에 어울리는 완벽한 도구를 갖고 있다는 사실을 깨달았다. 무빙 모티베이터였다. 그래서 면접 때 지원자들에게 다음과 같은 질문을 하기로 결정했다. 이 회사로 옮기는 것이 당신에게 어떤 가치가 있나요?

두 가지 팁을 얻었다. 첫째는 지원자의 내재적 욕구와 가치를 회사 관점에서 가장 중요한 것과 비교하는 것이었고, 둘째는 지원자가 우리 회사에 왔을 때 자신의 욕구와 가치가 어떻게 바뀔 것인지였다. 그 때 우리는 그 사람이 우리 회사에 잘 어울리는 사람인지 아닌지 알 수 있었다.

내가 HR에서 일하자는 요청을 받을지는 모르겠지만, 적어도 우리가 채용했던 사람들은 우리 회사 문화와 잘 어울린다."

헤라르도 바르시아 팔라시오스Gerardo Barcia Palacios, 스페인

어떻게 시작해야 할까

이제 무빙 모티베이터로 실험을 시작할 차례다.

1. 매니지먼트 3.0 웹사이트에서 10가지 동기부여 카드가 있는 무료 PDF 파일을 다운로드하고 (m30.me/motivators) 아이들이나 이웃에게 잘라 달라고 부탁하자.

2. 배우자, 동료, 절친한 친구, 피자 배달부 등 이 활동을 함께 할 사람을 찾아보자.

3. 신뢰를 얻고 모범이 될 수 있도록 제일 먼저 나부터 시작한다. (다른 사람은 관찰자 역할로 시작한다.) 가로로 카드를 나열한다. 가장 중요한 것을 한쪽에 두고, 가장 덜 중요한 것을 반대 쪽에 두고, 나머지는 그 사이 어딘가에 놓는다.

4. 이제 새로운 집으로 이사하거나, 직장을 바꾸거나, 승진을 하거나, 가족이 늘어나는 것처럼 여러분의 동기에 영향을 주게 될 변화나 사건을 상상해보자.

5. 이 변화가 여러분의 10가지 동기부여 요인에 미치는 영향을 상상해보자. 그 영향이 긍정적이라면 카드를 위로 올리고, 영향이 부정적이라면 카드를 아래로 내린다.

6. 카드를 상하좌우로 옮기면서 다른 플레이어에게 무엇을 하고 있고 그 이유는 무엇인지 말한다. 단어와 그림이 여러분에게 무엇을 의미하는지 그리고 그것을 왜 옮겼는지 설명하면서 생각을 입 밖으로 내어 말해보자.

7. 다 끝나면 서로 역할을 바꾼다. 그리고 나서 평가해보자!

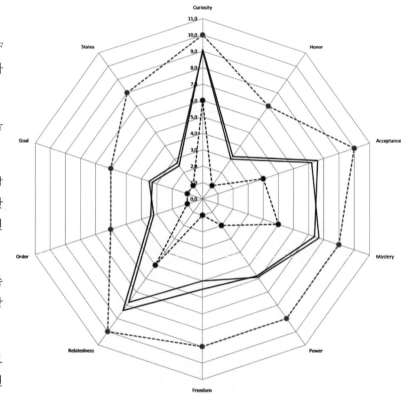

© 2014 Dave Brands

팁과 응용

10가지 동기부여 요인을 간단히 논의하면서 시작하면 각각에 대한 이해와 해석을 좁히는 데 도움이 될 수 있다.

무빙 모티베이터를 플레이 할 때, 자기의 생각을 입 밖으로 내어 말하는 것이 (침묵하고 있는) 관찰자에게 도움이 될 때도 있다.

많은 플레이어에게 맥락이 중요하다. 특정한 환경에서 특정한 변화에 의한 동기부여를 평가해보자.

원한다면 어떤 방식으로든 카드를 자유롭게 제외할 수 있다. (또는 다른 카드를 추가할 수도 있다.)

나중에 되돌아볼 수 있도록 결과를 사진으로 찍고, 다른 사람과 그 결과를 공유할 수도 있다.

우리는 모든 팀원의 결과를 모아 팀 전체의 동기를 히트 맵 heat map 으로 그렸다.

나는 한 명이 팀 리더로 승진했을 때 사람들의 감정을 이끌어내는 데 이 게임을 사용했다. 나머지 사람이 느끼는 불확실함과 실망을 표현하고 해결하는 데 도움이 됐다.

사람들에게 "당신의 결과는 1년 전과 다른가?", "지금으로부터 3년 후에는 무엇을 원하는가?"와 같은 질문을 던져보자.

나는 개인 코치로서 몇 달 동안이나 아이를 가져야 할지 고민하는 CEO와 게임을 플레이 했다. 놀랍게도 이 게임이 그녀가 결정을 내리는 데 도움을 줬다!

무빙 모티베이터를 플레이 한 후에는 항상 토론 계획을 세우자. 그것이 가장 가치 있는 일이다.

우리 팀은 카드마다 변동과 차이를 계산해서 방사형 그래프로 만들기를 좋아했다. 팀에게 정말로 동기부여가 됐다. ;-)

우리는 팀 회의를 하는 동안 언제나 참조하면서 "그것이 우리에게 동기를 부여할거야/하지 않을거야!"라고 말할 수 있도록, 팀 결과를 벽에 붙여 놓았다.

m30.me/moving-motivators에서 구체적인 도구와 더 많은 아이디어를 찾아보자.

해피니스 도어

더 행복한 조직을 목표로

행복은
당신이 향하는 종착역이 아니라
여행을 하는 마음가짐에 있다.

마가렛 리 런벡Margaret Lee Runbeck,
미국 작가
(1905-1956)

이름을 널리 알리거나 성공하게 되면

또는 충분한 돈을 벌면

행복해질 것이라고 믿는 이도 있다.

그러나 연구 결과를 보면 행복은 도달해야 할

목적지가 아니라 결심이라고 말한다.

직장에서도 행복해지기로 쉽게 결심할 수 있다.

행복으로 가는 12걸음12 Steps to Happiness을 살펴보고

실천하는 것 말고도, 행복을 재미있게

측정할 수 있는 해피니스 도어happiness door를 제안한다.

몇 가지
기억들

책 제목이 『매니지먼트 3.0 – 모두가 행복한 애자일 매니지먼트』인데 구성원의 행복을 구체적으로 다루는 챕터 없이 마칠 수는 없을 것이다. 행복이라는 주제는 수없이 논의돼 왔고 거기에는 많은 오해가 있다. 그렇기 때문에 연구를 통해 행복에 대해 어떤 것이 밝혀졌는지, 그리고 어떻게 하면 그 결과를 직장에 적용할 수 있는지 간략하게 알아보는 것이 당연하다. 간단한 실습으로 시작해보자.

상상해보자. 사무실에 있으면서, 일을 하면서, 아니면 그냥 동료들과 시간을 보내면서 즐거웠던 행복한 순간이 떠오르는가? 따뜻한 느낌이나 얼굴에 미소를 짓게 하는 과거의 기억이 있는가? 자, 잠깐 생각해보자. 기다려 줄 수 있다.

두두두두두두두 . . .

두뇌 깊숙한 곳에서 무엇을 찾아냈는가? 분명히 찾아냈을 거라고 믿는다! 그렇지 않다면 이 책을 계속 읽자. 이번 챕터에서는 어떻게 하면 행복한 기억을 더 많이 만들어낼 수 있는지를 보여줄 것이다.

학교를 졸업하고 일했던 첫 번째 회사에서 내가 자발적으로 (허락 받지 않고) 교육 자료에 다시 만들고 나서 기쁨과 감사의 탄성을 질렀던 일이 기억난다. 핀란드 북부에서 동료들과 순록 그리고 스노우 스쿠터와 (동시는 아니었다) 경주했던 일이 기억난다. 비즈니스 플랜 콘테스트에서 우승하고 기자들이 우리 팀을 촬영했던 일이 기억난다. 하루 종일 몇몇 팀원을 곤란에 빠뜨려 웃게 만든 아주 성공적인 만우절 장난이 기억난다. 동료들이 준비한 정기 이벤트인 "게임 나이트"에서 사무실 지하에 앉아 카탄의 개척자 보드게임을 플레이 했던 일이 기억난다. 즐겁게 일을 했거나, 업무에 대한 공로를 인정받거나, 퇴근 후에 동료와 재미있는 시간을 즐겼던 시절의 기억이 많다고 말할 수 있어서 기쁘다. 내 짐작에 여러분에게도 소중한 추억이 있을 것이다.

몰입인가 만족인가?

낮은 직장 몰입도 문제에 대해 이 책에서 여러 차례 언급했다. 직원 몰입과 관련한 가장 유명한 보고서 중 하나인 갤럽의 "State of the Global Workplace"에 따르면, 전 세계 인력의 13%만이 활발한 몰입 상태인 반면에 24%는 전혀 몰입하고 있지 않았다. 그리고 나머지 인력은 그 사이 어딘가의 거대한 중간 지대에 우울하게 서 있다.[1] 우리는 이 책 앞부분에서 몰입도를 높일 수 있는 다양한 실천법을 만나봤다. 하지만 직원 몰입은 이야기의 일부에 불과하다.

몰입도는 전 세계적으로 상당히 낮음에도 불구하고 만족도는 꽤 높아 보인다. 링크드인/애들러 그룹LinkedIn/Adler Group 보고에 따르면, 전 세계 직원의 72%가 자신의 직업에 다소 또는 매우 만족한다고 느끼는 반면에, 14%만이 다소 또는 매우 불만족스럽다고 말했다.[2] 이는 많은 구성원이 자기 일에 상당히 만족하면서도 동시에 별로 몰입하고 있지 않다는 대단히 흥미롭고 역설적인 결론으로 이어진다. 그게 어떻게 가능할까? 구성원에게 몰입과 만족은 같은 것이 아님이 분명하다.

몰입하고 있는 구성원은 조직에서 생산적으로 일하고 싶은 동기를 느낀다. 그들은 가능한 한 최선을 다해서 결과를 만들어내고 모든 이해관계자를 행복하게 한다. 그러나 몰입하고 있지만 만족하지 못하는 구성원은 빨간 깃발을 흔들어야 한다. 모든 것을 내어주면서 자기 욕구는 완전히 무시하는 번아웃 상태일 가능성이 있기 때문이다. 다행히 그런 경우는 드물며 업무로 인해 번아웃 상태에 빠진 가까운 친구가 내게는 한 명밖에 없다.

> **몰입, 만족, 행복은 서로 관련이 있지만
> 완전히 겹치지 않는 정의하기 어려운 개념이다.**

마찬가지로, 만족하고 있다고 해서 반드시 몰입하고 있는 구성원이라고 말할 수는 없다. 만족하고 있는 구성원은 업무 환경에 만족감을 느낀다. 그 환경이 자기 욕구의 전부 또는 대부분을 만족시켜주기 때문이다. 그러나 조직에 몰입하지 못하고 있거나 생산적으로 일하지 않고 있다면, 생산성은 그다지 높지 않은 채로 오직 자기 욕구에만 집중하는 게으름 문제를 경계해야 한다. 안타까운 일이지만 개인적으로 이런 사례를 꽤 많이 알고 있으며 직접 경험한 적도 많다.

그렇다면, 이 그림에서 행복은 어디에 놓여있는 걸까?

행복의 가장 일반적인 정의는 편안한 만족감에서 강렬한 즐거움까지의 긍정적인 또는 기분 좋은 감정에 의한 안녕한 정신 상태를 말한다. 두뇌의 잠재의식 속에 자리 잡은 장기적인 긍정적 감정과 태도를 행복이라고 할 수도 있고, 자신 또는 환경에 의해 단기적으로 불쑥 솟아오르는 기쁨을 행복이라고 볼 수도 있다는 뜻이다.

직업적으로는 몰입하지 못하고 있다고 느끼지만 장기적으로는 긍정적 태도를 지닌 행복한 사람도 있을 수도 있고, 장기 전망이 긍정적임에도 불구하고 특정 업무 환경에 불만족을 느끼는 구성원이 있을 수도 있다. 아마도 이러한 몰입 부족이나 직무 만족은 그 사람의 단기적인 행복 수준에 일시적인 영향을 미칠 것이다. 마찬가지로, 대체로 부정적인 감정을 지닌 불행한 사람이 그럼에도 불구하고 일시적으로는 어떤 일에 몰입감을 느끼고 업무 환경에 만족할 수도 있다. 그러나 아마도 어떤 시점이 되면 장기적인 불행이 몰입도와 만족도 모두에서 느껴질 것이다.

항상 그렇듯이 모든 것이 복잡하다. 몰입, 만족, 행복은 서로 관련이 있지만 완전히 겹치지 않는 정의하기 어려운 개념이며, 모든 것이 다른 모든 것과 연결돼 있다.

선 행복 후 성공

업무 유형이나 산업 분야와 관계없이 어떤 조직이라도 사람들이 행복을 느낄 때가 제일 좋다. 행복, 몰입, 그리고 직무 만족은 밀접하게 얽혀 있으며, 행복한 구성원이 불행한 구성원보다 생산성이 더 높은 것이 사실이다.[3] 그러나 관리자가 구성원의 행복에 어떻게 기여할 수 있을까?

많은 사람에게 행복은 최종 목표다. 그러나 연구 결과에 따르면 행복은 인생에서 거둔 성공보다는 그 사람의 마음 상태와 더 깊은 관련이 있다. 행복이란 그저 단순히 성공의 결과가 아니라 성공의 전조인 경우가 많다.[4] 맞다, 성공이 (일시적으로) 단기적인 행복을 끌어올리는 데 기여할 수 있다. 그러나 만약 이미 오랫동안 행복을 누리지 못하고 있다면 애초에 그런 성공을 이룰 가능성이 낮아지는 것이다!

행복은 결과가 아니라 결심이다.

그러므로 대부분의 생각과는 달리 행복은 목적이 아니라 수단이다. 그렇게 하는 현명한 방법은 행복이 성공의 길로 인도하도록 하는 것이다.[5] 우리 모두가 더 행복한 구성원이 되기 위한 구체적인 방법을 실행할 시간을 따로 마련해야 한다. 행복의 여파로 발전과 성공이 뒤따를 가능성이 높아진다. 행복은 결과가 아니라 결심이다.

> 사람들은 행복해지고 싶어하고, 그들이 원하는 모든 것은 일반적으로 그 목적을 위한 수단이다.
>
> 대니얼 T. 길버트 Daniel T. Gilbert, 『행복에 걸려 비틀거리다(Stumbling on Happiness)』[6]

Happiness is learning to step on the cracks.

행복으로 가는 12걸음

전에 말한 적이 있는데 나는 연구하기를 좋아한다. 아르헨티나 부에노스아이레스에서 휴가를 즐기던 중에 했던 특별한 연구가 기억난다. 행복한 분위기에서 혼자 이렇게 생각했다. "과학에서는 무엇이 사람을 행복하게 만든다고 말할까?" 그래서 술을 한두 잔 홀짝거리다가 인터넷을 몇 시간 동안 뒤져 행복을 과학적으로 뒷받침하는 글을 찾아냈고, 여러 글과 보고서에서 똑같은 내용을 반복적으로 언급하고 있다는 사실을 알아차렸다. 최종적으로 12가지 항목으로 된 목록을 만들게 됐는데, 행복이 목적지가 아니라 경로라는 사실을 강조하고 싶어서 여기에 **행복으로 가는 12걸음**[12 Steps to Happiness]이라는 이름을 붙였다. 행복은 도착할 수 있는 장소가 아니기 때문에 행복으로 가는 열쇠, 도로, 항공편은 없다. 행복이란 올바른 방향으로 걸음을 옮길 때 느끼는 경험이다.

다음이 12걸음의 목록이다. 관리자 또는 팀원으로서 이들 각각을 고려해서 가능한 곳마다 적용하려고 노력해보자. 동료의 더 큰 행복뿐만 아니라 여러분 자신의 행복 또한 더 커지는 것이 여러분의 목표다. 사실, 다른 사람의 행복에 기여하려는 노력만으로도 자신의 행복에도 보탬이 되는 것이 거의 확실하다. 우리 모두 매일 조금씩 행복을 누릴 자격이 있다.

> 아주 좋은 소식은 . . . 스스로 통제할 수 있는 내부 상황이 꽤 많다는 것이다. 만약 당신이 그것들을 바꾸기로 결정했다면 . . . 당신의 행복도는 꾸준히 증가할 가능성이 높다.
>
> 마틴 E. 셀리그만[Martin E. Seligman], 『긍정심리학〈Authentic Happiness〉』[7]

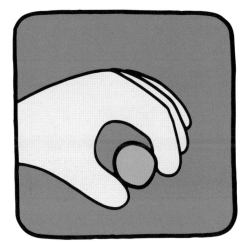

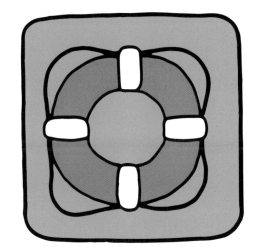

감사하기 Thank 동료에게 감사하고 항상 고마움을 표시하려고 노력한다.[8] 동료에게 감사한 마음을 드러내고 싶거나 그들이 누구이고 무슨 일을 하는지에 대해 고마움을 표현하고 싶다면, 간단한 쪽지를 적어 보내거나, 엄지 손가락을 치켜 올리거나, 따뜻한 악수를 하거나, 솔직한 포옹을 하는 것만으로도 충분하다. 내 할 일 목록에는 매일 반복으로 "누군가에게 감사하기"가 있다. 가장 최근에 내 감사 쪽지를 받은 사람은 온라인 회의에 참석하라고 나를 설득했던 팀원이었다. 사실 나는 혼자서 생각하며 글을 쓰고 싶었다. 계속 나를 참여시키려고 시도하는 그녀가 진심으로 고마웠다. 모두가 일주일에 최소한 한 사람에게 드러내놓고 감사를 표현하는 정기 "감사하기 모임"을 즐기는 팀 이야기를 들은 적도 있다.

선물하기 Give 팀원에게 작은 선물을 주거나, 팀원들이 서로에게 선물을 할 수 있도록 해준다. 선물은 받는 이와 주는 이 모두를 더 행복하게 하며, 더 행복한 사람이 더 많은 선물을 하는 끝없는 선순환이 생겨나기 때문이다.[9] 쿠도 카드를 도입하거나 (1장 참조), 생일이나 기념일 전후로 작은 선물을 주거나, 크리스마스나 그 밖의 명절처럼 1년에 한 번 있는 날에 좀 더 정성스러운 선물을 하면 쉽게 실천할 수 있다. 그래도 최고의 선물은 깜짝 선물이다. 최근에는 팀원들에게 주려고 벨기에에서 바삭바삭한 쿠키를 사왔다. 다들 너무 좋아했다. 심지어 팀원들이 페이스북에 사진도 올렸다. 주의! 금전적 인센티브로 해석하지 않고 내재적 동기가 망가지지 않도록 항상 주의해서 작은 선물을 선택한다.

돕기 Help 약간의 도움이 필요한 누군가를 도와주거나 팀원들에게 서로의 손을 빌려줄 시간과 공간을 준다. 이타주의는 사람들을 기분 좋게 해주기 때문이다.[10] 예를 들어, 정기적인 짝 작업 pair working 시간(짝 코칭, 짝 개발, 짝 글쓰기, 심지어 짝 관리하기)을 만들어 서로를 돕도록 제도화 할 수 있다. 구성원에게 자기 동료의 멘토나 코치가 되어 달라고 요청할 수도 있다. 그리고 일대일 대화 시간을 활용해서 양방향으로 도움을 부탁하고 도움을 제안할 수 있다. 나는 그렇게 많은 사람이 이 책의 초안을 검토하거나 자기 사례를 알려줘서 나를 돕겠다고 자원했다는 사실이 아직도 놀랍다. 전부 사용하지도 못할 정도였다. 모두의 도움이 필요 없을 때라도 다른 사람이 여러분을 도울 수 있게 해주면 그들의 행복을 높일 수 있다는 사실을 절대 잊지 말자.

잘 먹기 Eat well 잘 먹고 모든 이가 직장에서 질 좋은 건강한 음식을 섭취하기 쉽게 해준다. 결국 음식과 분위기에는 강력한 상관관계가 있다.[11] 사탕, 쿠키, 과자, 탄산 음료, 피자가 일터에서 얼마나 흔해졌는지 놀라울 따름이다. 관리자가 사람들의 행복과 생산성에 정말로 관심이 있다면, 과일, 견과류, 야채, 생수처럼 더 건강한 대안을 선택할 수 있도록 노력할 것이다. 점심 시간뿐만 아니라 하루 종일 말이다. 나는 이 주제에 대해 잘못을 인정할 것이 있다. 사실 나는 샐러드 바에 그다지 관심이 없는 사람으로 주변에서 유명하다. 완벽한 사람이 어디 있겠어, 그렇지?

운동하기 Exercise 규칙적으로 운동하고 동료들이 자신의 몸을 돌볼 수 있도록 해준다. 신체 운동은 많은 질병을 낫게 해주고 행복을 크게 높이기 때문에 권장된다.[12] 이것은 관리자로서 분명히 생각해야 할 부분이다. 물론, 사무실에 직원 전용 헬스장을 갖춰야 한다고 주장하는 것이 아니라, 그들이 선택한 건강 프로그램에 자그마한 보탬을 주면 많은 직원이 높이 평가할 것이다. 그리고 동료와 함께 주간 달리기, 장거리 걷기, 자전거 타기 등을 할 수도 있다는 사실을 잊지 말자. 자기 동료와 그렇게 규칙적으로 운동을 즐기는 여러 친구가 있다. 마찬가지로, 인체공학적인 의자, 입식 책상, 사람들에게 적절한 컴퓨터 장비 사용법과 건강한 스트레칭 운동을 조언해주는 소프트웨어는 스트레스와 우울증의 위험을 최소화하는 좋은 방법이 될 수 있다.

잘 쉬기 Rest well 푹 쉬고 충분히 잔다. 숙면은 오랫동안 건강한 삶을 즐기기 위해 가장 자주 제시되는 비결 중 하나다.[13] 업무 환경의 맥락에서는 사람들에게 하루 종일 재충전할 수 있는 장소를 제공하는 것이 현명하다. 회의실 중 하나를 재활용해서 안락 의자, 베개, 부드럽고 편안한 음악이 있는 "휴게실zen room"로 꾸미자. 안정과 휴식 시간의 옹호자가 되자. 그런 것이 불필요하다고 주장하는 사람을 경계하자. "표준 근무 시간"이 사람들을 생산성이라는 굴레에 억지로 가두지 않도록 하자. 사람마다 활발한 시간과 정도가 서로 다르다. 나는 예전에 사무실 지하의 소파에서 축 늘어져 있는 팀원을 보고서 스스로를 잘 돌보고 있다고 칭찬한 일이 있다.

  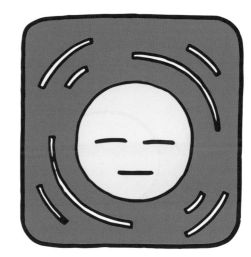

경험하기 Experience 새로운 것을 경험하자. 경험에서 오는 행복은 물질에서 얻은 행복보다 오래 지속되기 때문이다.[14] 매일 새로운 것을 배우고, 시도하고, 실험할 수 있는 기회를 만들자. 혁신은 대부분 관리자가 아니라 창의 노동자로부터 이뤄지며, 함께 창의성을 발휘할 수 있는 자유를 누릴 때 가장 잘 혁신할 수 있다. 예를 들어, 몇 년 전에 내 동료 소프트웨어 개발자들이 자발적으로 "핑크 프라이데이"를 만들었는데, 그날은 모든 동료가 핑크색으로 된 무언가를 입고 오도록 했다. 재미있고 창의적인 새로운 경험 말고 특별한 이유는 없었다. 지금 나에게는 그런 기억이 직원 자격으로 구매하고 받았던 그 어떤 수많은 장비나 장식품보다 더 큰 의미가 있다.

걷기 Hike 야외에서 걷고, 자연을 즐기고, 사람들이 가끔씩 사무실 환경에서 벗어날 수 있도록 해준다. 밖으로 나가서 자연을 접하면 운동하는 것 이상으로 활력이 높아진다.[15] 우연치 않게 나는 숲 속에서 20km 거리를 한 시간 동안 자전거로 달린 후 아직 약간의 피곤함을 느끼며 이 글을 쓰고 있다. 하루 종일 책상과 컴퓨터 앞에 붙어있지 않기 위한 나만의 방법 중 하나다. 좋은 커피를 마시면서 독서를 하기 위해 매일 시내를 걷는 것도 같은 목적이다. 여러분과 여러분의 동료에게 신선한 공기도 마실 수 있게 해주자. 다음에 커피를 마실 때는 2km 떨어져 있는 대형 양조장에서 마셔보자. 아니면, 내가 몇 년 전에 했던 것처럼 팀을 동굴 밖으로 나오게 해서 햇볕 아래에서 즐겁게 팀 회의를 해보자.

명상하기 Meditate! 매일 명상하거나 꾸준히 마음을 챙기는 방법mindfulness을 수련한다. 보다 나은 자기 및 주변 인식과 더 큰 내면의 평화와 고요가 더욱 커다란 행복에 유용한 요소라는 증거가 있기 때문이다.[16] 바쁜 업무 일정과 빠빠한 개인 생활이 우리 마음을 쉽게 지배하지만, 세상은 계속 빠르게 변해만 가고 더 쉬워지는 것은 하나도 없다. 그러나 우리의 마음은 21세기에 만들어진 것이 아니다. 우리의 몸과 마찬가지로 두뇌에도 약간의 보살핌과 관심이 필요하다. 미래 지향적인 회사들은 직원에게 마음챙김 프로그램을 도입하거나 명상을 할 수 있는 전용 공간을 제공한다. 사람들의 전반적인 안녕은 물론이고 집중력과 명료함을 개선하는 데 도움을 주기 때문이다.[17]

어울리기 Socialize 사람들과 어울리고 동료끼리만이 아니라 다른 이해관계자와도 쉽게 결속을 다질 수 있도록 해준다. 지금까지 수행됐던 가장 오랜 행복에 대한 연구에서, 만족스러운 삶을 결정짓는 첫 번째 요소는 가족 및 친구와의 관계라는 사실이 밝혀졌다.[18] 여러분을 장기적으로 더 행복하게 해주는 것은 일이 아니라 주변 사람이라는 뜻이다. 팀이 함께 점심을 먹거나, 퇴근 후에 같이 한 잔 하거나, (내가 예전에 해본 것처럼) 동료를 집으로 초대해서 그들과 함께 식사를 준비해보자. 또 한 번은 점심 시간에 회의실에서 프로젝터로 휴가 사진을 보여달라고 했던 적도 있다. 사람들이 정말로 좋아했다. 서로의 취미, 가족, 가치관, 야망 등을 알게 되면 잡담을 훨씬 쉽게 할 수 있고, 그렇게 하면 서로에게 감사하고 사회적 유대 관계를 강화하는 데 도움이 된다.

목표하기 Aim 조직에서 정의한 목적을 목표로 삼고, 사람들이 자기 목표를 발전시키고, 소통하고, 실현할 수 있도록 돕는다. 역설적이지만, 행복은 규정하기 어렵기 때문에 그 자체를 추구하려고 해서는 안된다. 행복해지려고 애쓰지 말자. 대신 의미 있는 일을 하려고 애쓰자. 의미 있는 것을 추구하면 행복이 생겨난다.[19] 참여해야 할 충분한 이유가 있고 훌륭한 목적에 기여함을 보여주는 것보다 구성원을 더 행복하게 하는 좋은 방법은 없다. (우리 회사인 해피멜리는 다른 사람들의 행복을 간접적으로 높인다는 목적을 만들어서 그 역설을 우회하는 기막힌 방법을 찾아냈다.) 그러나 직원의 업무를 통해서만 조직에 존재 이유를 더할 수 있는 것은 아니라는 점을 잊지 말자. 사람들이 저마다의 목표를 달성할 수 있도록 돕는 방법도 있다.

웃기 Smile 모두가 기분 좋아지도록 웃자. 내 고등학교 시절은 인생에서 가장 어두운 때였지만, 바보같은 농담으로 교실 전체를 웃게 만들었던 즐거운 몇몇 순간이 기억이 난다. 그렇게 할 이유가 거의 없다고 느낄 때도 웃으려 노력하는 것은 여전히 현명한 생각이다. 행복은 우리를 웃게 만들지만 그 반대이기도 하다. 웃음이 우리를 행복하게 만들기도 한다.[20] 연구 결과에 따르면, 가짜 웃음을 지으면 기분에 긍정적인 영향을 줄 수 있다. 두뇌가 자신이 행복하다고 생각하도록 속이기 때문이다. 웃는 회수가 늘어나면 실제로 몰입도, 만족도, 생산성에 좋다는 뜻이다. 물론 웃음은 대부분 진심 어릴 때가 훨씬 좋다. 그렇게 하기 위해 나는 남의 기분을 상하게 하지 않는 유머와 영리한 바보짓을 신중하게 이용하라고 제안한다.

해피니스 도어

해피니스 도어happiness door라는 아이디어를 낸 것은 2011년 초에 있었던 첫 번째 매니지먼트 3.0 워크숍 때였다. 워크숍에 참여한 사람들이 안전하고 예의 바를 뿐만 아니라 재미있고 기분 좋은 방식으로 내게 피드백을 줄 수 있는 방법을 찾고 있었다. 사람들에게 포스트잇에 의견을 적어달라고 요청하고 그것을 모아 공개적으로 벽에 붙이는 **피드백의 벽**feedback wall이라는 개념에는 이미 익숙했다. 또한 (보통은) 1점에서 5점 사이의 척도를 사용해서 무언가에 대해 얼마나 행복함을 느끼는지 나타내는 **해피니스 인덱스**happiness index라는 아이디어도 이미 잘 알고 있었다. 스트레스는 가득했지만

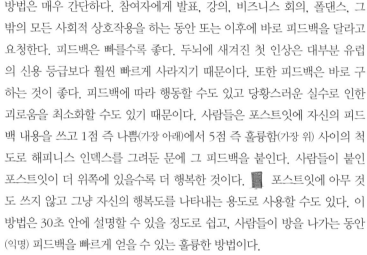

성공적이었던 첫 번째 워크숍을 마치고 차를 몰아 집으로 돌아오는 길에, 나는 이 두 가지 실천법을 하나로 조합한 아이디어를 생각해냈다.

방법은 매우 간단하다. 참여자에게 발표, 강의, 비즈니스 회의, 폴댄스, 그 밖의 모든 사회적 상호작용을 하는 동안 또는 이후에 바로 피드백을 달라고 요청한다. 피드백은 빠를수록 좋다. 두뇌에 새겨진 첫 인상은 대부분 유럽의 신용 등급보다 훨씬 빠르게 사라지기 때문이다. 또한 피드백은 바로 구하는 것이 좋다. 피드백에 따라 행동할 수도 있고 당황스러운 실수로 인한 괴로움을 최소화할 수도 있기 때문이다. 사람들은 포스트잇에 자신의 피드백 내용을 쓰고 1점 즉 나쁨(가장 아래)에서 5점 즉 훌륭함(가장 위) 사이의 척도로 해피니스 인덱스를 그려둔 문에 그 피드백을 붙인다. 사람들이 붙인 포스트잇이 더 위쪽에 있을수록 더 행복한 것이다. ▊ 포스트잇에 아무 것도 쓰지 않고 그냥 자신의 행복도를 나타내는 용도로 사용할 수도 있다. 이 방법은 30초 안에 설명할 수 있을 정도로 쉽고, 사람들이 방을 나가는 동안 (익명) 피드백을 빠르게 얻을 수 있는 훌륭한 방법이다.

참여자들이 "멋진 실습이었어요" 또는 "토론이 좋아요"라고만 쓰기도 한다. 좋다. 관리자 또는 주최자로서 더 행복함을 느끼도록 도와줄 것이다. 그냥 웃는 표정의 이모티콘이나 빈 포스트잇을 남겨둘 때도 있다. 어떤 참가자는 "인용이 너무 많아요", "그림을 더 많이 사용하면 좋겠어요", "지나치게 이론 중심입니다", "이론을 더 많이 알려주세요"와 같이 보다 구체적인 피드백을 공유하기도 한다. (맞다. 나는 마지막 두 가지 피드백을 동시에 받은 적이 있다.) 내게 해피니스 도어는 항상 효과적이었다.

내가 참여했던 몇몇 콘퍼런스에서도 해피니스 도어를 다양한 방식으로 사용했다. 실제로 문을 보기 전까지는 주최측에서 훌륭하게도 내가 만든 방법을 몰래 활용하고 있다는 사실을 매번 몰랐었다. 나는 트윗과 참여자의 언급을 통해 이런 방식의 피드백 수집이 높은 평가를 받고 있음을 알게 됐고, 그런 의견은 내 워크숍 참가자들에게서 받았던 것과 비슷했다.

피드백의 벽과
해피니스 인덱스

처음에는 피드백 도어라고 불러서 약간의 혼란이 있었지만, 어쨌든 해피니스 도어를 만들고 나서 많은 칭찬을 받았다. 여러 워크숍 강사가 나보다 몇 년 전에 "피드백 도어"를 만들었다는 이야기를 했지만, 확인해보니 여기에서 설명한 대로 했던 사람은 아무도 없었다. 대개 벽, 창문, 커피 머신 위에 선택적인 피드백만을 모은 방식이었다. 해피니스 도어는 피드백의 벽과 해피니스 인덱스를 하나로 만든 것이라는 점이 중요하다. 글로 쓴 피드백(의견)과 숫자 피드백(점수)을 동시에 만들어내는 것이 목적이다.

해피니스 도어는 피드백의 벽과
해피니스 인덱스를 하나로 만든 것이다.

해피니스 도어를 성공적으로 실행하기 위해 고려해야 할 몇 가지 중요한 사항이 있다.

- 전략적으로 해피니스 도어(또는 벽, 플립 차트, 화이트보드)는 출구 옆에 배치해야 한다. 가급적이면, 회의, 콘퍼런스, 강의가 끝났을 때 모두가 지나쳐가는 곳이어야 한다.

- 모든 참여자가 반드시 해피니스 인덱스의 척도를 이해해야 한다. 대개, 5점은 좋은 것이고 1점은 나쁜 것이다. 그러나 세상에는 1을 좋은 것으로 5를 나쁜 것으로 연상하는 곳도 있어서, 방 안에 서로 다른 배경을 지닌 참여자들이 있을 때는 혼란스러울 수 있다.

- 나는 숫자의 의미에 대한 혼란을 피하는 것뿐만 아니라 문 자체에 보다 흥미를 느끼도록 하기 위해, 숫자 대신 웃는 얼굴을 그리는 쪽을 선호한다.

- 주최자가 포스트잇을 자연스럽게 나눠주고 싶을 수도 있다. 어떤 이벤트에서는 주최측이 포스트잇을 모든 의자 뒷면에 붙여둔 것을 본 적이 있다. 문 바로 옆에 포스트잇을 나눠주는 사람을 배치한 이벤트도 있었다.

- 해피니스 도어의 결과를 모으고 보관하는 것은 쉬운 일이다. 나는 항상 먼저 사진을 찍은 다음에 포스트잇을 봉투에 보관한다. 몇몇 주최측이 그렇게 하는 것을 봤는데, 점수를 기록하고 싶다면 해피니스 도어에서 떼기 전에 포스트잇에 숫자를 적으면 된다. 내가 종종 하는 것처럼 다섯 개의 봉투에 번호를 적어 사용할 수도 있다.

이벤트 참여자로부터 다른 방법으로 피드백을 모을 수도 있다. 복도에 화이트보드를 두고 거기에 피드백을 모으기도 하지만, 나는 무시하기 힘들도록 출구 근처에서 더 빠르고 "노골적"으로 요청하기를 좋아한다. 설문지나 응모함을 사용하는 이벤트 관리자도 있지만, 나는 정보 방열기 역할을 하는 피드백을 좋아한다. 세 가지 색깔(빨간색, 노란색, 초록색)로 피드백을 모으는 주최측을 본 적이 있으나, 나는 해피니스 인덱스(1부터 5까지)가 더 유용한 척

도라고 생각한다. 그리고 질적 피드백인 의견만 모으는 워크숍 퍼실리테이터도 있는데, 글이 아니라 숫자가 더 편한 참가자도 있음을 깨달았다.

해피니스 도어는 내가 경험한 많은 피드백 메커니즘 중 최고를 조합한 것이다. 그러나 여러분이 내 문에 이런 포스트잇을 붙일 지도 모르겠다. "그건 편견이에요."

피드백과 영향

해피니스 도어의 뜻하지 않은 흥미로운 결과 중 하나는 그것이 재귀적이라는 것이다. 정보 방열기는 사람들의 피드백을 모을 뿐만 아니라 사람들에게 영향을 미치기도 한다. 다른 사람이 자기보다 먼저 무엇을 했는지 볼 수 있으므로 서로에게 영향을 미칠 것이다. 어떤 사람이 낮은 점수를 준다면 다른 사람도 똑같이 그렇게 할 수도 있다. 어쩌면 더 높은 점수를 주어 낮은 점수를 상쇄시키려 할 수도 있다. 문에 높은 점수만 있다면 이렇게 생각하는 사람도 있을 수 있다. "음, 내가 싫어하는 부분이 있었지만, 어쩌면 나만 그런 걸지도 모르겠네." 해피니스 도어가 과학적이고 철저한 검토에서 살아남으리라고 생각하지는 말자. 연구자 사이에서 인기있는 측정 도구가 될 것 같지는 않다.

청소하시는 분들

피드백을 얻는 재미있는 방법이 동료들을 행복하게 해준다.

"나는 3일짜리 워크숍을 하는 동안 처음으로 회사에 해피니스 도어를 도입해보려고 했다. 회사 사람들이 워크숍에서 이런 방식을 사용하는 데 익숙하지 않았기 때문에, 나는 왜 문에 웃는 얼굴이 그려져 있는지, 포스트잇을 사용하는 목적은 무엇인지 시간을 들여 설명했다. 오전 일정이 끝났을 때 벽에 붙은 첫 번째 포스트잇은 내가 붙인 것이었다. 사람들이 방을 나간 후에 돌아와서 볼 수 있도록 그렇게 한 것이다. 오후가 되자 포스트잇이 조금씩 붙기 시작했다. 첫째 날이 끝날 무렵에는 양손에 가득할 정도였고 우리는 하나하나 훑어봤다. 둘째 날이 돌아왔고, 우리는 실수를 저질렀음을 알게 됐다.... 더 많은 포스트잇이 붙기를 바라면서 떼지 않고 문에 남겨두었는데, 청소하시는 분들께 말씀 드리기를 깜박했던 것이다. 모든 포스트잇과 웃는 얼굴 그림이 사라져버렸다! 여기서 배운 교훈은 청소하시는 분들도 워크숍의 성공에 중요한 역할을 한다는 것이다. 그 분들도 포함시키자!"

파트리크 베르돈크 Patrick Verdonk, 스페인 해피니스 도어는 행복을 개선하기 위한 것이다. 많은 사람이 개방적이고 투명하며 기분 좋은 방식으로 피드백을 다루는 이벤트를 보다 높게 평가한다. 방 안에 해피니스 도어를 만들어 두면 문 아래쪽에 무언가를 붙일 가능성이 낮아진다! 나는 이따금 낮은 점수를 붙이는 자리를 일부러 불편하게 바닥 근처로 정했다고 농담을 하기도 한다. 거기에 포스트잇을 붙이려면 목이 좀 아플테니까. 그러면 항상 사람들이 웃음을 터뜨리는데 웃음은 행복으로 가는 12걸음 중 하나다. 해피니스 도어는 사람들을 항상 더 행복하게 해주도록 돼 있다. 게다가 멋진 감사 의견과 함께 유용한 피드백을 받으면 여러분도 더 행복해질 것이다. 임무 완료.

다음번에 회의, 워크숍, 그 밖의 이벤트를 준비할 때 해피니스 도어를 시도해보라고 제안하고 싶다. 피드백이 그 회의를 관리하는 여러분에게 아주 유용할 뿐만 아니라, 피드백을 얻는 재미있는 방법이 동료들을 행복하게 해주기 때문이다.

해피니스 도어를 통한 더 좋은 피드백

"나는 애자일 코치로서 정기적으로 직원들에게 교육을 한다. 교육 역량을 개선하기 위해 나는 참여자에게 피드백을 받는다. 구두로 받곤 했는데 그다지 만족스럽지 못했다.

- 참여자는 얼굴을 바라보며 구두로 솔직한 피드백을 전해주는 것을 어려워했다.
- 많은 이가 사람들 앞에서 교육에 대한 개인적인 생각을 드러내는 데 벽을 느끼는 듯 했다.
- 가치 있는 피드백을 전해주는 사람은 극소수였다.
- 피드백을 반영할 기회가 생기기 전에 잊어버리는 경우가 많았다.

피드백을 글로 쓰면 문제가 줄어들 것이라고 기대했다. 그래서 해피니스 도어를 사용해야겠다는 생각이 들었다. 달라진 것은 더 가치 있고, 솔직하고, 개인적인 피드백을 받게 됐다는 점이다. 참여자들이 글로는 자기 생각을 표현해도 안전하다고 느꼈기 때문이다. 또한 내 교육의 전체적인 모습이 어떤지 즉석에서 알려줬고, 그 시간에 대한 느낌을 기억하는 데에도 도움을 줬다. 마지막으로는 어떤 피드백도 잊을래야 잊을 수가 없었다.

지금까지 발견한 유일한 단점은 글로 쓴 피드백이어서 때로는 해석하기 어려울 수 있으니 글씨를 예쁘게 써달라고 부탁해야 한다는 점이다. ;-) 어쨌든 해피니스 도어는 훌륭하며 분명히 앞으로의 교육에 더 많이 사용할 것이다!"

슈테판 분더Stefan Wunder, 오스트리아

어떻게 시작해야 할까

나는 이번 장을 시작하면서 여러분에게 가장 좋았던 기억을 공유했다. 이제 여러분의 기억을 만들 차례다.

1. m30.me/twelve-steps에서 **행복으로 가는 12걸음** 포스터를 다운로드한다.

2. 팀과 회의를 준비하고 회의실에 해피니스 도어를 붙인다.

3. 12걸음을 함께 검토해서 대부분 또는 전부를 실행할 수 있는 행동 계획을 마련한다.

4. 회의가 끝날 때 모든 사람에게 해피니스 도어에 포스트잇으로 피드백을 남겨달라고 부탁한다.

5. 포스트잇을 읽고 웃음을 짓는다.

숫자 대신 웃는 얼굴과 번개 구름(아니면 다른 아이콘)을 그리자. 사람들이 보다 쉽게 그 뜻을 이해한다.

포스트잇이 붙어 있는 위에 알록달록한 색깔로 "해피니스 도어"라고 쓰고 피드백을 붙이는 영역 둘레에 멋진 테두리를 그려 넣을 수도 있다.

나는 항상 참여자에게 정말로 모든 포스트잇을 읽는다는 점을 분명히 밝힌다. 그 중 몇 개는 큰 소리로 읽기도 한다.

사람들은 내가 해피니스 도어에서 피드백을 읽고 나서 바로 조치를 취한다는 점을 높이 평가한다.

참가자에게 아무 것도 적혀있지 않은 포스트잇도 괜찮다고 말해주자. 아무런 피드백이 없는 것보다는 의견 없는 점수가 더 낫다.

익명의 피드백도 괜찮다고 말해주자.

해피니스 인덱스(세로)에 투자 수익률(가로)을 결합한다. 이렇게 하면 행복과 가치를 연결시킬 수 있다!

피드백을 달라는 권유가 필요할 때가 있다. "저기에 이걸 붙여도 될까?"라고 혼자 고민하게 놓아두지 말자. 붙일 수 있도록 해주자!

나는 워크숍에서 보통 하루에 두 번 피드백을 요청한다. 더 자주 하면 지나친 것이다.

글씨를 또박또박 써달라고 부탁하자. 사람들이 쓴 꼬불꼬불한 작은 글씨를 읽기 너무 어려울 때가 있다.

해피니스 도어를 델리게이션 보드나 감사의 벽과 같은 다른 시각화 실천법과 조합하는 방법을 만들어낼 수도 있다.

우리는 해피니스 도어를 퍼펙션 게임the perfection game과 결합시켰다. 두 장의 포스트잇을 써달라고 부탁했는데, 하나는 행복에 대한 내용이고 다른 하나는 개선에 대한 내용이었다.

m30.me/happiness-door에서 더 많은 아이디어를 찾아보고 m30.me/twelve-steps에서 행복으로 가는 12걸음 포스터를 다운로드하자.

앗싸! 질문과
셀레브레이션 그리드

성공과 실패로부터의 학습

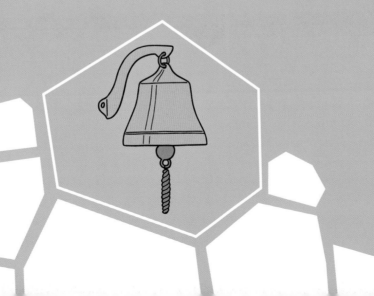

누군가가 우리의 존재를
축하하는 것이 중요하다 . . .
우리 자신을 들여다 볼 수 있게
해주는 유일한 거울은 사람이다.
모든 의미의 영역, 모든 미덕과 악덕은
오직 사람에게만 깃들어 있는 것이다.
드넓은 우주에는 아무 것도 없다.

로이스 맥마스터 부졸드Lois McMaster Bujold ,
미국 작가
(1949-)

여러분의 조직은 학습을 환영하는가?
자기 일을 잘 하는 동료에게 박수를 쳐주는가?
계속되는 위기 속에서 하루 하루를 살다 보면,
좋은 일이 생겨도 돌아보지 않고 잊어버리는
경우가 너무나 많다. 두 가지 중요한 질문을
던지고 셀레브레이션 그리드celebration grid를
그려보면 소중한 것을 찾아낼 수 있다.

몇 년 전 나는 CEO와 함께 몇 가지 조직 문제를 논의했다. 나는 우리 회사 직원들이 자신의 성공을 즐기는 데 거의 시간을 쓰지 않는다는 점에 주목했다. 항상 열심히 일만 하고 잘 된 일을 전혀 축하하지 않는 듯 보였다. 나는 축하할 일이 있을 때마다 울릴 수 있도록 사무실에 큰 종이 있었으면 좋겠다고 제안했다. 마음 속에 종이라는 아이디어가 떠오른 이유는, 사용할 때 눈에 보이고 매력적이며 무시할 수 없는 무언가를 원했기 때문이다.

일주일 후에 놀랍게도 CEO가 구리로 만든 선박용 종을 사와서 이렇게 말했다. "여기 종 가져 왔어. 이제 잘 써먹어 봐." 🌲 나는 총무 담당자를 설득해서 커다란 개방형 사무 공간 가운데에 종을 걸어 두었고, 회사에 있는 모두에게 축하할 일이 생기면 직원 누구나 종을 울릴 수 있다고 알려줬다. (선박용 종이 아니라 소에게 달아주는 워낭을 사용한 조직이 있다는 이야기를 나중에 들었다.[1])

그 때부터 몇 주에 한 번씩 누군가가 밧줄을 열심히 잡아당기곤 했다. 정부와 계약을 맺었을 때, 웹 애플리케이션을 배포했을 때, 아니면 그 보다는 좀 덜 힘든 일이라고 할 수 있는 마라톤 완주나 출산을 했을 때도 종소리가 울렸다. 어떤 이유라도 상관 없었다. (한 번은 회사 웹사이트보다 내 블로그 방문자가 더 많다고 종을 울린 적도 있었다. 한 번 더 축하하기 위한 핑계일 뿐이었다.)

선박용 종에서 울리는 소리가 사무실 전체에 퍼지면, 곧바로 모든 직원이 함께 모여 10분 동안 축하를 했다. 종을 울릴 때마다 공짜로 케이크나 쿠키를 나눠줬는데, 덕분에 커피 머신 주변으로 직원 전원을 빠르게 모을 수 있었다. 그 때 종을 울린 사람이 대개 몇 분 정도 무엇을 축하하고 싶은지 설명했고 그 다음에는 열렬한 박수가 이어졌다. 앗싸! 그런 다음 먹기 시작했다. 내가 종소리를 마지막으로 들은 것은 CEO가 나의 퇴사를 발표했을 때였다.

축하할 일이 생기면
직원 누구나 종을 울릴 수 있다.

실험에 의한 학습

"실패를 통해서만 배운다"거나 "실패를 용인해야 한다"고 주장하는 사람이 있다.[2] 또 어떤 이는 실수가 우리를 더욱 창의적이고 혁신적으로 만들어주기 때문에 축하해야 한다고 말하기도 한다.[3] 심지어 유일한 목적이 서로의 실수와 실패에 박수를 보내는 것인 모임도 있다.[4] 흥미롭게도, "성공에 집중해야 한다"거나 "성공이 성공을 낳는다"고 주장하는 사람도 있다.[5] 이런 이야기를 듣다 보면 우리가 성공과 실패를 다 축하해야 하는지, 다시 말해 모든 것을 축하해야 하는지 의문이 생긴다. 말 그대로, 진실은 딱 가운데에 있다.

정보 이론가들은 실패율이 대략 50% 정도일 때 시스템에서 가장 많은 학습이 이뤄진다는 사실을 발견했다.[6] 말하자면, 실험이 성공할 가능성도 높고 실패할 가능성도 높을 때, 그 실험으로부터 배울 수 있는 정보가 가장 많이 생겨난다는 뜻이다.

실험이 좋은 결과로 이어질지 나쁜 결과로 이어질지 예측할 수 없을 때 가장 많이 배운다. 분명한 것은 학습에는 실패와 성공 모두 필요하다는 점이다. 우리가 무언가를 가장 많이 배울 때는 이전에는 없었던 경험을 했을

> 실패 확률이 지나치거나 충분하지 못하면 정보 생성의 효율성이 줄어든다. … "실패를 없애자" 또는 "실패를 축하하자"처럼 지나친 단순화는 피하자. 최적의 실패율이 존재한다.
>
> 도널드 G. 라이너슨Donald G. Reinertsen, 『Principles of Product Development Flow』[7]

> 우리는 성공이나 실패가 아니라 학습을 축하해야 한다.

때다. 확실히 자리 잡은 관행을 반복하기만 할 때는 무엇을 더 할 수 있을지 알아내기 어렵다. 마찬가지로, 같은 실수를 반복하기만 한다면 역시 많이 배우지 못할 것이다. 최적의 학습은 가운데 어딘가에서 일어난다. "더 잘 할 수 있는 방법을 전에는 몰랐지만 이제는 알게 돼 기뻐!"와 같은 생각이 자주 들 때 학습이 이뤄지는 것이다.

> 성공 사례나 실패 사례가 아무리 많아도 그것이 그 사람의 잠재적 성과를 나타내지는 못한다. 성과는 스스로의 노력 그리고 문제에 대한 이해에 달려 있다.
>
> W. 에드워즈 데밍W. Edwards Deming, 『Out of the Crisis』[8]

학습 조직은 실패의 양을 최소화하는 것을 목표로 삼아서는 안된다. 실패가 줄어들면 학습이 줄어들 것이다. 물론, 실패를 극대화하는 것 또한 말이 안된다. 극대화해야 하는 것은 문제에 대한 이해다. 이러한 이해는 성공과 실패를 둘 다 경험함으로써 이뤄진다. "와, 나는 똑똑해!"와 "이런, 난 정말 바보야!"가 대략 비슷한 수준이라고 생각할 때 최적의 학습율을 얻는다. 그러므로, 우리는 성공이나 실패가 아니라 학습을 축하해야 한다.

좋은 관행

많은 업무 환경에서 사람들은 대개 문제 해결에 집중한다. 지속적으로 개선해야 조직이 살아남아 번창할 수 있기 때문에 당연한 일이다. 하지만 개선에 초점을 맞추다 보면 보통은 실패와 실수를 주목해서 보게 되는데, 이런 사고방식은 몇 가지 심각한 부작용을 일으킬 수 있다. 완벽주의자인 나는 때때로 이 부분에 죄책감을 느껴왔다. 림보 막대 아래에서 고질라가 춤을 추고 우주 왕복선이 날아다닐 수 있을 정도로 높은 곳까지 나 자신과 다른 사람의 기준을 "높이 올렸다."

하지만 바보짓 좀 그만 하라고 사람들을 다그치며 이상한 점을 발견했다. 이런 방식이 그들에게 전혀 동기를 부여해주지 못했던 것이다! 더 잘 하고 싶다고 해서 잘못된 일(실수)을 줄이는 것만이 능사가 아님을 깨달았다. 올바른 일(좋은 관행)도 늘어나야 하는 것이다. 그리고 가끔은 잘 하고 있음을 상기시켜 줄 필요도 있다.

논의의 초점이 주로 실수나 문제에 맞춰져 있다면, 많은 조직 문화가 부정적으로 느껴지는 것은 당연한 일이다. 구성원은 완벽하지 못함에 죄책감을 느낀다. 개선을 건설적인 관점으로 바라보지 못하고 방어적인 마음을 갖는 것이다. 그러면 책임을 회피하고 드러난 모든 문제에 대해 그 문제를 일으킨 것이 분명해 보이는 다른 이를 지목한다. 사람들이 개선보다는 자기 방어에 치중하기 때문에, 상황은 더 나아지지 않을 것이고 조직은 더 많은 실수를 저지르게 될 뿐이다.

> **실수에 불이익을 주기보다**
> **좋은 관행을 축하해야 한다.**

나는 우리가 실수보다는 좋은 관행을 강조해야 한다고 믿는다. 무언가에 집중한다면 그 일을 더 많이 하게 되기 때문이다. [9, 10] 실수에 집중한다면 사람들은 더 많은 실수를 할 것이다. 좋은 관행에 집중한다면 사람들은 더 좋은 관행을 만들어 낼 것이다.

좋은 관행을 강조하고 더 나아가 의례화 함으로써, 사람들의 정신을 자유롭게 해줄 수 있고 그 덕분에 업무에서 보다 복잡하고 불확실한 측면에 더욱 많은 시간을 쓰게 된다. 예를 들어, 품질 체크리스트는 제품이나 서비스의 품질을 높게 유지하는 데 도움을 줄 뿐만 아니라 해결해야 할 더 흥미로운 문제와 실행할 실험을 생각할 수 있도록 해주기 때문에, 창의 노동자에게 유익한 효과를 불러오는 경우가 많다. [11]

나쁜 행동이 아니라 좋은 행동을 강조해야 하는 것이 당연하다. 실수에 불이익을 주기보다 좋은 관행을 축하해야 한다.

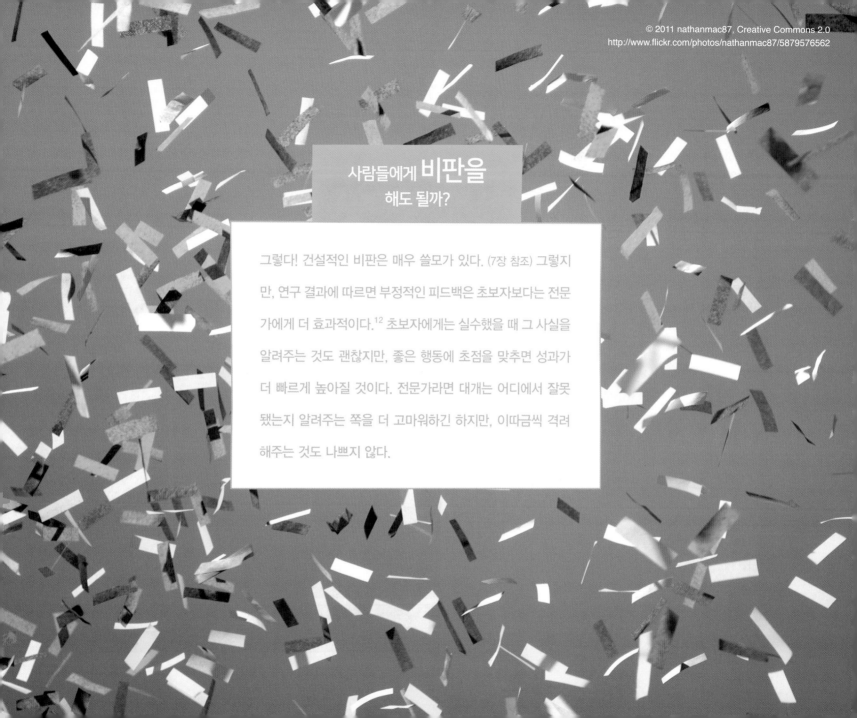

사람들에게 **비판을** 해도 될까?

그렇다! 건설적인 비판은 매우 쓸모가 있다. (7장 참조) 그렇지만, 연구 결과에 따르면 부정적인 피드백은 초보자보다는 전문가에게 더 효과적이다.[12] 초보자에게는 실수했을 때 그 사실을 알려주는 것도 괜찮지만, 좋은 행동에 초점을 맞추면 성과가 더 빠르게 높아질 것이다. 전문가라면 대개는 어디에서 잘못됐는지 알려주는 쪽을 더 고마워하긴 하지만, 이따금씩 격려해주는 것도 나쁘지 않다.

두 가지 질문

이제 축하의 이유에는 두 가지가 있음을 알게 됐다. 결과가 성공이든 실패든 상관 없이 무언가를 배웠을 때도 축하할 수 있고, 십중팔구 예측 가능한 좋은 결과로 이어지게 될 좋은 관행을 반복했을 때도 축하할 수 있다. 나는 다음 그림을 **셀레브레이션 그리드**celebration grid 라고 부른다. 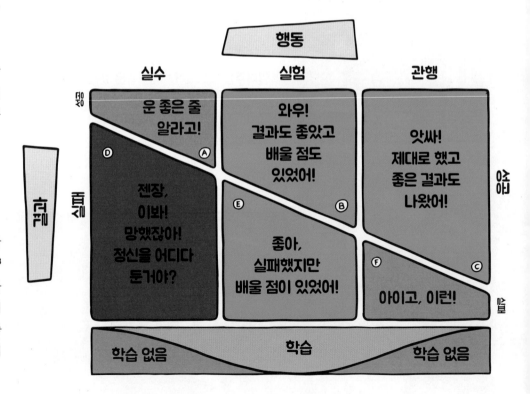 이 도표에서 축하할 수 있는 영역을 초록색으로 표시했다. (B, C, E 구역) 이 영역을 축하 구역이라고 부른다.

다음 두 "앗싸!" 질문yay! questions을 던져서 사람들이 셀레브레이션 그리드의 적절한 영역에 집중할 수 있도록 돕는 일은 훌륭한 관리 활동이다.

1. 우리가 뭘 잘했지? (어떤 관행을 따랐는가?)
2. 우리가 뭘 배웠지? (어떤 실험을 했는가?)

무엇이 잘못됐는지 물어보는 대신에 무엇을 잘했는지 물어보는 것이 더 좋은 경우가 많다.[13] 이것은 실수보다는 좋은 레시피를 함께 나누고 싶은 마음을 강조하는 것이다. 이미 널리 알려진 관행을 논의하는 것은 좋은 일이다. 좋은 레시피를 강화하면 다른 사람들도 그 레시피

를 따라 적용할 가능성이 높아진다. (C 구역) 최선의 노력에도 불구하고 좋은 관행의 결과가 실패로 이어진 경우에는, 적어도 최선을 다했음을 축하하는 것을 고려해볼 수도 있다. (F 구역)

두 번째 질문 은 결과를 쉽게 예측할 수 없는 곳에서 실행했던 테스트와 실험이 무엇이었

는지 묻는 질문이다. 성공과 실패 둘 다 똑같은 기준에서 논의하는 것이 중요하다. 실패로부터 많은 것을 배울 수 있는 것도 맞고, 성공으로부터 많은 것을 배우는 것 또한 맞기 때문이다. 그렇기 때문에 관심은 두 군데(B 구역과 E 구역)로 균등하게 나누어져야 한다.

두 질문 모두 축하해야 할 이유다. 좋은 행동을 강화하기 위해 축하하고, 학습을 강화하기 위해 축하한다. 팀 동기부여를 목표로 삼고 있다면 둘 다 필요하다.

일대일 대화, 스탠드업 회의, 회고, 주간 온라인 회의처럼 동료와 정기적으로 회의를 할 때, 이 두 가지 "앗싸!" 질문으로 시작하는 습관을 들이기를 추천한다.

이 질문으로 대화를 시작하면 몇 가지 장점을 얻게 된다. 첫째, 사람들에게 자기가 잘한 것과 배운 것을 살짝 자랑할 수 있도록 해준다. 그것이 자신감을 느낄 수 있도록 도움을 준다. 긍정적인 것을 강조함으로써 분위기가 좋아질 것이고, 나중에는 좀 더 편안하게 자신의 실패와 실수를 말할 수 있다고 느낄 것이다.

둘째, 자기가 적용했던 좋은 레시피와 자기가 배운 것에 관심을 갖도록 해주기 때문에 다음번 대화에서 공유할 내용을 스스로 준비할 것이다. 해야 할 일이 단지 실수와 실패를 줄이는 것만이 아니라는 사실을 모두가 이해해야 한다. 좋은 관행을 배우고 동료와 공유하기도 해야 한다.

그런데,
어디선가 들어본 것 같다!

실제로 다른 맥락에도 비슷한 질문이 있다. 예를 들어, 변화 관리 전문가는 모든 변화 프로그램에서 제일 먼저 해야 할 질문 중 하나가 "잘 하고 있는 곳은 어디인가요?"이고, 바로 뒤이어 "피드백은 어떻게 얻을까요?"라는 사실을 잘 알고 있다.[14] 아주 비슷한 질문이지만 형태가 다르다. 또 다른 사례가 강사 및 퍼실리테이터에게 유용한 피드백 기법인 퍼펙션 게임perfection game이다. 사람들에게 "우리가 했던 일이 얼마나 마음에 드나요?"라고 묻고 뒤이어 "완벽하지 않다면 어떻게 더 잘할 수 있을까요?"라고 질문한다.[15, 16] 다시 한 번 강조하는데, 서로 비슷한 질문이지만 각도가 살짝 다르다.

축하하기

이 두 질문에 어떤 대답이 나오더라도 축하의 계기가 될 수 있다. 🌸 신입 사원이 연습용 예제 프로그램을 올바르게 짰는가? 축하하자! 팀원의 대담한 실험이 훌륭한 통찰로 이어졌는가? 앗싸! 고객 50명과의 거래가 끊어진 것이 아쉽더라도 과감한 해결책으로 중요한 데이터를 저장해서 다른 고객들에게 도움을 준 이에게는 박수를 보내자. 바보 같이 청구서를 전부 삭제한 사람에게 종을 울려주고 싶을 수도 있다. 덕분에 네트워크 관리자가 백업 절차를 개선할 수 있게 됐기 때문이다.

이 두 질문을 처음으로 묻기 시작하면, 긍정적인 사건을 미스 유니버스 대회에 참여하는 코볼 프로그래머보다 훨씬 찾기 어려운 환경도 있다. 애초에 공유할 만한 좋은 소식이 별로 많지 않은 것일 수도 있고, 사람들이 자신의 좋은 행동과 학습 결과를 축하할 만하다고 여기지 않기 때문일 수도 있다. 나는 여러분에게 사람들이 한 일을 당연하게 받아들이지 말라고 얘기하고 싶다. 모든 작은 발걸음을 언급할 가치가 있는 것으로 만들자.

> 사람들이 한 일을 당연하게 받아들이지 말자.
> 모든 작은 발걸음을 언급할 가치가 있는 것으로 만들자.

축하할 때는 다음 사항을 명심하자.

1. **자주 축하한다.** 이 두 가지 질문은 매일 할 수 있다. 축하할 이유를 매일 만들 수 있다. 큰 성취에만 군침 흘리지 말자. 작은 것에도 관심을 갖자. 모두가 회의에 늦지 않고 왔다면, 축하하자! CEO가 블로그에 처음으로 글을 올렸을 때, "앗싸!"라고 외쳐주자. 후아니타가 일주일 내내 욕을 하지 않았다면, "유후!"라고 칭찬해주자.

2. **티 나게 축하한다.** 모두가 무엇을 축하하고 있고 그 이유가 무엇인지 볼 (또는 들을) 수 있도록, 확실히 눈에 띄게 (또는 귀에 들리게) 축하하자. 축하를 정보 방열기로 바꾸자. 약간의 행운이 따른다면 조직 다른 곳에서도 여러분의 좋은 사례를 따라 할 것이다. 좋은 분위기가 밀려올 때 그 흐름을 타기란 어렵지 않다.

3. **비범하게 축하한다.** 축하할 때는 다양한 오감을 목표로 삼는다. 여러분만의 독특한 의례를 도입해서 비범하게 만든다. 종을 울리거나, 색종이를 뿌리거나, 풍선을 띄우거나, 초콜릿을 나눠주거나, 디스코 불빛을 번쩍이면서 빌리지 피플Village People의 노래를 틀 수도 있다. 축하를 작은 의례로 바꾸면 그것이 조직 문화의 일부가 될 것이다.

이번 챕터의 초안을 쓰면서 이전에 일하던 사무실을 방문했다. 종은 아직 그대로 있었다. 중요한 제품 릴리스 그리고 나오는 달리 회사를 떠나지 않은 직원의 근속 5주년을 축하하려고 바로 일주일 전에 종을 울렸다는 소식을 듣게 돼 기뻤다.

완료에서 축하로

"우리 회사에는 업무 흐름을 시각화한 칸반 보드가 있는데, 완료한 작업을 주기적으로 '진행중'에서 '완료'로 옮긴다. "만세"를 외치면서 작업을 마친 것을 축하하며 포스트잇을 화이트보드에 있는 커다란 '완료' 영역으로 옮기기도 한다. 그러나 이제는 화이트보드의 '완료' 영역에 셀레브레이션 그리드를 그려 넣으려는 참이다. 포스트잇을 '완료'로 옮길 때, 알맞은 셀레브레이션 그리드 구역에 붙여서 학습과 축하가 시작되도록 할 것이다."

제프리 로니Geoffrey Lowney, 미국.

더 좋은 회고

"팀 회고 회의를 진행하는 프레임워크로 셀레브레이션 그리드를 활용하는 것이 훌륭한 아이디어일 수 있겠다는 생각이 들었다. 그래서 함께 일하던 스크럼 팀과 함께 화이트보드에 도표를 그려가며 대부분의 학습이 어떻게 실험을 통해 일어나는지에 대한 개념을 논의했다. 나는 우리가 실제로 무엇을 배우고 있는지 생각해볼 수 있도록 셀레브레이션 그리드를 사용해서 회고를 구조화해보자고 제안했다. 팀은 괜찮은 방식인 것 같다고 동의했다.

나는 팀에게 생각나는 실수, 실험, 좋은 관행을 10분 동안 포스트잇에 작성해달라고 요청했다. 10분 후 팀원들은 포스트잇을 그리드의 적당한 위치에 붙였고, 우리가 발견한 것과 새로운 아이디어에 대해 대화를 나누었다. 팀 대화 도중에 추가적으로 보드에 붙일만한 실험을 찾아냈고 팀은 다양한 프로세스 개선을 약속했다.

회고는 너무 잘 진행됐다. 팀이 준 피드백은 매우 긍정적이었다. 모든 사람이 자기가 참여했던 회고 중 최고라고 생각했다. 나도 내가 퍼실리테이션 했던 회고 중 단연 최고였다. 셀레브레이션 그리드가 훌륭한 시각적 프레임워크를 제공하고, 실험, 학습, 축하의 개념어 회고에 진정한 방향, 의미, 목적을 줬다고 생각한다."

로비 우드 Robie Wood, 미국

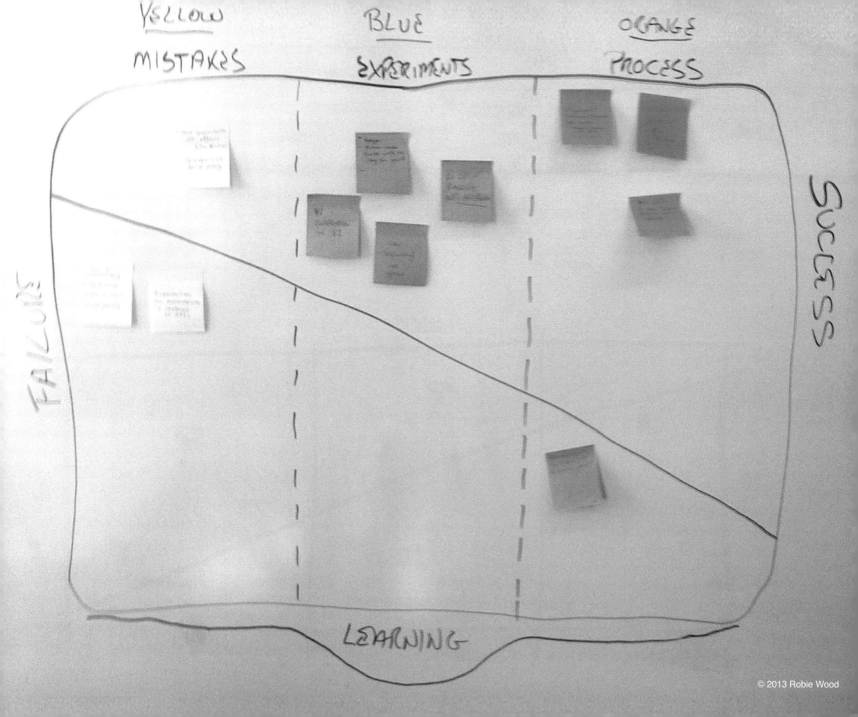

어떻게 시작해야 할까

축하를 시작하고 싶을 때 이 방법을 시도해보자.

1. 화이트보드에 셀레브레이션 그리드를 그리고 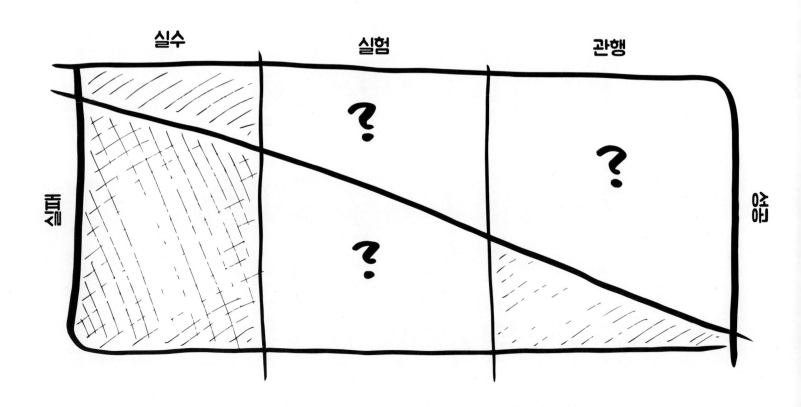 의견을 나눈다.

2. 실패했든 성공했든 관계 없이, 실수, 실험, 관행 모두로부터 배울 수 있도록, 각 구역에 대해 사람들에게 몇 가지 구체적인 사례를 물어보자.

3. 회의를 시작할 때 또는 마칠 때, "우리가 뭘 잘했지?"와 "우리가 뭘 배웠지?"의 두 가지 질문을 시도해보자.

4. 배운 것과 실천한 것을 어떻게 하면 자주, 티 나게, 비범한 방법으로 축하할 것인지 결정하자.

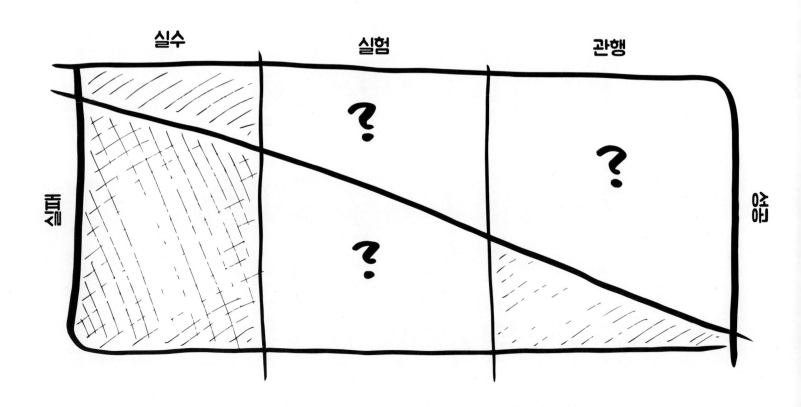

팁과 응용

사람들과 함께 셀레브레이션 그리드를 사용하기 전에, 실수(행동)와 실패(결과)의 차이점을 설명하자. 일상 언어에서는 두 가지를 자주 혼동한다.

팀 전체가 학습에 기여하고 공유할 수 있도록 셀레브레이션 그리드는 화이트보드 또는 플립차트에 그린다.

여러분이 전부 직접 하지 말고 사람들에게 포스트잇을 나눠준 다음 그리드에 붙일 수 있도록 해서 그들의 상호작용을 돕는다.

두 가지 질문 "우리가 뭘 배웠지?"와 "우리가 뭘 잘했지?"를 다른 방법으로 시도해보자. "우리가 뭘 시도해야 할까?"와 "우리가 뭘 반복해야 할까?"를 예로 들 수 있다.

셀레브레이션 그리드 위쪽에 깔때기 모양을 그려서 시도할 새로운 실험을 배치하는 영역을 나타낼 수도 있다.

나는 셀레브레이션 그리드가 변화 프로그램에 특히 강력하다는 사실을 알게 됐다. 업계 최고의 관행을 실행하기에는 계층 구조가 좋고 시도와 실험에는 네트워크 구조가 좋다는 사실을 보여준다.

나는 워크숍이 끝날 때면 항상 셀레브레이션 그리드를 활용한다. 사람들이 화이트보드 주위에 서서 배운 것을 돌아보는 것은 멋진 일이다. 사람들이 좋아한다.

그리드는 뒤돌아보는 도구다. 그러나 예측하는 도구로 사용해보면 어떨까? 일주일 동안, 한달 동안, 일년 동안 실수와 관행으로부터 무엇을 배우게 될까?

원격팀에게는 종을 소란스럽게 울려도 분명히 효과가 없을 것이다. 대신 커뮤니케이션 플랫폼의 특별 채널 또는 그룹 전체에 알림을 전해줄 수 있는 방법을 시도해보자.

내 고향에서는 사람들이 종이 울리면 자동으로 학교 운동장을 떠올렸기 때문에, 축하를 발표하기 위한 다른 방법을 찾아야 했다. :-)

많은 축하 발표가 경영진으로부터 나와줘야 한다. 그리고 고객 판매와 제품 출시만 축하하지 말자. 실패로부터의 학습 역시 축하 받을 수 있다!

m30.me/celebration-grids와 m30.me/yay-questions에서 구체적인 도구와 더 많은 아이디어를 찾아보자.

결론

절대 실험을 멈추지 말자

> 나는 변화를
> 아주 긍정적으로 생각한다.
> 변화는 시스템을
> 자극하기 때문이다.
>
> 앤 리처즈 Ann Richards,
> 미국 정치인
> (1933-2006)

나는 여러 군데에서 얻은 아이디어를 모아
구체적인 실천법으로 제시했다.
그러나 게임이나 활동을 따라하는 것만으로는
조직을 바꾸기에 충분하지 않다.
반드시 상황에 맞게 실천법을 응용해야 하며,
사람들의 몰입을 돕고 시스템을 개선하고
모든 클라이언트를 행복하게 한다는
원칙을 명심한다.

이제 책 마지막 부분에 왔다. 뿌듯하기도 하고 섭섭하기도 하나. 이런 책을 만드는 데 얼마나 많은 노력이 드는지 믿기지 않을 테니, 그 부분에 대해서는 뿌듯한 마음이 든다. 텍스트 에디터에 십만 개의 단어를 채워 넣기만 하면 되는 일이 아니다. 가장 어려웠던 도전은 그걸 말이 되는 순서로 늘어놓는 일이었다! 그런 다음, 연구하기(재미있었다!), 삽화 그리기(전부 직접 그렸다), 서식 설정하기(흔쾌히 위임했다), 마케팅 하기(이 일은 전혀 위임하지 않았다!), 그런 다음 다시 살펴보기, 다시 읽기, 다시 쓰기, 다시 조정하기, 다시 그리기, 다시 수정하기, 다시 참조하기, 다시 활용하기, 그리고 (정말 다행히!) 가끔 휴식이나 흐뭇한 순간도 있었다. 그리고 이메일도. 맙소사, 이메일! 날마다 받은 이메일을 쌓아두면 그 밑에 쌍두마차도 파묻어버릴 수 있을 것 같다. 그러나 솔직히 그 이메일들이 나를 계속 앞으로 나아가게 해준다. 독자의 응원을 받으면 항상 행복하다. 하지만 큰 프로젝트의 끝에 왔다는 사실이 나를 더욱 행복하게 한다! 오래 전에 블로그에 썼던 것처럼, 끝이 다가온다는 사실을 알 때만 비로소 그 일을 즐길 수 있다.[1]

함께 나누고 싶은 이야기가 아직 많아서 마지막 부분에 왔다는 사실이 섭섭하기도 하다! 협력적 채용, A3 문제 해결, 현대적인 구인, 갈등 해결, 역량 도표 등 많은 주제를 다루지 못했다. 성과 평가로 꽉 찬 바인더를 바지에 넣은 채 회의실에서 졸다 깨어났던 상사 이야기도 하지 못했다.

어쨌든 글을 쓰며 이루기를 바랐던 내 희망은 여러분도 나처럼 모두가 관리에 책임이 있다고 믿는 것이다. 풀타임 관리자가 여러분의 업무를 혁신적으로 체계화해줄 때까지 기다려서는 안된다. 좋은 관리 실천법은 구성원의 몰입을 돕고 시스템을 개선하고 이해관계자를 행복하게 해준다. 누구나 할 수 있는 일이다. 누구나 관리할 수 있고 누구나 일터에서 더 큰 행복을 이룰 수 있다.

> 적절한 정보와 수단을 바탕으로 책임을 다하고 보상을 확실히 받는 환경에서 누구나 조직 관리 업무를 할 수 있음이 밝혀졌다.
>
> 게리 해멀 Gary Hamel,
> 『지금 중요한 것은 무엇인가 What Matters Now』[2]

아이디어 농부

책, 블로그, 웹사이트, 잡지를 많이 읽기 때문에 (여행도 많이 한다) 이 책에는 별의별 것이 등장한다. 내가 읽는 이유는 다른 사람의 좋은 아이디어 모으기를 좋아하기 때문이다. 자주 말하듯이, 혁신에 가장 좋은 레시피는 "훔쳐와서 비틀기steal and tweak"다. 내가 말하는 모든 것이 훔쳐온 것이고 비튼 것이다. 심지어 "훔쳐와서 비틀기"라는 개념 자체도 훔쳐와서 비튼 것이다.

> 가능한 한 높이 올라가고 싶다면
> 거인에만 의존해서는 안된다.
> 거인의 어깨 위에 서 있는 작은 녀석들도
> 찾아보자!

내가 유명한 권위자의 시대를 초월한 고전만 읽고 좋은 아이디어를 찾아내는 것은 아니라는 점을 눈치챘을 지도 모르겠다. 읽어본 사람이 몇 안되는 덜 알려진 책이나 글 또한 많이 언급한다. 그렇게 하는 이유는 가능한 높이 올라가고 싶다면 거인에만 의존해서는 안되기 때문이다. 거인의 어깨 위에 서 있는 작은 녀석들도 찾아보자!

나는 찾아낸 크고 작은 아이디어를 모두 기른다. 관심이라는 물을 주고 생각이라는 먹이를 먹인다. 약간의 시간과 에너지를 들이면 새끼를 낳기 시작한다.  그리고 서로 섞이고 어울릴 수 있게 해준다. 가장 이상한 방법으로 이어지고, 경쟁하고, 협력하고, 교감할 수 있도록 한다. 때로는 황당무계한 결과로 이어질 때도 있다. 그러나 고생할 만한 가치가 있는 일이다. 나는 이렇게 새로 탄생한 아이디어를 보살피면서 건강하고 튼튼하게 키우고자 노력한다.

> 성공담과 실패담은 리더십 스타일과 경영 관행이 기업 실적에 미치는 영향을 지속적으로 과장하기 때문에 별로 유용하지 못하다고 결론 내렸다.

대니얼 카너먼Daniel Kahneman, 『생각에 관한 생각Thinking, Fast and Slow』3

나는 **아이디어 농부**idea farmer다. 오래된 아이디어에서 새로운 아이디어를 키워낸다. 새로운 아이디어가 완전히 자라나면 시장에 판다. 아직 작고 어릴 때는 공짜로 나눠주기도 한다. 더 나아지고 더 많은 경험을 쌓는데 도움이 되기 때문이다.

여러분은 이제 실행할 수 있는 구체적인 관리 실천법 아이디어로 가득 찬 이 책을 거의 다 읽었다. 이 책은 관리자만을 위한 것이 아니라 조직 관리에 관심이 있는 모든 이를 위한 책이다. 관리는 관리자에게만 맡겨 놓기에는 너무나 중요한 일이기에 다른 곳에서 베껴 온 아이디어나 실천법만으로 조직을 변화시키기에는 충분치 않다.

정말로 조직에 필요한 것은
더 좋은 실천법이 아니라
더 좋은 원칙임을 절대로 잊지 말자.

정말로 조직에 필요한 것은 더 좋은 실천법이 아니라 더 좋은 원칙임을 절대로 잊지 말자. 조직에 새롭게 적용한 좋은 실천법은 너무나 쉽게 나쁜 원칙으로 바뀌어버린다![4] 하지만 구성원 대부분은 구체적인 실천법이 없으면 추상적인 원칙을 어떻게 실행해야 하는지 모른다. 창의 노동자는 대개 실행할 수 있는 조언을 좋아한다. 사람들은 내게 델리게이션 보드, 무빙 모티베이터, 피드백 랩, 메리트 머니 등 여러 가지를 실험해보고 싶다고 말한다. 내가 이 책에서 여러분에게 주고 싶었던 것(또는 그 이상)이 바로 그것이다. 그러나 이러한 행복 실천법은 단지 시작에 불과하다. 여러분의 목표는 내가 준 실천법을 그저 실행하기만 하는 것이어서는 안된다. 어떤 결과도 바꾸지 못할 가능성이 높기 때문이다. 조직에 새로운 원칙을 가르쳐주는 것이 여러분의 목표다.

> 세상은 너무 복잡해서 그저 따라하기만 하면 되는 실천법 목록을 줄 수 없다. 21세기의 관리자들이 가장 필요로 하는 것은 통찰력이다. 그래서 그들은 그들 자신의 특정한 필요에 대한 그들만의 처방을 개발할 수 있다.

헨리 민츠버그Henry Mintzberg, 『MBA가 회사를 망친다Managers, Not MBAs』[3]

© 2012 Jurgen Appelo

하지만 . . . 우린 달라!

다른 나라에 갈 때마다 (내가 여행을 많이 한다고 말했던가?) 사람들은 거의 언제나 내게 이렇게 묻는다. "다른 나라는 어떤가요?"

"중국에서는 좋은 관리 방식을 실행하기가 더 어려운가요?"
"동유럽의 문제와 서유럽의 문제가 서로 다른가요?"
"스칸디나비아에서는 애자일을 하기가 미국보다 쉬운가요?"
"홀란드의 비즈니스 문화는 네덜란드와 어떻게 다른가요?"

나는 항상 이렇게 대답한다. "맞아요, 조금씩 다릅니다." 그러나 그 차이는 사람들이 기대하는 것보다 훨씬 작다. 어디에서나 같은 관리 및 리더십 문제를 겪고 있다. 자기조직화 팀이라는 같은 도전에 주목하고, 비즈니스 전환이나 조직 문화에 대해서 같은 것을 발견한다. 나라 간의 (일반적인) 문화적 차이도 분명히 현실이다. 독일인은 단순하고 프랑스인은 예민하다. 영국인은 예의 바르고 네덜란드인은 직설적이다. 그러나 이것을 장애물로 본다면 여러분은 바보일 것이다. (그렇다. 나는 네덜란드 사람이다.)

비즈니스 문화가 지리상의 문화를 능가한다. 항상 그렇다. 관리자로서의 경험을 통해, 네덜란드 개발자와 우크라이나 개발자 간의 차이는 네덜란드 개발자와 네덜란드 회계사 간의 차이에 비해 대수롭지 않음을 알게 됐다. 마찬가지로 네덜란드와 우크라이나에 있는 우리 두 사무실 간의 문화 차이는 우리 웹 개발 회사와 우리 나라에 있는 ... 음, 예를 들면 투자 은행, 맥주 제조사, 그리고 휴 . . . 정부 기관과의 차이와 비교해보면 아무것도 아니었다! 지역 간의 문화 차이는 업계, 직무 유형, 회사 간의 문화 차이와 비교해보면 흐릿하다는 사실을 거듭 확인할 수 있었다.

오해하지는 말자. 지역 문화를 완전히 무시할 수 있다는 뜻은 아니다. 내가 하고 싶은 말은, 사람들이 항상 나라 간의 차이에는 집중하면서, 자기 뒷마당에 있는 훨씬 더 풍부한 다양성은 못 본 체하는 경향이 있다는 뜻이다. 또한 전 세계 다양한 일터에서 실제로 꽤 비슷한 방법을 많이 사용하고 있다는 사실도 간과하고 있다. 다른 나라는 얼마나 다른지에 초점을 맞추는 것을 멈춰야 할 것 같다. 사실은 우리가 얼마나 같은지 그리고 지구 반대편에서는 어떻게 하고 있는 지에서 얼마나 많은 것을 배울 수 있는지를 깨닫게 될 때 더 많은 문제를 해결할 수 있다.

하지만 . . . 효과가 없어!

"다른 이들이 하는 방법을 배우는 것"과 "다른 이들이 하는 방법을 그대로 따라하는 것"은 다르다는 사실을 깨달아야 한다. 요리사가 온라인에서 찾아낸 레시피를 그대로 따라 했는데 애플 파이가 기대와는 다르게 나왔다고 가정해보자. 그 레시피가 "잘못"된 것일까? 그 요리사가 "이 주변에서는 애플 파이가 별로야. 해봤는데 아무도 안 좋아 하더라고."라고 한다면 그게 말이 될까?

3장에서 이야기했던 칠레 안데스 산맥의 승마 이야기가 기억날지 모르겠다. 처음 출발할 때는 네 시간짜리 여정이었다. 하루 종일 비가 내렸고, 모든 것이 축축했으며, 나는 바위에 다리를 긁혔고, 우리는 지치고 춥고 언짢은 상태였다. 내 말은 계속 다른 말을 물어뜯으려 했고, 무엇보다도 일행 전부가 처량함을 느끼고 있었다. 물론 말들도 포함해서 말이다. 목적지인 깊은 숲 속 산장에 도착할 때까지 계속 그랬다. 산장은 아름답고 따뜻하고 아늑했다. 하루 전에 도착해 있던 미국 관광객인 제인이 모두에게 애플 파이를 구워줬다. 정말 꿀맛이었다. 재료 몇 가지가 부족했고 사과는 낯선 품종이었고 쿨터치, 팬그릴, 파이로테크 기능이 없는 단순한 나무 오븐을 사용해야 해서, 원래 레시피와 다르게 해야 했기에 제인은 자신이 없었다. 그러나 기가 막히게 해냈다. 제인의 애플 파이는 안데스에서 네 시간을 고생한 후에 만날 수 있었던 최고의 선물이었다.

> 훌륭한 일터가 훌륭한 이유는 저마다의 독특한 방식 때문이다. "한 가지 최고의 방법"이 존재한다고 가정해버리면, 나를 통제하는 것은 외부의 요소라는 생각에 금세 빠져버리게 된다.

제니퍼 로빈Jennifer Robin, & 마이클 버첼Michael Burchell, 『No Excuses』[6]

레시피란 그저 순서대로 되어 있는 제안일 뿐이다. 요리사는 "레시피가 효과가 없어"라고 말할 수 없다. 레시피가 하는 일은 아무 것도 없기 때문이다. 모든 일을 하는 사람은 요리사다. 만약 바라던 것을 얻지 못한다면, 내 생각에 그 이유는 현재 환경에서의 경험이 부족하거나 레시피를 어떻게 바꿔야 할지 학습할 시간이 필요하기 때문이다. 아마도 평소보다 계란이 대체로 컸을 수도 있고, 의도했던 것보다 오븐이 뜨거웠을 수도 있고, 밀가루 상표가 달랐을 수도 있고, 편의점에서 산 싸구려 향신료의 맛이 싱거웠을 수도 있고, 손님들의 음식 취향이 다양했을 수도 있다. "레시피가 효과가 없어."라는 말은 "이곳 상황에 맞는 레시피를 아직 알아내지 못했어."를 짧게 줄인 말이다.

요리 레시피든, 관리 실천법이든, 체력 단련법이든, 유용한 실천법이라면 전부 마찬가지다. 당연히 다른 곳에서 했던 것과 똑같이 그대로 되는 경우는 많지 않다. 효과를 발휘할 수 있도록 노력해야 한다. 마치 제인처럼 주어진 것으로 시도하고 학습하면서 훌륭한 결과를 얻어보자. 자신만의 독특한 방법으로 실천법을 적용해보자.

관리하는 습관

이 책은 더 행복한 관리를 위한 제안으로 꽉 차있고, 나는 이것이 단지 빙산의 일각일 뿐이라고 확신한다. 다른 많은 사람에게도 어떤 팀이든 동기를 부여해줄 수 있는 구체적인 실천법에 대한 훌륭한 아이디어가 있다. 사실, 아이디어가 부족하지는 않다. 부족한 것은 아이디어를 실현시키려는 의지다.

> **아이디어가 부족하지는 않다.**
>
> **부족한 것은 아이디어를**
>
> **실현시키려는 의지다.**

세상은 너무 복잡해서 그저 따라하기만 하면 되는 실천법 목록을 줄 수 없다. 그렇기 때문에 이 책을 시작할 때 매니지먼트 3.0의 원칙을 설명한 것이다. 하지만 몇 가지 원칙을 주는 것만으로는 행동을 충분히 개선할 수 없다. 사람들은 대부분 원칙을 들었을 때 머리로는 이해할 수 있지만 경험을 통해서만 진정으로 그 중요성을 파악할 수 있다. 그 경험이 바로 좋은 실천법을 적용해서 얻게 되는 경험이다.

이제 여러분에게 달렸다!

여러분이 실천법을 실행하고 원칙을 경험해서 일을 성사시킬 차례다. 몇몇 실천법은 실험에 시간, 공간, 비용을 쓸 수 있도록 관리자를 설득해야 할 수도 있다. 새로운 아이디어가 가져올 이익이 무엇인지 관리자를 설득하려면, 신뢰를 쌓기 위해 약속을 지키고, 항상 관리자의 문제를 먼저 해결하려고 노력하고, 새로운 아이디어는 실패에 안전한 환경에서 실험하는 것이 제일 좋다.[7]

누구의 협조도 필요 없이 바로 시작할 수 있는 게임도 있다. 여기에서의 주요 과제는 대개 꾸준히 규칙적으로 실행하는 것이다. 새로운 실천법이 불러올 이익이 드러나는 데 시간이 걸릴 수도 있다. 좋은 행동을 시작하기 쉽도록 적절한 계기를 찾아내고, 실천법을 습관으로 바꿀 수 있게 해주는 짧은 피드백 루프를 찾는 데 노력을 집중해야 한다.[8]

내가 여기에서 보여준 모든 도구가 다양한 비즈니스에서도 이미 증명됐다고 할 수 있지만, 반드시 직접 시도해보고 나만의 것으로 만들어야 한다.

> 다른 회사의 도구, 기법, 원칙을 모방하거나 재현하려는 시도는 조직 문화, 즉 일하는 방식을 바꾸는 데 거의 도움이 되지 않는다. 예를 들어, 어떻게 하면 사람들이 실제로 원칙을 지키도록 할 수 있을까? 그보다는 일일 행동 패턴을 개발하는 데 집중하는 것이 레버리지 포인트다. 심리학 분야에서 드러난 것처럼, 실천을 통해 행동 패턴이 변화할 수 있고 학습할 수 있고 재현할 수 있기 때문이다.

마이크 로더Mike Rother, 『Toyota Kata』[9]

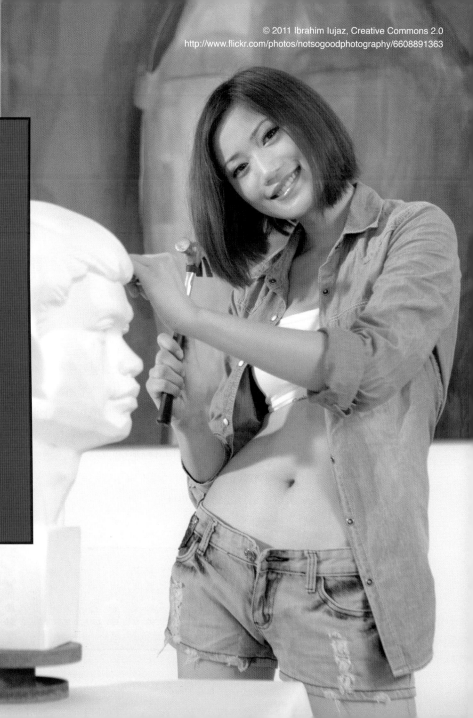

프로젝트의 마법사

"여러분 업무에 대해 한 가지 덧붙이자면, 내게 가장 큰 도움을 주었던 것은 복잡성 이론과 시스템 사고였다. 시스템 전체가 개인에게 어떻게 작용하는지, 그리고 개인이 시스템 전체에 어떻게 작용하는지 알고 있다는 점이 나를 프로젝트 관리자 또는 변화 관리자로서 더욱 자신감 있고 보다 체계적으로 만들었다.

내가 해야 할 일은 시작과 개선이 이뤄질 수 있도록 그 곳에 충분한 경계와 피드백 메커니즘을 구축하는 것 뿐이다. 관리자에게 깊은 인상을 주었고 나는 즐겁게 일하고 있다. 내게 '프로젝트의 마법사'라는 정체성이 생겼다."

요한 달베크Johan Dahlbäck, 스웨덴

나는 관리를 사랑한다

내가 예전에는 관리를 싫어했다는 사실을 잘 기억하고 있다. 나는 사람들이 내가 시킨 대로 했는지 확인하는 것이 싫었다. 나는 성과 평가가 싫었다. 나는 개인 급여와 보너스를 협상하는 것이 싫었다. 나는 최고 경영진과의 비즈니스 전략 주간 회의에 팀을 끼워 맞추는 것이 싫었다. 그리고 멋진 사람들이 전부 청바지와 스웨터를 입고 있을 때 나는 정장을 차려 입고 넥타이를 매는 것이 싫었다.

그 이유를 이해하는 데 시간이 좀 걸리긴 했지만 이제는 알고 있다.

내가 싫어했던 것은 나쁜 관리였다.

지금은 다르다. 요즘에는 매니지먼트 3.0 라이선스 프로그램에 방향을 제시하기를 사랑한다.  사람들의 내재적 동기를 발견하고 스토리텔링으로 영감을 불어넣고 자기조직화 팀 그리고 퍼실리테이터들과의 제약 조건 논의를 사랑한다. 교재를 개발하고 글쓰기나 강연할 때 진척 상황 측정을 사랑한다. 애자인 린 유럽Agile Lean Europe 네트워크와 스투스Stoos 운동 설립을 사랑하고, 해피멜리 비즈니스의 개발과 육성을 사랑한다. 아, 그리고 청바지와 스웨터를 입는 것도 사랑한다.

이제 그 이유를 쉽게 이해할 수 있다.

나는 좋은 관리를 사랑하며, 전 세계에서 그 일을 진짜로 사랑하는 몇 안 되는 사람 중 한 명인 것 같다. ♥

사랑하지 않는 일을 하며 보내기에는 인생이 너무 짧다

"매니지먼트 3.0에 대해 처음 들었을 때 나는 복잡한 360도 평가 제도를 설계하던 중이었다. 친구 중 하나가 터키에서 진행되는 교육 과정에 대해 이야기 했고 나는 그 기회를 잡기로 결심했다. 과정에 참여한 후 메리트 머니 실천법을 포함한 여러 아이디어를 배우고 업무로 돌아왔다. 메리트 머니는 내가 원래 고민하는 제도 보다 훨씬 간단한 방법이었다. 우리는 세 팀의 20명으로 시작했는데, 아무도 공정함을 두고 왈가왈부 하지 않았다. 즐거웠고 팀에서 재미있는 논의가 많이 생겨났다. 덕분에 주관적인 의견에 근거하지 않은 간단한 지표를 얻게 됐다.

내 가방 안에는 터키에서 받은 『세상을 바꾸는 방법How to Change the World』이라는 소책자도 들어있었다. 그 책은 다음과 같은 단순한 주장으로 시작한다. '일하는 것이 행복하지 않다면 세 가지 선택지가 있다. 받아들이거나, 그만 두거나, 조직을 바꾸려고 노력하거나.' 마치 스위치가 올라가고 불이 켜지는 듯 했다! 나는 상사와 이사회에 관리 방식에 문제가 있음을 이해시키려고 최선을 다했다. 무언가 바뀔 것이 확실했다. 경영진이 나아질 것인가 내가 떠나게 될 것인가.

그리고 정말로 모든 것이 바뀌었다! 나는 우리 팀 몇 명과 함께 회사를 떠났다. 다른 사람의 돈을 쓰지 않고 우리가 원하는 방식으로 우리만의 일터를 만들었다. ;-) 이제는 더 이상 직원이 아니라 창업가다. 사랑하지 않는 일을 하며 보내기에는 인생이 너무 짧다는 사실을 깨달았다."

알릭스 모가담Alix Moghadam, 이란

이 책의 마지막 챕터를 쓰기 시작했을 무렵에 어떤 독자로부터 다음과 같은 메시지를 받았다.

> 당신이 하는 일은 흥미로울 뿐만 아니라, 일터에서 매일 만나는 문제를 해결할 수 있도록 사람과 조직을 돕는 중요한 일이라는 생각이 들어요. 오늘날 우리가 일을 조직하는 방식을 혁신하려는 노력이 매우 중요하다는 것도 알게 됐어요.

라차르 토도로프Lazar Todorov, 독일의 어떤 친절한 독자

내가 받은 이메일에 어떤 주장이나 칭찬이 있으면 거기에 대해 건전하고 비판적인 태도를 유지하는 경우가 많지만, 이런 메시지는 기쁘게 예외로 두고 싶다. ;-)

어떤 팀이든 동기를 부여하고 더 행복한 일터를 관리할 수 있을 만큼 내가 충분한 영감을 주었다면 좋겠다. 이 책으로 여러분은 이제 조직 문화를 개선하는 데 도움이 되는 진지한 게임, 직원 몰입을 높여주는 간단한 실천법, 팀워크와 협업에 영감을 주는 창의적인 이야기, 팀이 의무와 책임을 이룰 수 있게 해주는 새로운 방법, 더 큰 창의성과 혁신을 향한 구체적인 절차, 비즈니스를 보다 애자일 하게 해주는 손쉬운 활동, 사람들이 행복한 월요일을 즐길 수 있게 하는 현대적인 도구를 얻게 됐다.

이제부터 여러분은 사람들의 몰입을 돕고, 업무를 개선하고, 클라이언트를 행복하게 함으로써 한 단계씩 조직 문화를 바꿀 수 있다. 행복을 위해 관리하고 어떤 팀이든 동기를 부여하자.

즐거운 시간 되시길!

참고 자료

도입

1. Steve Tobak, "Want to Be Successful? Learn How to Manage." *Entrepreneur,* February 19, 2014, http://bit.ly/1m3BFmF.
2. Steve Denning, "Leadership in the Three-Speed Economy," *Forbes,* May 1, 2013, http://onforb.es/1cixHX8.
3. Jurgen Appelo, "Are You a Creative Networker?" noop.nl, January 2, 2014, http://bit.ly/QaDnsp.
4. Josh Bersin, "Why Companies Fail to Engage Today's Workforce: The Overwhelmed Employee," *Forbes,* March 15, 2013, http://onforb.es/1dJMuVW.
5. Mark C. Crowley, "The Sharp Drop-off in Worker Happiness—And What Your Company Can Do About It," *FastCompany,* April 20, 2012, http://bit.ly/1hu5igi.
6. Ryan Scott, "The 7 Ways You're Not Engaging Your Employees," *Forbes,* February 6, 2014, http://onforb.es/1fR54iC.
7. University of Warwick, "We Work Harder When We Are Happy, New Study Shows," *ScienceDaily,* March 20, 2014, http://bit.ly/OV0HZP.
8. Sergei Netessine and Valery Yakubovich, "Get Employees to Compete Against Each Other," *Harvard Business Review* (June 1, 2012), http://bit.ly/1dYsGBF.
9. Matthew Swyers, "What Your Employees Do When You're on Vacation," *Inc.,* June 1, 2012, http://bit.ly/Ni0Zcs.
10. Riva Richmond, "3 Tips for Legally and Ethically Monitoring Employees Online," *Entrepreneur,* May 31, 2012, http://bit.ly/1nTl30o.
11. Lisa Haneberg, "How to Have Great One-on-Ones," *Management Craft* (April 8, 2005), http://bit.ly/1hze8sy
12. Jack Zenger and Joseph Folkman, "Getting 360 Degree Reviews Right," *Harvard Business Review,* September 7, 2012, http://bit.ly/ONhWgs.
13. Robert S. Kaplan and David P. Norton, "Using the Balanced Scorecard as a Strategic Management System," *Harvard Business Review,* July 2007, http://bit.ly/1d6ZpEi.
14. Danny Miller and Jon Hartwick, "Spotting Management Fads," *Harvard Business Review,* October 2002, http://bit.ly/1bVddDm.
15. Stafford Beer, *Designing Freedom* (Concord: House of Anansi Press, 1993).
16. "7th Annual State of Agile Development Survey," VersionOne (2013), https://www.versionone.com/pdf/7th-Annual-State-of-Agile-Development-Survey.pdf.
17. Peter F. Drucker and Joseph A. Maciariello, *Management* rev. ed. (New York: Collins, 2008), loc:1038
    (『피터 드러커의 매니지먼트』, 피터 드러커 지음, 조성숙, 이건, 박선영 옮김, 21세기북스, 2008)
18. Gary Hamel, "First, Let's Fire All the Managers," *Harvard Business Review,* December 2011, http://bit.ly/1cEshFS.
19. "The #NoManager Organization and the Manager of One," Happy Melly (blog), September 23, 2013, http://bit.ly/1h4MKmJ.
20. Camille Sweeney and Josh Gosfield, "No Managers Required: How Zappos Ditched the Old Corporate Structure for Something New," *FastCompany,* January 6, 2014, http://bit.ly/1cEsvNe.

1장: 쿠도 박스와 쿠도 카드

1. Nic Fleming, "The Bonus Myth: How Paying for Results Can Backfire," *New Scientist,* April 12, 2011, http://bit.ly/fK7uXJ.
2. Mark Buchanan, "Banking Cheats Will Always Prosper," *New Scientist,* March 23, 2011, http://bit.ly/fbEwlT.
3. Fleming, "The Bonus Myth."
4. Drucker, *Management,* 42.
    (『피터 드러커의 매니지먼트』, 21세기북스, 2008)
5. Alfie Kohn, *Punished by Rewards: The Trouble with Gold Stars, Incentive Plans, A's, Praise, and Other Bribes* (Boston: Houghton Mifflin Co., 1993).
6. Kohn, *Punished by Rewards,* 320.
7. Fleming, "The Bonus Myth."
8. Kerry Patterson, Joseph Grenny, David Maxfield, Ron McMillan, and Al Switzler, *Influencer: The Power to Change Anything* (New York: McGraw-Hill, 2008), 194.
    (『인플루언서: 조용히 세상을 움직이는 사람들』, 조셉 그레니, 케리 패터슨, 론 맥밀런 지음, 김경섭, 김정원 옮김, 김영사, 2011)
9. Daniel Pink, *Drive: The Surprising Truth about What Motivates Us* (New York: Riverhead Books, 2009), loc:524
    (『드라이브: 창조적인 사람들을 움직이는 자발적 동기부여의 힘』, 다니엘 핑크 지음, 김주환 옮김, 청림출판, 2011)
10. Fleming, "The Bonus Myth."

11. Mitch McCrimmon, "Celebrating Success at Work," Suite, April 9, 2008, http://bit.ly/N1XLrP.

12. Amy Alberg, "How to Celebrate Success Throughout Your Projects," Making Things Happen (blog), May 21, 2008, http://bit.ly/I94FWZ.

13. Fleming, "The Bonus Myth."

14. Pink, Drive, loc:2523.

    (『드라이브』, 청림출판, 2011)

15. Paul Klipp, "How and Why You Should Build a Secret Spy Network to Monitor Employee Behavior," Agile Activist (blog), November 20, 2012, http://bit.ly/1hw15Fx.

16. Eric Markowitz, "3 Weird, Game-Changing Ways to Make Employees Happy," Inc. (May 11, 2012), http://bit.ly/Jqa1fj.

17. Mig Pascual, "Four Peer-to-Peer Ways Zappos Employees Reward Each Other," Zappos Insights, September 10, 2012, http://bit.ly/1g3kdJM.

2장: 퍼스널 맵

1. Alistair Cockburn, Agile Software Development: The Cooperative Game, 2nd ed. (Upper Saddle River: Addison-Wesley, 2007).

   (『AGILE 소프트웨어 개발』, 앨리스터 코번 지음, 이오커뮤니케이션 옮김, 피어슨에듀케이션코리아, 2002)

2. Patterson et al., Influencer, loc:3904.

   (『인플루엔서』, 김영사, 2011)

3. Jurgen Appelo, Management 3.0: Leading Agile Developers, Developing Agile Leaders (Upper Saddle River: Addison-Wesley, 2011), loc:5155.

   (『매니지먼트 3.0: 새로운 시대, 애자일 조직을 위한 새로운 리더십』, 위르헌 아펄로 지음, 조승빈 옮김, 에이콘, 2019)

4. Daniel Markovitz, "Go to Where the Actual Work Is Being Done," Harvard Business Review, March 31, 2014, http://bit.ly/1exOh60.

5. Mark Rosenthal, "Walking the Gemba," The Lean Thinker (blog), January 28, 2009, http://bit.ly/h49DCA.

6. Mike Rother, Toyota Kata: Managing People for Improvement, Adaptiveness, and Superior Results (New York: McGraw Hill, 2010), loc:1995.

7. Walter Isaacson, "The Real Leadership Lessons of Steve Jobs," Harvard Business Review (April 2012), http://bit.ly/GBedqe.

8. Mike Cohn, Succeeding with Agile: Software Development Using Scrum (Upper Saddle River: Addison-Wesley, 2010), 370.

   (『경험과 사례로 풀어낸 성공하는 애자일』, 마이크 콘 지음, 최효근, 이기영, 황상철 옮김, 인사이트, 2012)

9. Alex Pentland, "The New Science of Building Great Teams," Harvard Business Review, April 2012, http://bit.ly/GAC3lk.

10. Tim Harford, Adapt: Why Success Always Starts with Failure (New York: Farrar, Straus and Giroux, 2011), loc:3583.

    (『어댑트: 불확실성을 무기로 활용하는 힘』, 팀 하포드 지음, 강유리 옮김, 웅진지식하우스, 2011)

11. Richard Branson, Like a Virgin: Secrets They Won't Teach You at Business School (London: Virgin, 2012).

12. Farhad Manjoo, "Marissa Mayer Has Made a Terrible Mistake," Slate, February 26, 2013, http://slate.me/17axzlt.

13. Jessica Stillman, "Remote Work Boosts Productivity? Only for Creative Tasks, Says New Research," Gigaom, April 30, 2012, http://bit.ly/17ax0rY.

14. Richard Branson, "Give People the Freedom of Where to Work" Virgin, (May 2013), http://bit.ly/11T0Bni.

15. Sam Grier, "The Gemba Walk—A Tool for IT Management and Leadership," IT Managers Inbox, http://bit.ly/15EZt1.

16. Appelo, Management 3.0, loc:2309.

    (『매니지먼트 3.0』, 에이콘, 2019)

17. "Feedback for Real," Gallup Business Journal, March 15, 2001, http://bit.ly/10dWi2b.

18. Appelo, Management 3.0, loc:2191.

    (『매니지먼트 3.0』, 에이콘, 2019)

3장: 델리게이션 보드와 델리게이션 포커

1. Patrick Hoverstadt, The Fractal Organization: Creating Sustainable Organizations with the Viable System Model (Hoboken: John Wiley & Sons, 2008). loc:517.

2. Appelo, Management 3.0, 108.

   (『매니지먼트 3.0』, 에이콘, 2019)

3. John Seddon, Freedom from Command & Control: Rethinking Management for Lean Service (New York: Productivity Press, 2005), 193.

4. John P. Kotter, *Leading Change* (Boston: Harvard Business School Press, 1996), loc:1775.
(『기업이 원하는 변화의 리더』, 존 코터 지음, 한정곤 옮김, 김영사, 2007)

5. Kenneth W. Thomas, *Intrinsic Motivation at Work: What Really Drives Employee Engagement* (San Francisco: Berrett-Koehler Publishers, 2009).
(『열정과 몰입의 방법』, 케네스 토마스 지음, 장재윤, 구자숙 옮김, 지식공작소, 2011)

6. Roger Lewin and Birute Regine, *Weaving Complexity and Business: Engaging the Soul at Work* (New York: Texere, 2001).

7. D. E. Bowen and E. E. Lawler, "Empowering Service Employees," *Sloan Management Review,* Summer 1995, 73–84.

8. S. Caudron, "Create an Empowering Environment," *Personnel Journal* 74:9 (1995), 28–36.

9. Russell L. Ackoff, *Re-creating the Corporation: A Design of Organizations for the 21st Century* (New York: Oxford University Press, 1999), 180.

10. Ackoff, *Re-creating the Corporation*, 287.

11. Stephanie Vozza, "How to Set Healthy Boundaries in Your Workplace," *Entrepreneur*, December 30, 2013, http://bit.ly/1I9NgRs.

12. Donald G. Reinertsen, *Managing the Design Factory: A Product Developer's Toolkit* (New York: Free Press, 1997), 107.

13. Appelo, *Management 3.0*, loc:2884.
(『매니지먼트 3.0』, 에이콘, 2019)

14. Jurgen Appelo, "Delegation Poker (Free Exercise)," noop.nl, updated May 6, 2013, http://bit.ly/16gsgl5.

4장: 가치 스토리와 컬처북

1. Hamel, *What Matters Now*, loc:340.
(『지금 중요한 것은 무엇인가: 게리 해멀이 던지는 비즈니스의 5가지 쟁점』, 게리 해멀 지음, 방영호 옮김, 알키, 2012)

2. James M. Kouzes and Barry Z. Posner, *The Leadership Challenge: How to Make Extraordinary Things Happen in Organizations* (San Francisco: Jossey-Bass, 2012), loc:1173.
(『리더』, 제임스 M. 쿠제스, 베리 Z. 포스너 지음, 김예리나 옮김, 크레듀하우, 2008)

3. Ronald N. Ashkenas, *Simply Effective: How to Cut Through Complexity in Your Organization and Get Things Done* (Boston: Harvard Business Press, 2010), loc:242.

4. Rosabeth Moss Kanter, "How Great Companies Think Differently," *Harvard Business Review*, November 2011, http://bit.ly/WIYuNl.

5. Appelo, *Management 3.0* loc:2256.
(『매니지먼트 3.0』, 에이콘, 2019)

6. Geert Hofstede, Gert Jan Hofstede and Michael Minkov, *Cultures and Organizations: Software of the Mind*, 3rd ed. (New York: McGraw-Hill, 2010).
(『세계의 문화와 조직: 정신의 소프트웨어』, 헤이르트 호프스테더, 헤르트 얀 호프스테더, 마이클 민코브 지음, 차재호, 나은영 옮김, 학지사, 2014)

7. Kouzes and Posner, *Leadership Challenge*, loc:1207.
(『리더』, 크레듀하우, 2008)

8. Appelo, *Management 3.0*, loc:2241.
(『매니지먼트 3.0』, 에이콘, 2019)

9. Torben Rick, "Value Statements Can Be Real Business Drivers," *Meliorate*, March 7, 2014, http://bit.ly/1pDX3Rq.

10. Teresa Amabile, Colin M. Fisher, and Julianna Pillemer, "IDEO's Culture of Helping," *Harvard Business Review*, January–February 2014, http://bit.ly/1juZ2po.

11. Tim Brown, "The Little Book of IDEO," SlideShare, December 18, 2013, http://slidesha.re/1i9KFE5.

12. *Valve Handbook for New Employees*, 1st. ed. (Valve Press, March 2012), http://bit.ly/1muZHHj.

13. Susan M. Heathfield, "20 Ways Zappos Reinforces Its Company Culture," About.com, updated August 9, 2015, http://abt.cm/1jTjTFA.

14. "The Zappos Family Culture Book," Zappos Insights, 2012, http://bit.ly/1jTB0Hz.

15. Jennifer Robin and Michael Burchell, *No Excuses: How You Can Turn Any Workplace into a Great One* (San Francisco: Jossey-Bass, 2013), 1120.

16. Drake Baer, "Netflix's Major HR Innovation: Treating Humans Like People," *Fast Company*, March 13, 2014, http://bit.ly/QBLw9y.

17. Reed Hastings, "Netflix Culture: Freedom & Responsibility," SlideShare, August 1, 2009, http://slidesha.re/1s2inSQ.

18. Patty McCord, "How Netflix Reinvented HR," *Harvard Business Review*, January–February 2014, http://bit.ly/1e7yO7o.

19. Peter Senge, *The Fifth Discipline: The Art and Practice of the Learning Organization* (New York: Doubleday/Currency, 2006), loc:6345.
(『학습하는 조직: 오래도록 살아남는 기업에는 어떤 특징이 있는가』, 피터 센게 지음, 강혜정 옮김, 에이지21, 2014)

20. Suzanne Lucas, "Culture Comes First. The Rest Is Noise," *Inc.*, December 19, 2013, http://bit.ly/1hYa6Y9.

21. Frédéric Laloux, *Reinventing Organizations: A Guide to Creating Organizations Inspired by the Next Stage in Human Consciousness* (Brussels, Belgium: Nelson Parker, 2014), loc:3368.
『조직의 재창조: 세상을 바꾸는 혁신적 조직 재창조에 대한 이야기』, 프레데릭 라루 지음, 박래효 옮김, 생각사랑, 2016)

5장: 탐험의 날과 내부 크라우드 펀딩

1. Drucker, *Management*, loc:5807.
(『피터 드러커의 매니지먼트』, 21세기북스, 2008)

2. Erin Hayes, "Google's 20 Percent Factor," ABC News, May 12, 2008, http://abcn.ws/Ku53ka.

3. Christopher Mims, "Google's '20% Time,' Which Brought You Gmail and AdSense, Is Now As Good As Dead," Quartz, August 16, 2013, http://bit.ly/1q46QPd.

4. Christopher Mims, "Google Engineers Insist 20% Time Is Not Dead–It's Just Turned Into 120% Time," Quartz, August 16, 2013, http://bit.ly/1dXmI6g.

5. "Danger, If You Read This Story You May Want to Apply at This Company!" Happy Melly (blog), March 12, 2013, http://bit.ly/1jNQWsa.

6. Jurgen Appelo, *How to Change the World: Change Management 3.0* (Rotterdam: Jojo Ventures BV, 2012), 48.
(『세상을 바꾸는 방법: 변화 관리 3.0』, 위르헌 아펄로 지음, 조승빈 옮김), https://congruentagile.com/books/how-to-change-the-world/

7. Daniel H. Pink, "How to Deliver Innovation Overnight," DanPink.com, July 5, 2011, http://bit.ly/ipXAE5.

8. David Zax, "Secrets of Facebook's Legendary Hackathons Revealed," *Fast Company*, November 9, 2012, http://bit.ly/RTPk2H.

9. Zax, "Secrets of Facebook's Legendary Hackathons Revealed."

10. Dave Brands, "FedEx Day at PAT," Agile Studio, May 7, 2012, http://bit.ly/MQkiXO (no longer available).

11. "ShipIt Day FAQ," Atlassian, January 1, 2013, http://bit.ly/W5O27X.

12. Jon Silvers, "ShipIt Day in the Wild," Atlassian Blogs, November 12, 2010, http://bit.ly/JF5j3d.

13. Christopher Mims, "Google Engineers Insist 20% Time Is Not Dead—It's Just Turned into 120% Time," Quartz, August 16, 2013, http://qz.com/116196/google-engineers-insist-20-time-is-not-dead-its-just-turned-into-120-time.

14. David Burkus, "Why Hierarchy Stifles Creativity" *Psychology Today*, March 23, 2014, http://bit.ly/1gwpJ88.

15. Michael Schrage, "Just How Valuable Is Google's '20% Time'?" *Harvard Business Review*, August 20, 2013, http://bit.ly/1fV4OME.

16. Mims, "20% Time Is Now As Good As Dead."

17. Mims, "20% Time Is Not Dead."

18. Laura Vanderkam, "Why Encouraging Employees to Be Entrepreneurs Can Create an Incredible Place to Work," *Fast Company*, January 16, 2014, http://bit.ly/QOgKKy.

19. Donald G. Reinertsen, *The Principles of Product Development Flow: Second Generation Lean Product Development* (Redondo Beach: Celeritas, 2009).

20. Vanderkam, "Encouraging Employees to Be Entrepreneurs."

21. Hoverstadt, *The Fractal Organization*, loc:161.

22. "Hackathons Aren't Just for Developers," Spotify Developer, February 2, 2012, http://bit.ly/1QVOOQl.

23. Jurgen Appelo, "Innovation Is Not Only in Your Code," noop.nl, February 5, 2014, http://bit.ly/1jf0GuO.

24. William Taylor and Polly G. LaBarre, *Mavericks at Work: Why the Most Original Minds in Business Win* (New York: William Morrow, 2006), loc:3507.
(『창조형 리더는 원칙을 배반한다』, 윌리엄 C. 테일러, 폴리 라바르 지음, 안진환 옮김, 뜨인돌출판사, 2008)

25. Ricardo Semler, *The Seven-Day Weekend: Changing the Way Work Works* (New York: Portfolio, 2004), 133.
(『셈코 스토리: 세상에서 가장 별난 기업』, 리카르도 세믈러 지음, 최동석 옮김, 한스컨텐츠, 2006)

6장: 비즈니스 길드와 기업 작전타임

1. Sheilagh Ogilvie, "Guilds, Efficiency, and Social Capital: Evidence from German Proto-Industry," CESifo, December 2002, http://bit.ly/Lv8u8l.

2. Thomas Malone, *The Future of Work: How the New Order of Business Will Shape Your Organization, Your Management Style, and Your Life* (Boston: Harvard Business School Press, 2004), 84.

3. Craig Brown, "On Community of Practice," Better Projects (blog), March 28, 2012, http://bit.ly/HcQhj7.

4. Etienne Wenger, *Cultivating Communities of Practice: A Guide to Managing Knowledge* (Boston: Harvard Business School Press, 2002), loc:144.
(『COP 혁명』, 에티엔느 웽거 외 지음, 황숙경 옮김, 물푸레, 2004)

5. Gary Hamel, "Moon Shots for Management" *Harvard Business Review*, February 2009, http://bit.ly/UrOjRV.

6. John Seely Brown, "Complexity and Innovation," in *The Interaction of Complexity and Management*, ed. Michael Lissack (Westport: Quorum Books, 2002).

7. Wenger, *Cultivating Communities of Practice*, loc:518.
   (『COP 혁명』, 물푸레, 2004)

8. Henrik Kniberg, "Scaling @ Spotify with Tribes, Squads, Chapters & Guilds," Crisp's Blog, November 14, 2012, http://bit.ly/1kzzy95.

9. Piotr Anioła, "Guilds @ BLStream," BLStream, March 2014. Shared privately.

10. Ronald N. Ashkenas, *The Boundaryless Organization: Breaking the Chains of Organizational Structure* (San Francisco: Jossey-Bass, 2002), 157.
    (『벽 없는 조직』, 론 애쉬케나스 지음, 이태복 옮김, 창현출판사, 1996)

11. Adriana Gardella, "The Verdict on Huddles," *The New York Times*, April 5, 2012, http://nyti.ms/1kdOWwa.

12. *Wenger, Cultivating Communities of Practice*, loc:153.
    (『COP 혁명』, 물푸레, 2004)

13. Brian Bozzuto and Dennis Stevens, "Beyond Functional Silos with Communities of Practice," SlideShare, August 18, 2012, http://slidesha.re/1hxsqek.

14. Seth Godin, *Tribes: We Need You to Lead Us* (New York: Portfolio, 2008).

7장: 피드백 랩과 무제한 휴가

1. David G. Javitch, "The Benefits of Flextime," *Entrepreneur*, June 5, 2006, http://bit.ly/18FhwPr.

2. Paul Boag, "The Benefits and Challenges of Remote Working" boagworld (blog), September 17, 2013, http://bit.ly/1h2seSk.

3. James Surowiecki, "Face Time," *The New Yorker*, March 18, 2013, http://nyr.kr/18WkyBp.

4. Amy-Mae Elliott, "4 Important Considerations for Creating a Remote Work Policy," Mashable, September 12, 2011, http://on.mash.to/J9HBfN.

5. Jena McGregor, "Flextime: Honing the Balance," Bloomberg Business, December 10, 2006, http://buswk.co/18Wlg1r.

6. Surowiecki, "Face Time."

7. David Hauser, "What's Wrong with a No-Remote-Work Policy at Yahoo?" davidhauser.com (blog), February 27, 2013, http://bit.ly/18nBP5R.

8. Douglas MacMillan, "To Recruit Techies, Companies Offer Unlimited Vacation," Bloomberg Business, July 19, 2012, http://buswk.co/1iZy1wm.

9. Lotte Bailyn, "Unlimited Vacation Time Is Better in Theory Than in Practice," Quartz, August 27, 2013, http://bit.ly/18DWFJc.

10. Dugald McConnell and Erin McPike, "Unlimited Vacation? Some Workplaces Offer It," CNN, September 2, 2013, http://cnn.it/lHk71C.

11. McConnell and McPike, "Unlimited Vacation?"

12. ailyn, "Unlimited Vacation Time."

13. Carolyn Gregoire, "Unlimited Vacation Policies Might Be Too Good to Be True," Huffington Post, November 1, 2013, http://huff.to/19jlr3Z.

14. Jena McGregor, "The Catch of Having an Unlimited Vacation Policy," *The Washington Post*, 13 August 13, 2013, http://wapo.st/1dsTNlh.

15. Robert F. Hurley, *The Decision to Trust: How Leaders Create High-Trust Organizations* (San Francisco: Jossey-Bass, 2012), loc:616.

16. Hurley, *The Decision to Trust,* loc:3175.

17. Monique Valcour, "The End of 'Results Only' at Best Buy Is Bad News," *Harvard Business Review*, March 8, 2013, http://bit.ly/18WqGtt.

18. Aubrey Daniels, "Results Only Work Environment? It's a Leadership Problem," Aubrey Daniels' Blog, March 27, 2013, http://bit.ly/1n233HH.

19. Halvor Gregusson, "Creating a Remote Work Policy that Works," Yast (blog), March 28, 2013, http://bit.ly/1bxVMSc.

20. Tom Coens and Mary Jenkins, *Abolishing Performance Appraisals: Why They Backfire and What to Do Instead* (San Francisco: Berrett-Koehler Publishers, 2000), loc:779.

21. Coens and Jenkins, *Abolishing Performance Appraisals*, loc:402.

22. Coens and Jenkins, *Abolishing Performance Appraisals,* loc:457.

23. Gabriella Jozwiak, "Is It Time to Give Up on Performance Appraisals?" *HR Magazine*, October 22, 2012, http://bit.ly/18WsB0Y.

24. Kohn, *Punished by Rewards*, loc:3568.

25. Josh Bersin, "Time to Scrap Performance Appraisals?" *Forbes*, May 6, 2013. http://onforb.es/1f9si1o.

26. Samuel A. Culbert, "Get Rid of the Performance Review!" *The Wall Street Journal*, October 20, 2008, http://on.wsj.com/1bGTSDd.

27. Stephanie Vozza, "10 Reasons to Scrap Year-End Performance Reviews," *Entrepreneur*, December 23, 2013, http://bit.ly/1e80Nco.

28. Ray B. Williams, "Why 'Constructive Feedback' Doesn't Improve Performance," *Psychology Today*, November 26, 2011, http://bit.ly/19jMz3R.

29. Coens and Jenkins, *Abolishing Performance Appraisals*, loc:769.

30. Coens and Jenkins, *Abolishing Performance Appraisals*, loc:72.

31. Bersin, "Time to Scrap Performance Appraisals?"

32. Drake Baer, "Why Jerk Bosses Make People Worse at Their Jobs," *Fast Company*, February 20, 2014, http://bit.ly/R0QA7r.

33. Ron Ashkenas, "Stop Pretending That You Can't Give Candid Feedback," *Harvard Business Review*, February 28, 2014, http://bit.ly/R0RbpM.

34. Ed Batista, "Building a Feedback-Rich Culture," *Harvard Business Review*, December 24, 2014. http://bit.ly/1qgqqK8

35. Alina Tugend, "You've Been Doing a Fantastic Job. Just One Thing . . ." *The New York Times*, April 5, 2013, http://nyti.ms/IHnpSq.

36. Carolyn Kaufman, "Giving Good Constructive Feedback," *Psychology Today*, June 13, 2012, http://bit.ly/18E1CBA.

37. Julius Tarng, "How to Give Constructive Design Feedback over Email," Medium, October 21, 2013, http://bit.ly/1e7Hm2X.

38. Amy Gallo, "Giving a High Performer Productive Feedback," *Harvard Business Review*, December 3, 2009, http://bit.ly/IRablC.

39. Kaufman, "Giving Good Constructive Feedback."

40. Gallo, "Giving a High Performer Productive Feedback."

41. Kaufman, "Giving Good Constructive Feedback."

42. Tarng, "How to Give Constructive Design Feedback over Email."

43. Tugend, "You've Been Doing a Fantastic Job."

44. Bersin, "Time to Scrap Performance Appraisals?"

45. Kaufman, "Giving Good Constructive Feedback."

46. Heidi Grant Halvorson, "Sometimes Negative Feedback Is Best," *Harvard Business Review*, January 28, 2013, http://bit.ly/1e8lh4T.

47. Kaufman, "Giving Good Constructive Feedback."

48. Tugend, "You've Been Doing a Fantastic Job."

49. Williams, "Why 'Constructive Feedback' Doesn't Improve Performance."

50. Grant Halvorson, "Sometimes Negative Feedback Is Best."

51. Bersin, "Time to Scrap Performance Appraisals?"

52. Gregusson, "Creating a Remote Work Policy."

53. Miki Kashtan, "Is Nonviolent Communication Practical?" *Psychology Today*, May 21, 2012, http://bit.ly/18nGswF.

54. Coens and Jenkins, *Abolishing Performance Appraisals*, loc:925.

55. Marshall B. Rosenberg, *Nonviolent Communication: A Language of Life* (Encinitas: PuddleDancer Press, 2003).
(『비폭력대화: 일상에서 쓰는 평화의 언어, 삶의 언어』, 마셜 B. 로젠버그 지음, 캐서린 한 옮김, 한국NVC센터, 2017)

8장: 지표 생태계와 스코어보드 인덱스

1. Sandeep Gautam, "4 Major Goals of Life," *Psychology Today*, February 4, 2014, http://bit.ly/1fdWFSh.

2. Jay Yarow, "This Is the Internal Grading System Google Uses for Its Employees—And You Should Use It Too," *Business Insider*, January 6, 2014, http://read.bi/1hkkNV3.

3. Dean R. Spitzer, *Transforming Performance Measurement: Rethinking the Way We Measure and Drive Organizational Success* (New York: American Management Association, 2007), loc:431.

4. Jamshid Gharajedaghi, *Systems Thinking: Managing Chaos and Complexity: A Platform for Designing Business Architecture.* (Amsterdam: Elsevier, 2006).

5. Gharajedaghi, *Systems Thinking*, 47.

6. Douglas W. Hubbard, *How to Measure Anything: Finding the Value of "Intangibles" in Business* (Hoboken: Wiley, 2010).

7. Drucker, *Management*.
(『피터 드러커의 매니지먼트』, 21세기북스, 2008)

8. Jeffrey Gedmin, "Our Mania for Measuring (and Remeasuring) Well-Being," *Harvard Business Review*, September 2013, http://bit.ly/1iYZzyi.

9. Yarow, "This Is the Internal Grading System Google Uses."

10. W. Edwards Deming, *Out of the Crisis* (Cambridge: Massachusetts Institute of Technology, Center for Advanced Engineering Study, 1986), 121.

11. Hubbard, *How to Measure Anything,* 27.

12. Spitzer, *Transforming Performance Measurement,* loc:784.

13. "Data, Data Everywhere," *The Economist,* February 25, 2010, http://econ.st/1goRsuj.

14. Peter Brownell, "The Most Important New Advanced Soccer Statistics and Why They Matter," Bleacher Report, April 9, 2013, http://bit.ly/1epNTzE.

15. Eric Ries, *The Lean Startup: How Today's Entrepreneurs Use Continuous Innovation to Create Radically Successful Businesses* (New York: Crown Business, 2011), 143.
   (『린 스타트업: 지속적 혁신을 실현하는 창업의 과학』, 에릭 리스 지음, 이창수, 송우일 옮김, 인사이트, 2012)

16. Hoverstadt, *The Fractal Organization,* 102.

17. Ackoff, *Re-Creating the Corporation,* 33.

18. Stephen Denning, *The Leader's Guide to Radical Management: Reinventing the Workplace for the 21st Century* (San Francisco: Jossey-Bass, 2010), loc:1385.

19. Appelo, *Management 3.0,* loc:6604.
   (『매니지먼트 3.0』, 에이콘, 2019)

20. Spitzer, *Transforming Performance Measurement,* loc:1022.

21. Drucker, *Management,* loc:7160.
   (『피터 드러커의 매니지먼트』, 21세기북스, 2008)

22. Drucker, *Management,* loc:6032.
   (『피터 드러커의 매니지먼트』, 2008)

23. Robert D. Austin, *Measuring and Managing Performance in Organizations* (New York: Dorset House Publishing, 1996). loc:1899.

24. Seddon, *Freedom from Command and Control,* 19.

25. Kelly Allan, "3 Deming-Based Alternatives to Management by Objective," Process Excellence Network, April 12, 2012, http://bit.ly/1jwxJww.

26. Hoverstadt, *The Fractal Organization,* 138.

27. Yarow, "This Is the Internal Grading System Google Uses."

28. Michael Schrage, "Team Chemistry Is the New Holy Grail of Performance Analytics," *Harvard Business Review,* March 5, 2014, http://bit.ly/1hJMl5d.

29. Jeffrey K. Liker and Gary L. Convis, *The Toyota Way to Lean Leadership: Achieving and Sustaining Excellence Through Leadership Development* (New York: McGraw-Hill, 2011), loc:4056.

30. Yarow, "This Is the Internal Grading System Google Uses."

31. Spitzer, *Transforming Performance Measurement,* loc:1333.

32. Austin, *Measuring and Managing Performance,* loc:464.

33. G. Lyons, *Social Research and Public Policies* (Hanover: Dartmouth College, The Public Affairs Center, 1975), 35.

34. Liker, *The Toyota Way to Lean Leadership,* loc:592.

35. Drucker, *Management,* loc:6032.
   (『피터 드러커의 매니지먼트』, 2008)

36. Kohn, *Punished by Rewards,* loc:1343.

37. Yarow, "This Is the Internal Grading System Google Uses."

38. Kohn, *Punished by Rewards,* loc:1159.

39. Austin, *Measuring and Managing Performance,* loc:2977.

40. Hoverstadt, *The Fractal Organization,* 109.

41. Spitzer, *Transforming Performance Measurement,* loc:905.

42. Yarow, "This Is the Internal Grading System Google Uses."

43. Liker, *The Toyota Way to Lean Leadership,* loc:3133.

44. Gerald M. Weinberg, *Becoming a Technical Leader: An Organic Problem-Solving Approach* (New York: Dorset House, 1986), loc:659.
   (『테크니컬 리더: 혁신, 동기부여, 조직화를 통한 문제 해결 리더십』, 제럴드 M. 와인버그 지음, 조승빈 옮김, 인사이트, 2013)

45. Patrick Kua, "An Appropriate Use of Metrics" Martin Fowler, February 19, 2013, http://bit.ly/1ooprY6.

46. Robert S. Kaplan and David P. Norton, *The Balanced Scorecard: Translating Strategy into Action* (Boston: Harvard Business Review Press, 1996).
(『균형성과관리지표 BSC』, 로버트 S. 캐플런, 데이비드 P. 노튼 지음, 송경근, 성시중 옮김, 한언, 2014)

47. Austin, *Measuring and Managing Performance*, loc:750.

48. Mike Rother, *Toyota Kata: Managing People for Improvement, Adaptiveness, and Superior Results* (New York: McGraw Hill, 2010), loc:2428.

49. Spitzer, *Transforming Performance Measurement*, loc:2081.

50. Yarow, "This Is the Internal Grading System Google Uses."

9장: 메리트 머니

1. Bjarte Bogsnes, *Implementing Beyond Budgeting: Unlocking the Performance Potential* (Hoboken: John Wiley & Sons, 2009), loc:73.

2. Kohn, *Punished By Rewards*.

3. Pink, *Drive*.
(『드라이브』, 청림출판, 2011)

4. Fleming, "The Bonus Myth."

5. Joel Spolsky, "Incentive Pay Considered Harmful," Joel on Software (blog), April 3, 2000, http://bit.ly/11q4Czh.

6. Fleming, "The Bonus Myth."

7. Kohn, *Punished By Rewards*.

8. Pink, *Drive*.
(『드라이브』, 청림출판, 2011)

9. Nikolaj Bomann, "Bonus Schemes Should Be Handled with Care," Pointbeing.net, June 27, 2009, http://bit.ly/Roavfl.

10. Jonathan Haidt, *The Happiness Hypothesis: Finding Modern Truth in Ancient Wisdom* (New York: Basic Books, 2006), 67.
(『행복의 가설: 고대의 지혜에 긍정심리학이 답하다』, 조너선 헤이트 지음, 권오열 옮김, 물푸레, 2010)

11. Dan Ariely, *Predictably Irrational: The Hidden Forces That Shape Our Decisions* (New York: Harper, 2009).
(『상식 밖의 경제학: 이제 상식에 기초한 경제학은 버려라!』, 댄 에리얼리 지음, 장석훈 옮김, 청림출판, 2018)

12. E. D. Boyd, "At IGN, Employees Use a 'Viral Pay' System to Determine Each Other's Bonuses," *Fast Company*, December 16, 2011, http://bit.ly/11q83G7.

13. James Surowiecki, *The Wisdom of Crowds: Why the Many Are Smarter Than the Few and How Collective Wisdom Shapes Business, Economies, Societies, and Nations* (New York: Doubleday, 2004).
(『대중의 지혜: 시장과 사회를 움직이는 힘』, 제임스 서로위키 지음, 홍대운, 이창근 옮김, 랜덤하우스코리아, 2005)

14. Haidt, *The Happiness Hypothesis*, 66.
(『행복의 가설』, 물푸레, 2010)

15. Daniel Kahneman, *Thinking, Fast and Slow* (New York: Farrar, Straus and Giroux, 2011), 55.
(『생각에 관한 생각: 300년 전통경제학의 프레임을 뒤엎은 행동경제학의 바이블』, 대니얼 카너먼 지음, 이창신 옮김, 김영사, 2018)

16. Markowitz, "3 Weird, Game-Changing Ways to Make Employees Happy."

17. "Merit Money: A Crazy Idea That Works," Happy Melly, October 7, 2013, http://bit.ly/1eEqph8.

10장: 무빙 모티베이터

1. Jacob Shriar, "13 Scary Statistics on Employee Engagement," *Digitalist Magazine*, December 1, 2014, http://bit.ly/1Puczzs.

2. John Hollon, "How Important Is Engagement? 87% of Leaders Say a Lack of It Is a Key Issue," *Talent Management and HR*, March 4, 2015, http://bit.ly/1NdBROB.

3. John Roberts, *The Modern Firm: Organizational Design for Performance and Growth* (Oxford, New York: Oxford University Press), 2004.loc:1040.
(『경영의 미학: 성장과 이익창조로 완성한』, 존 로버츠 지음, 이희문 옮김, 교보문고, 2008)

4. Kohn, *Punished by Rewards*, loc:3528.

5. Jeff Grabmeier, "Intrinsic Motivation Doesn't Exist, Researcher Says," The Ohio State University, September 5, 2005, http://bit.ly/1MuRx0t.

6. Edward L. Deci and Richard M. Ryan, *Handbook of Self-Determination Research* (Rochester, NY: University of Rochester Press, 2002).

7. Pink, *Drive*.

  『드라이브』, 청림출판, 2011)

8. Steven Reiss, *Who Am I? The 16 Basic Desires that Motivate Our Behavior and Define Our Personality* (New York: Berkley, 2002).

9. Garth Sundem, "A New Kind of Reward Increases Intrinsic Motivation," *Psychology Today*, March 19, 2014, http://bit.ly/1DcbSAs.

10. David Kelley and Tom Kelley, *Creative Confidence: Unleashing the Creative Potential Within Us All* (New York: Crown Business, 2013).

  『유쾌한 크리에이티브』, 톰 켈리, 데이비드 켈리 지음, 박종성 옮김, 청림출판, 2014)

11. Sylvia Ann Hewlett, Melinda Marshall, and Laura Sherbin, "How Diversity Can Drive Innovation," *Harvard Business Review*, December 2013, http://bit.ly/1zZCruD.

12. Reiss, *Who Am I?*

13. "Power Is the Ultimate High," *New Scientist*, July 4, 2012, http://bit.ly/1Z0TFSr.

14. Fritjof Capra and P. L. Luisi, *The Systems View of Life: A Unifying Vision* (Cambridge: Cambridge University Press, 2014), loc:612.

15. Laloux, *Reinventing Organizations*, loc:5713.

  『조직의 재창조』, 생각사랑, 2016)

16. Mihaly Csikszentmihalyi, *Creativity: The Psychology of Discovery and Invention* (New York: Harper Perennial Modern Classics, 2013), loc:1887.

  『창의성의 즐거움: '창의적 인간'은 어떻게 만들어지는가』, 미하이 칙센트미하이 지음, 노혜숙 옮김, 더난출판사, 2003)

17. Les McKeown, "A Very Simple Reason Employee Engagement Programs Don't Work," *Inc.*, September 10, 2013, http://bit.ly/1U6OPR0.

18. McKeown, "A Very Simple Reason."

19. Sebastian Radics, "Advanced Moving Motivators Sessions – Don't Miss These 6 Expert Hints" On the Agile Path, May 22, 2015, http://bit.ly/1M4KhDW.

20. Sander Huijsen, "My Experience Playing Moving Motivators," Medium, August 7, 2015, http://bit.ly/1QgZvNS.

11장: 해피니스 도어

1. Steve Crabtree, "Worldwide, 13% of Employees Are Engaged at Work," Gallup, October 8, 2013, http://bit.ly/1aG9kMn.

2. Devi Clark, "Fascinating Facts about Job Satisfaction and Motivation All Over the World," Lifehack, February 16, 2015, http://bit.ly/1vEQJuL.

3. University of Warwick, "We Work Harder When We Are Happy, New Study Shows," Science Daily, March 20, 2014, http://bit.ly/1e1eeuF.

4. Shawn Achor, *The Happiness Advantage: The Seven Principles of Positive Psychology That Fuel Success and Performance at Work* (New York: Crown Business, 2010).

  『행복의 특권: 행복하면 우리는 무엇을 얻을 수 있는가』, 숀 아처 지음, 박세연 옮김, 청림출판, 2012)

5. Jonathan Haidt, *The Happiness Hypothesis: Finding Modern Truth in Ancient Wisdom* (New York: Basic Books, 2006).

  『행복의 가설』, 물푸레, 2010)

6. Daniel T. Gilbert, *Stumbling on Happiness* (New York: A. A. Knopf, 2006), loc:561.

  『행복에 걸려 비틀거리다』, 대니얼 길버트 지음, 서은국, 최인철, 김미정 옮김, 김영사, 2006)

7. Martin E. Seligman, *Authentic Happiness: Using the New Positive Psychology to Realize Your Potential for Lasting Fulfillment* (New York: Free Press, 2004).

  『마틴 셀리그만의 긍정심리학』, 마틴 셀리그만 지음, 김인자, 우문식 옮김, 물푸레, 2014)

8. Harvey B. Simon, "Giving Thanks Can Make You Happier" Harvard Health Publications, November 22, 2011, http://bit.ly/1s2KuRg.

9. Kelly Fitzpatrick, "Are We Happier When We Give or Receive Gifts?" Greatist, December 20, 2011, http://bit.ly/1PwpqAp.

10. Jenny Santi, "The Secret to Happiness Is Helping Others," *Time*, October 14, 2015, http://ti.me/1ZltBg7.

11. Rachael Moeller Gorman, "New Science Links Food and Happiness," *EatingWell*, May/June 2010, http://bit.ly/1OkkLR1.

12. Leo Widrich, "What Happens to Our Brains When We Exercise and How It Makes Us Happier," Buffer Social, August 23, 2012, http://bit.ly/YKZMQZ.

13. Lindsay Holmes, "All the Ways Sleep Affects Your Happiness, in One Chart," Huffington Post, July 23, 2015, http://huff.to/1g9bdLl.

14. Jay Cassano, "The Science of Why You Should Spend Your Money on Experiences, Not Things," *Co.Exist* (blog), *Fast Company*, March 30, 2015, http://bit.ly/1CoOIlx.

15. "Spending Time in Nature Makes People Feel More Alive, Study Shows," University of Rochester, June 3, 2010, http://bit.ly/UyDdg1.

16. Elise Bialylew, "4 Ways Mindfulness Can Enhance Your Happiness," Huffington Post, April 16, 2015, http://huff.to/1FY1bo1.

17. Kimberly Schaufenbuel, "Why Google, Target, and General Mills Are Investing in Mindfulness," *Harvard Business Review*, December 28, 2015, http://bit.ly/1TmWHgu.

18. Robert Waldinger, "What Makes a Good Life? Lessons from the Longest Study on Happiness," TED, November 2015, http://bit.ly/1Ql5o7B.

19. Emily Esfahani Smith, "There's More to Life Than Being Happy," *The Atlantic*, January 9, 2013, http://bit.ly/1Ql5o7B.

20. Melinda Wenner, "Smile! It Could Make You Happier," *Scientific American*, September 1, 2009, http://bit.ly/1oxz0pU.

12장: 앗싸! 질문과 셀레브레이션 그리드

1. Robin and Burchell, *No Excuses*, loc:589.

2. "Celebrate Failure," *Fast Company*, November 21, 2005, http://bit.ly/g9d7Ra.

3. Alexander Kjerulf, "Top 5 Reasons to Celebrate Mistakes at Work," The Chief Happiness Officer Blog, June 3, 2010, http://bit.ly/1gUfL4Q.

4. Leigh Buchanan, "Welcome to the Church of Fail," *Inc.*, November 2013, http://bit.ly/1lk6abG.

5. Jason Fried, "Failure Is Overrated, a Redux," *Signal vs. Noise*, March 23, 2009, http://bit.ly/41Ffok.

6. Donald G. Reinertsen, *The Principles of Product Development Flow: Second Generation Lean Product Development* (Redondo Beach: Celeritas, 2009), loc:1512.

7. Reinertsen, *The Principles of Product Development Flow*, loc:1512.

8. Deming, *Out of the Crisis*, 128.

9. Alberg, "How to Celebrate Success Throughout Your Projects."

10. Bruce Eckel, "You Get What You Measure," Reinventing Business (blog), August 2, 2011, http://bit.ly/pc0CwQ.

11. Atul Gawande, *The Checklist Manifesto: How to Get Things Right* (New York: Metropolitan Books, 2010).
    (『체크 체크리스트: 완벽한 사람은 마지막 2분이 다르다』, 아툴 가완디 지음, 박산호 옮김, 21세기북스, 2010)

12. Grant Halvorson, "Sometimes Negative Feedback Is Best."

13. McCrimmon, "Celebrating Success at Work," http://bit.ly/N1XLrP.

14. Jurgen Appelo, *How to Change the World: Change Management 3.0* (Rotterdam: Jojo Ventures BV, 2012).
    (『세상을 바꾸는 방법』, https://congruentagile.com/books/how-to-change-the-world/

15. Jim McCarthy, *Software for Your Head: Core Protocols for Creating and Maintaining Shared Vision* (Boston: Addison-Wesley, 2002).

16. Pascal Van Cauwenberghe, "We Expect Nothing Less Than Perfection," Thinking for a Change (blog), August 12, 2006, http://bit.ly/l9i0ih.

결론

1. Jurgen Appelo, "Where's the End?" noop.nl, December 13, 2012, http://bit.ly/1fGScHv.

2. Gary Hamel, *What Matters Now: How to Win in a World of Relentless Change, Ferocious Competition, and Unstoppable Innovation* (San Francisco: Jossey-Bass, 2012), loc:4123.
   (『지금 중요한 것은 무엇인가』, 알키, 2012)

3. Kahneman, *Thinking, Fast and Slow*, loc:3473.
   (『생각에 관한 생각』, 김영사, 2018)

4. Jim Highsmith, "Agile Bureaucracy: When Practices Become Principles," Jim Highsmith (blog), July 10, 2012, http://bit.ly/1njD8bV.

5. Henry Mintzberg, *Managers, Not MBAs: A Hard Look at the Soft Practice of Managing and Management Development* (San Francisco: Berrett-Koehler Publishers, 2004), 252.
   (『MBA가 회사를 망친다』, 헨리 민츠버그 지음, 성현정 옮김, 북스넛, 2009)

6. Robin and Burchell, *No Excuses*, loc:702.

7. Scott Berkun, "How to Convince Your Boss to Try New Things," Scott Berkun (blog), March 26, 2014, http://bit.ly/1gMMc1l.

8. Charles Duhigg, *The Power of Habit: Why We Do What We Do in Life and Business* (New York: Random House, 2012).
   (『습관의 힘: 반복되는 행동이 만드는 극적인 변화』, 찰스 두히그 지음, 강주헌 옮김, 갤리온, 2012)

9. Rother, *Toyota Kata*, loc:171.

찾아보기

워크 엑스포 Work Expo

물품을 모아 설명하는 목적

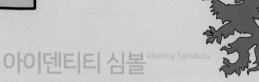

아이덴티티 심볼 Identity Symbols

공동의 정체성을 만들기 위한 초대

임프루브먼트 다이얼로그 Improvement Dialogues 와
코파일럿 프로그램 Copilot Programs

협력을 통한 성과 개선

프라블럼 타임 Problem Time

지속적인 문제 해결과 가치 전달

워크 프로파일 Work Profiles 과
프로젝트 크레디트 Project Credits

직함에서 평판으로의 초점 이동

$$S = \left\{ \frac{\sqrt{\frac{\sum\limits_{i=1}^{c}(T-L)^2}{(A \cdot P)}} \times \sqrt{\frac{E \cdot G^2}{\int t^n \, dt \cdot S}{M \times e^n - N}}}{\sum\limits_{i=0}^{\infty}\left[\frac{\int f(E)\,dx \, H}{f(G)\,dx \, T}\right]} \right\}$$

CHAMPFROGS 체크리스트 CHAMPFROGS checklist

더 나은 영향력을 행사하는 방법의 이해

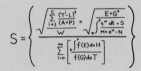

샐러리 포뮬러 Salary Formula

공정한 보상을 통한 신뢰 유지

management30.com/practice

내가 가장 자주 듣는 질문 중 하나가 이것이다. "엉망진 창인 우리 조직을 도대체 어떻게 해야 할까요? 제 일을 좋아하지만 우리 경영진이 하는 짓은 정말 마음에 안 들어요. 어떻게 해야 할까요?" 음, 쉬운 질문이다. 여러분에게는 세 가지 선택지가 있다. (1) 받아들이거나, (2) 거기에서 나오거나, (3) 변화 관리를 배우거나. 나는 세 번째 선택지를 선택한 사람들을 위해 이 책을 썼다.

m30.me/hcw
https://congruentagile.com/books/how-to-change-the-world/

애자일 관리는 애자일에서 간과되는 경우가 많다. 애자일 개발자와 프로젝트 관리자가 볼 만한 책은 많지만, 애자일 관리자와 팀 리더를 위한 책은 거의 없다. 하지만 조직에 애자일 소프트웨어 개발을 적용할 때 개발자와 프로젝트 관리자만이 새로운 실천법을 배워야 하는 것은 아니다. 개발 관리자와 팀 리더 또한 조직을 이끌고 관리하는 다른 방법을 반드시 배워야 한다.

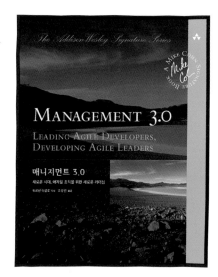

m30.me/m30
http://www.acornpub.co.kr/book/management-3.0

서평을 남겨주세요.

책을 다 읽으셨네요.
감사합니다.

이 책을 쓰는 데 3년이 걸렸습니다.
부탁 하나만 해도 될까요? :-)

구매하신 곳에서 여러분의 리뷰를 남겨주세요.

글쓰기의 법칙에 따르면 리뷰가 많을수록 더 많이 판매된다고 합니다.
이 책에 대해 블로그에 글을 써주시면 더 좋습니다
써주신 글은 기쁘게 공유하겠습니다.

오늘은 여기까지 하겠습니다.
고맙습니다!

위르헌

지은이 소개

위르헌 아펄로Jurgen Appelo는 21세기 창의 조직이 살아남고 번창하도록 돕기 위해 매니지먼트 분야를 개척하고 있다. 그의 구체적인 게임, 도구, 실천법을 활용하면 더 적은 관리자로 더 좋은 관리를 도입할 수 있다.

위르헌은 스스로를 크리에이티브 네트워커creative networker라고 부른다. 그러나 때로는 작가, 연사, 강사, 창업가, 삽화가, 관리자, 블로거, 독서가, 몽상가, 리더, 자유 사상가, 그리고 … 네덜란드 남자다. Inc.com 선정 50대 리더십 전문가, 50대 리더십 혁신가, 100대 위대한 리더십 연사이며, 2008년부터 창의 경제, 애자일 관리, 조직 변화, 개인 개발에 대한 아이디어를 다루는 NOOP. NL이라는 인기 블로그를 쓰고 있다. 애자일 조직에서 관리자의 역할을 설명하는 책인 『매니지먼트 3.0〈Management 3.0〉』의 저자이고, 변화 관리에 대한 슈퍼 모델을 설명하는 『세상을 바꾸는 방법〈How to Change the World〉』이라는 소책자를 쓰기도 했다(management30.com). 그리고 비즈니스 네트워크 해피멜리Happy Melly의 설립자이며 (happymelly.com), 또한 전 세계 비즈니스 세미나와 콘퍼런스에 꾸준히 초대 받는 연사이기도 하다(jurgenappelo.com).

1994년 델프트 공과대학에서 소프트웨어 공학을 전공하고 석사 학위를 취득한 후, 팀 리더, 관리자, 경영진의 위치에서 네덜란드의 다양한 비즈니스를 창업하거나 이끌며 항상 바쁜 나날을 보냈다. 100명의 소프트웨어 개발자, 개발 관리자, 프로젝트 관리자, 비즈니스 컨설턴트, 품질 관리자, 서비스 관리자였으며, 실수로 채용했던 몇몇 캥거루 떼를 이끈 경험이 있다.

요즘은 혁신적인 강의 자료, 책, 그 밖의 독창적인 콘텐츠를 개발하는데 전념하고 있다. 그러나 가끔씩 모든 일을 미뤄둔 채 직접 프로그래밍을 하거나, 손수 디자인한 4미터 높이의 책장에 계속 쌓여가고 있는 SF와 판타지 소설 컬렉션을 읽으면서 시간을 보내기도 한다. 로테르담(네덜란드)과 브뤼셀(벨기에)에서 파트너인 라울 그리고 스쿠비라로 부르는 Wi-Fi 네트워크와 함께 살고 있다.

옮긴이 소개

조승빈(seungbin@congruentagile.com)

인하대학교 컴퓨터공학과를 졸업한 후, 삼성전자, 엔비티, SK커뮤니케이션즈 등과 같은 조직에서 애자일 코치, 관리자, 개발자로서 다양한 경험을 쌓아왔다. 현재는 애자일 코칭 및 교육 기업 컨그루언트애자일(https://congruentagile.com/)을 만들어 애자일하게 일하는 방식을 전파하고, 더 좋은 문화와 일하는 방법을 찾고자 하는 여러 분야의 조직을 돕는 중이다.

소프트웨어 개발 분야를 넘어 다양한 분야에 애자일을 적용하고, 지금보다 훨씬 훌륭한 성과를 이뤄내면서도 모두가 행복한 조직을 만드는 데 큰 관심을 갖고 있다.

주요 번역서로는 『매니지먼트 3.0』(에이콘, 2019), 『칸반』(인사이트, 2014), 『테크니컬 리더』(인사이트, 2013) 등이 있다.

옮긴이의 말

"오늘 바로 시도해 볼 수 있는 매니지먼트 3.0의 구체적인 실천법을 소개합니다!"

"매니지먼트 3.0"을 국내에 처음 소개한 지도 어느덧 2년이 다 되어갑니다. 매니지먼트 3.0은 조직을 애자일하게 변화시키고자 하는 관리자들을 위한 보물 상자와 같습니다. 그동안 300여 명 이상이 매니지먼트 3.0 워크숍에 다녀갔고 자신이 속한 조직에 의미 있는 변화를 이뤄낸 분들도 점점 많아지고 있습니다. 뿌듯하면서도 기쁜 일입니다.

오랫동안 여러 팀에 애자일을 도입하려고 노력하면서 가장 큰 걸림돌이라고 느꼈던 부분이 바로 매니지먼트였습니다. 스크럼이나 칸반을 활용해서 팀이나 프로젝트 단위에서 훌륭한 성과를 이뤄냈더라도 전반적인 조직의 운영 방식이나 문화와 맞지 않아 한계에 부딪히는 경우가 많았습니다. 힘겹게 일궈낸 변화가 다시 원래대로 되돌아가는 일도 종종 있었죠. 가장 큰 이유는 관리자들의 마인드셋이 과거에 머물러 있기 때문입니다. 그래서 우리의 업무 환경에 매니지먼트 3.0이 중요한 역할을 할 수 있다고 생각했고,

그것이 바로 제가 『매니지먼트 3.0』 책을 번역해 소개하고 활발히 워크숍을 운영하는 이유입니다.

그러나 2019년에 번역해서 출간했던 『매니지먼트 3.0』 책(원서는 2011년 1월 출간)에는 아쉬운 점도 있습니다. 첫 번째는 원서의 주요 독자 대상이 소프트웨어 개발팀 관리자라는 점입니다. 워크숍은 그 이후 10여 년 동안 변화를 거듭하며 모든 분야를 대상으로 하는 프로그램으로 진화했지만, 책은 개발 경험이 없는 분들이 읽기에 다소 어려운 것이 사실입니다. 두 번째는 선택과 집중을 하지 못하고 지나치게 많은 주제를 다루고 있다는 점입니다. 아무래도 저자의 첫 번째 책이다 보니 의욕이 크게 앞서지 않았나 하는 생각이 듭니다.

이번에 소개해드리는 새 책은 소프트웨어 개발자가 아니더라도 누구나 쉽게 볼 수 있고, 이론적인 부분을 과감히 덜어내어 구체적인 실천법에 초점을 맞추고 있습니다. 각 챕터마다 반짝반짝 빛나는 매니지먼트 3.0의 다양한 방법과 현실적인 조언을 소개하고 있습니다. 독자들은 그중에서 마음에 드는 실천법을 선택해서 자신의 상황에 맞게 한 걸음씩 시도해보기만 하면 됩니다. 그 시도를 반복하다 보면 어느새 놀라운 모습으로 변화해 있는 나 자신과 조직을 발견하게 되리라 확신합니다!

마지막으로, 더 좋은 책이 나올 수 있도록 초벌을 꼼꼼히 검토하고 피드백을 주신 김정훈 님, 김진원 님, 조성규 님, 한진희 님께 깊은 감사를 드립니다. 그리고 항상 응원해주고 힘이 되어주는 가족에게도 고맙다는 말을 전하고 싶습니다.

2020년 11월
조승빈

 twitter.com
/jurgenappelo

 youtube.com
/user/jurgenappelo

 linkedin.com
/in/jurgenappelo

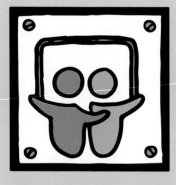 slideshare.net
/jurgenappelo

 facebook.com
/jurgenappelo

 www.noop.nl

감사의 글

지지해주는 친구, 파트너, 전문가, 독자 커뮤니티의 도움 없이 여러분이 방금 읽은 것과 같은 책을 쓰기란 불가능하다. 이 책을 창작하는 데 많은 사람들이 (때로는 자기도 모르게) 힘을 보탰다.

벳시 굴스비Betsy Goolsby, 데이비드 그레고리David Gregory, 웨인 퍼딘Wayne Purdin은 이 책의 원고를 정리해줬다. 덕분에 모국어가 아니었던 영어 문법이 크게 좋아졌다.

이 책을 아름답게 디자인 해준 린다 히르츠만Linda Hirzmann의 놀라운 디자인 기술에 감사한다. 일부 초기 원고와 각 장의 후반 조정은 에리크 일레Erik Gille의 도움을 받았다.

안토니 클라베리Anthony Claverie, 데이비드 브랜즈Dave Brands, 게리 셰퍼드Gary Shepherd, 호세 이냐시오 데 후안José Ignacio de Juan, 위르겐 디트마르Jürgen Dittmar, 카밀 소바Kamil Sowa, 코언 판 베이크Koen van Wijk, 마테우시 가이지크Mateusz Gajdzik, 오마르 C. 베르뮤데즈Omar C. Bermudez, 로비 우드Robie Wood는 친절하게도 좋은 사진을 제공해줬다.

아그니에슈카 지몬치크Agnieszka Zimończyk, 알릭스 모가담Alix Moghadam, 안데르스 이바르손Anders Ivarsson, 클라우디우 피르스Cláudio Pires, 플라비우스 슈테프Flavius Ştef, 플로리안 호프만Florian Hoffmann, 게리 셰퍼드, 제프리 로니Geoffrey Lowney, 헤라르도 바르시아 팔라시오스Gerardo Barcia Palacios, 잉아릴 홀름크비스트Inga-Lill Holmqvist, 이보 판 할런Ivo van Halen, 이보 벨리치코프Ivo Velitchkov, 제이슨 리틀Jason Little, 요한 달베크Johan Dahlbäck, 유하니 린드Juhani Lind, 마자르 토도로프Mazar Todorov, 폴 보울러Paul Bowler, 폴 홀든Paul Holden, 파트리크 베르돈크Patrick Verdonk, 페터 루바르트Peter Rubarth, 리카르도 뷔아Riccardo Bua, 로비 우드, 세바스티안 라디크스Sebastian Radics, 슈테판 분더Stefan Wunder의 멋진 이야기와 도움이 없었다면 지루한 책이 됐을 것이다.

안데르 이바르손, 이보 판 할런, 예스퍼 리히터-라이히헬름Jesper Richter-Reichhelm, 호르디 아스콜리에스Jordi Ascolies, 케이스 데 코닝Kees de Koning, 레이튼 가오Leighton Gao, 올베 메우달Olve Maudal, 파벨 푸스텔니크Paweł Pustelnik, 로리 애버트Rory Abbott, 폴커 뒤스Volker Dusch는 영감을 불러 일으키는 회사 방문을 주선해줬다.

이 책을 교정해 준 에이드리언 루페이Adrian Lupei, 알렉산드로스 필로폴로스Alexandros Philopoulos, 안드레이 루치Andrej Ruckij, 안젤로 아놀린Angelo Anolin, 캐스퍼 벨로Casper Below, 크레이그 브라운Craig Brown, 댄 우드워드Dan Woodward, 데릭 그레이엄Derek Graham, 에두아르두 스쿠델레르 페르난데스Eduardo Scudeler Fernandes, 에릭 웨버Erik Weber, 잉아릴 홀름크비스트, 얀 파스트바Jan Pastwa, 얀카 하데르코바Janka Haderkova, 호르헤 론체스Jorge Ronchese, 켄 위어Ken Weir, 코언 판 베이크, 마티아스 울프Matthias Wolf, 맥스 헤이우드Max Heywood, 막심 크리자노프스키Maxim Krizhanovsky, 마이크 그리피스Mike Griffiths, 마이크 레버Mike Leber, 나일쉬 쿨카르니Nilesh Kulkarni, 파울 이머르제일Paul Immerzeel, 파벨 푸스텔니크, 피에르 파우벨Pierre Fauvel, 프리티 골라프Preeti Gholap, 라파엘 치치니Rafael Cichini, 라이너 그라우Rainer Grau, 람쿠마르 KBRamkumar KB, 리카르도 뷔아, 스코트 던칸Scott Duncan, 세르지우 다미안Sergiu Damian, 시흐리트 스메일러Sigrid Smeele, 스테판 하스Stefan Haas, 스테파노 렐리Stefano Leli, 토마스 쿠리우라Thomas Kuryura, 토마슈 스쿠비슈Tomasz Skubisz, 토니 나바로Tony Navarro, 비부 스리니바산Vibhu Srinivasan, 비제이 반두라Vijay Bandaru, 보란치 쿠트니크Voranc Kutnik, 빔 헤임스커르크Wim Heemskerk, 예호나단 샤르비트Yehonathan Sharvit, 이브 샤히에흐Yves Charreire의 많은 개선이 없었더라면 읽기가 고통스러웠을 것이다.

마지막으로, 우리 해피멜리 팀은 항상 큰 힘이 되어줬다. 모두들 고마워!

모든 삽화의 개탄스러운 품질에 사과하고 싶다. 모두 직접 그린 것들이다.

나 자신을 예술가나 전문 일러스트레이터라고 부르지는 않을 겁니다. 하지만 가끔씩 연필과 펜을 들고 일하기를 좋아하고 내 책에 들어있는 "개인적인 터치"를 사람들이 높이 평가한다는 사실을 알게 됐어요.

YOU

SHOULD

try it, too!

FREE illustrations

사실, 이 책을 포함해 내가 쓴 세 권의 책에 있는 모든 삽화를 다운로드할 수 있습니다! 모두 공짜입니다. 그리고 상업적이든 아니든 여러분이 필요한 곳에 사용할 수 있습니다. 내 이름과 함께 내 웹사이트 중 한 군데의 링크를 표기해준다면 감사하겠습니다.

• • • • • • • • • •

내가 진정으로 바라는 것은 여러분이 스스로 그리기 시작해보는 것입니다. 세상에는 이미 저장소 사진들이 너무나 많거든요!

M30.ME/ ILLUSTRATIONS →

매니지먼트 3.0 워크숍은 보다 애자일하고 린한 방식으로 관리하려고 노력하는 리더와 지식 노동자가 대상이다. 이 교육 과정 및 워크숍은 대개 팀 리더, 개발 관리자, 임원, 애자일 코치, HR 관리자, 프로젝트 관리자, 창의 노동자가 두루 관심있어 한다.

매니지먼트 3.0 워크숍의 가장 중요한 목표는 사람들이 조직을 개선하기 위한 행동을 하는 것이다. 모든 워크숍은 명확하고 효과적인 시각화, 영감을 불러일으키는 사례와 비유, 재미있는 게임과 활동, 집중적인 그룹 토론, 손에 잡히는 결과가 나오는 구체적인 실천법 등이 작은 모듈로 얽혀있다.

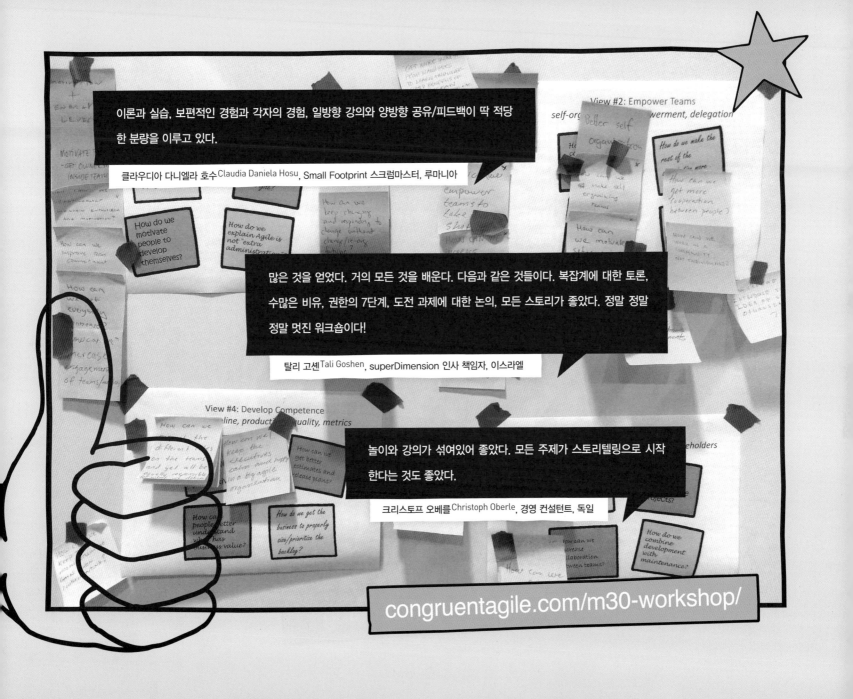

이론과 실습, 보편적인 경험과 각자의 경험, 일방향 강의와 양방향 공유/피드백이 딱 적당한 분량을 이루고 있다.

클라우디아 다니엘라 호수Claudia Daniela Hosu, Small Footprint 스크럼마스터, 루마니아

많은 것을 얻었다. 거의 모든 것을 배운다. 다음과 같은 것들이다. 복잡계에 대한 토론, 수많은 비유, 권한의 7단계, 도전 과제에 대한 논의, 모든 스토리가 좋았다. 정말 정말 정말 멋진 워크숍이다!

탈리 고셴Tali Goshen, superDimension 인사 책임자, 이스라엘

놀이와 강의가 섞여있어 좋았다. 모든 주제가 스토리텔링으로 시작한다는 것도 좋았다.

크리스토프 오베를Christoph Oberle, 경영 컨설턴트, 독일

congruentagile.com/m30-workshop/

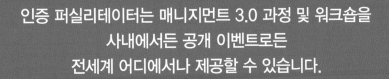

인증 퍼실리테이터는 매니지먼트 3.0 과정 및 워크숍을
사내에서든 공개 이벤트로든
전세계 어디에서나 제공할 수 있습니다.

더 많은 퍼실리테이터들이 있어요!

m30.me/facilitators

매니지먼트 3.0 – 모두가 행복한 애자일 매니지먼트

어떤 팀이라도 동기를 부여하는 게임, 도구, 실천법

발 행 | 2021년 1월 4일

지은이 | 위르헌 아펄로
옮긴이 | 조 승 빈

펴낸이 | 권 성 준
편집장 | 황 영 주
편 집 | 조 유 나
디자인 | 박 주 란

에이콘출판주식회사
서울특별시 양천구 국회대로 287 (목동)
전화 02-2653-7600, 팩스 02-2653-0433
www.acornpub.co.kr / editor@acornpub.co.kr

한국어판 ⓒ 에이콘출판주식회사, 2021, Printed in Korea.
ISBN 979-11-6175-471-0
http://www.acornpub.co.kr/book/managing-happiness

이 도서의 국립중앙도서관 출판시도서목록(CIP)은 서지정보유통지원시스템 홈페이지(http://seoji.nl.go.kr)와
국가자료공동목록시스템(http://www.nl.go.kr/kolisnet)에서 이용하실 수 있습니다.(CIP제어번호: CIP2020048697)

책값은 뒤표지에 있습니다.